KNAUR.LEBEN

Über die Autorin:
Niemand verbindet moderne Spiritualität, Mindfulness und Coaching so einzigartig wie Laura Malina Seiler. Ihr Podcast »Happy, Holy & Confident« hat bereits über vier Millionen Downloads. Zusammen mit ihrem Live-Online-Programm hat sie eine neue moderne spirituelle Bewegung im deutschsprachigen Raum geschaffen. Ihr großes Thema ist die innere Zufriedenheit – in ihren Coachings hat sie bereits mehreren Tausend Menschen dabei geholfen, ihren eigenen authentischen Weg im Leben zu finden.

Mehr Information über die Autorin unter: http://lauraseiler.com/

Laura Malina Seiler

Mögest du glücklich sein

*Entdecke dein Höheres Selbst
und verbinde dich mit deiner
inneren Kraft*

KNAUR.LEBEN

Hinweis: Das vorliegende Buch ist sorgfältig erarbeitet worden. Dennoch erfolgen alle Angaben ohne Gewähr. Weder Autoren noch Verlag können für eventuelle Nachteile oder Schäden, die aus den im Buch gegebenen Hinweisen resultieren, eine Haftung übernehmen.

 Nimm dir Zeit für dich und notiere deine Erkenntnisse in einem Notizheft.

Besuchen Sie uns im Internet:
www.knaurleben.de

Aus Verantwortung für die Umwelt hat sich die Verlagsgruppe Droemer Knaur zu einer nachhaltigen Buchproduktion verpflichtet. Der bewusste Umgang mit unseren Ressourcen, der Schutz unseres Klimas und der Natur gehören zu unseren obersten Unternehmenszielen. Gemeinsam mit unseren Partnern und Lieferanten setzen wir uns für eine klimaneutrale Buchproduktion ein, die den Erwerb von Klimazertifikaten zur Kompensation des CO_2-Ausstoßes einschließt. Weitere Informationen finden Sie unter: www.klimaneutralerverlag.de

Taschenbuchausgabe März 2020
© 2017 Verlag Komplett-Media GmbH, München/Grünwald,
Deutschland. www.komplett-media.de
© 2020 Knaur Verlag
Ein Imprint der Verlagsgruppe
Droemer Knaur GmbH & Co. KG, München
Alle Rechte vorbehalten. Das Werk darf – auch teilweise – nur mit Genehmigung des Verlags wiedergegeben werden.
Covergestaltung: ZERO Werbeagentur, München
nach dem Originalentwurf von MICADO Design, Berlin
Coverabbildung: © Lina Alice
Grafiken im Innenteil: MICADO Design, Berlin;
Symbol Notizheft Getty Images Plus / iStock / ArnaPhoto
Satz: Adobe InDesign im Verlag
Druck und Bindung: GGP Media GmbH, Pößneck
ISBN 978-3-426-87824-8

2   4   6   5   3

Inhaltsverzeichnis

Vorwort

Dieses Buch ist für dich. Ich habe es für dich geschrieben, ohne dich persönlich zu kennen, aber in dem Wissen, dass es dich finden wird. Ich habe es geschrieben, weil genau jetzt der richtige Moment für dich ist, dich zu erinnern. Du hältst dieses Buch in deinen Händen, weil du bereit bist, dich an dein Licht zu erinnern, an deine unendliche innere Kraft und deine Schönheit. Das Buch wird dich erkennen lassen, wer du in Wirklichkeit bist, und dich vergessen lassen, wer du bisher zu sein dachtest. Dieses Buch hat die Kraft, deine Verletzungen zu heilen und Wunder in deinem Leben entstehen zu lassen.

Weil du zu diesem Buch gegriffen hast und jetzt gerade diese Zeilen liest, weiß ich, dass du genauso auf der Suche bist wie ich. Du bist auf der Suche nach Vertrauen und einem Weg, um Erfüllung und inneren Frieden zu finden. Einen Weg, der dir hilft, alten Schmerz zu heilen, um endlich wieder aus tiefstem Herzen vertrauen zu können. Ich werde in diesem Buch meine Herzenswahrheit mit dir teilen in der Hoffnung, dein Herz damit wieder zu öffnen und berühren zu können.

Dieses Buch enthält all das Wissen, das ich mir vor Jahren gewünscht hätte, um mich von meinen limitierenden Glaubenssätzen zu lösen und zu lernen, wieder in mich zu vertrauen. Du wirst erfahren, wie du dein Leben aufgrund deiner inneren Überzeugung erschaffst und wie du diese ändern kannst. Es ist kein Zufall, dass du gerade jetzt dieses Buch in deinen Händen hältst, ebenso wenig wie es ein Zufall ist, dass du gerade jetzt auf der Welt bist.

Du bist geboren, um einen Unterschied auf dieser Welt zu machen und um dieses Leben voller Freude und Liebe zu verbringen.

Du bist geboren, um dein Licht zum Leuchten zu bringen und um deine Göttlichkeit wiederzuentdecken.

Du bist ein Teil der Kraft, die das Universum bewegt, und das Universum ist ein Teil von dir. Alles steht in einem Zusammenhang.

Mögest du glücklich sein!

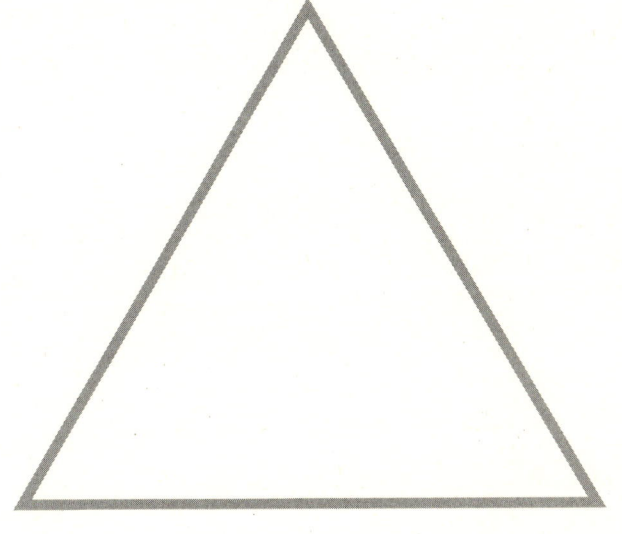

Einleitung

Das Bewusstsein ist der Ursprung; es ist der Ausgangspunkt, ohne Anfang, ohne Ende, ohne Ursache, ohne Unterstützung, ungeteilt, unveränderlich.

– Nisargadatta Maharaj

Warum wir das empfangen, was wir aussenden

Es gibt eine wunderschöne Geschichte aus der indischen Mythologie, die davon erzählt, dass früher alle Menschen Götter waren. Allerdings begannen die Menschen nach einiger Zeit, ihre Gottheit zu missbrauchen. Aus diesem Grund beschloss Brahma, der Gott über den Göttern, den Menschen die göttliche Macht wieder wegzunehmen und sie an einem Platz zu verstecken, wo sie sie niemals wiederfinden könnten.
Um einen sicheren Ort zu finden, an dem er die Gottheit vor den Menschen verbergen konnte, rief Brahma die Mitgötter zusammen und fragte sie nach dem besten Versteck.
Einer der Götter schlug vor: »Lasst uns die Gottheit des Menschen am tiefsten Punkt der Erde vergraben.«
Brahma antwortete: »Nein, das genügt nicht! Der Mensch wird dort danach graben und die Gottheit wiederfinden.«
Da machten die Mitgötter einen anderen Vorschlag: »Dann lasst uns die Gottheit in der tiefsten Tiefe des Ozeans versenken.«
Brahma antwortete auf diesen Vorschlag: »Früher oder später wird der Mensch auch die Tiefen aller Ozeane entdecken, dann wird er seine Gottheit wiederfinden und an die Oberfläche holen. Auch die tiefsten Tiefen des Ozeans sind nicht sicher.«
Wieder überlegten die Mitgötter, wo denn die Gottheit des Menschen sicher verborgen werden könnte.
Schließlich schlugen sie vor: »Lasst uns die Gottheit in die entferntesten Weiten des Universums verbannen, dort wird der Mensch sie nicht zurückholen können.«

Brahma hörte sich geduldig an, was seine Mitgötter ihm vor-
schlugen. Dann antwortete er: »Der Tag wird kommen, an
dem die Menschen das All erobern und die Gottheit wieder an
sich nehmen. Auch das Universum ist als Versteck nicht sicher
genug.«

Da wussten die Mitgötter nicht weiter. »Wo können wir die
Gottheit verstecken? Es gibt weder auf der Erde, in den Mee-
ren noch im ganzen Universum einen Platz, wo der Mensch sie
nicht finden wird.«

Brahma sprach voller Weisheit: »Ich weiß, was wir mit der
Gottheit des Menschen machen werden! Wir verstecken sie im
Tiefsten von ihm selbst, denn das ist der einzige Platz, an dem
er nie danach suchen wird.«

Nach all dieser Zeit – so schließt die Legende – hat der Mensch
die Welt in ihrer Gänze erobert, hat sich aufgemacht, das Universum zu entdecken, ist getaucht, geflogen und hat tief in der
Erde gegraben, nur in sich selbst hat er bisher nie tief genug
gesucht, um sein eigentliches Sein zu entdecken.

Der Schlüssel zu einem erfüllten Leben liegt bereits in dir. Dieses Buch wird dich dazu ermutigen, tief in dir selbst nach deiner wahren Essenz zu suchen und dein inneres Strahlen wiederzuentdecken. Du wirst in Kontakt mit deiner ganzen Schaf-
fenskraft kommen und beginnen, dein wahres Potenzial zu
leben. Du verbindest dich wieder mit der Energie der bedingungslosen Liebe, der erschaffenden Kraft, die hinter allem im
Universum steht. Im Einklang mit dieser Energie bist du frei
von Zweifeln und Ängsten. Du bist im Flow mit dem Universum, und ihr erschafft in gemeinsamer Verbindung. Dein spirituelles Wachstum ist der wichtigste Entwicklungsschritt in
deinem Leben, um dich von Zweifeln, Ängsten und Selbstsabo-

tage zu befreien. Kein Geld der Welt, keine Karriere der Welt und kein Ort dieser Welt wird das für dich tun können. Die Erfüllung, die wir alle suchen, liegt nicht im Außen, sie kommt erst durch die Erfüllung im Inneren. Durch die ständigen Ängste davor, nicht gut genug zu sein oder zu scheitern – und durch die tägliche mentale Selbstsabotage –, blockieren wir die Entfaltung des eigenen Potenzials und erleben das eigene Leben im Mangel und nicht in der Fülle. Wir bauen unser eigenes emotionales Gefängnis mit den Gedanken als Gefängniswärtern, die uns nicht in die Freiheit entlassen wollen. Der einzige Weg in die Freiheit führt über die Veränderung der Art und Weise, wie du dich selbst und die Welt betrachtest. Über die Veränderung deines Bewusstseins kannst du dich aus dem mentalen und emotionalen Gefängnis befreien, das du dir unterbewusst im Laufe deines Lebens aufgebaut hast, und voller Vertrauen dein Leben in Fülle und Freude erschaffen.

Die Kraft deiner inneren Überzeugungen

»Die zwei mächtigsten Wörter im Universum sind ›Ich bin‹, denn sie bestimmen den Verlauf deines Lebens.«

Alles, was jetzt in deinem Leben ist, und alles, was bisher war, die Qualität deiner Beziehungen, dein Job, deine Finanzen oder deine Gesundheit, sind kein zufälliges Ergebnis. Sie sind das Resultat deiner inneren Überzeugungen, die wiederum dein Selbstbild formen. Wir handeln immer im Einklang mit unserem Selbstbild. Auch wenn du vielleicht denkst, du würdest die Realität so wahrnehmen, wie sie wirklich ist, muss ich dich enttäuschen. Du siehst die Welt durch deinen ganz eigenen Filter, der alle Informationen herauszieht, die nicht mit deinem Selbst- und deinem Weltbild übereinstimmen beziehungsweise mit dem, was dein Gehirn als wahr einstuft. Es ist, als gäbe es einen Scheinwerfer in deinem Gehirn, der nur auf ganz bestimmte Informationen Licht wirft und alles andere im Dunkeln lässt. Unser Gehirn ist rund um die Uhr damit beschäftigt, alle Eindrücke und Erfahrungen zu analysieren, zu deuten und ihnen einen Sinn oder eine Bedeutung zu verleihen – immer entsprechend der eigenen inneren Überzeugungen. Diese Eigenschaft verdanken wir dem retikulären Aktivierungssystem (ARAS), einer kleinen Zellgruppe in unserem Hirnstamm. Dieses Kontrollzentrum ist die Datenschaltzentrale, die Informationen je nach Dringlichkeit einordnet und abspeichert. Das Abspeichern und Einordnen der Informationen geschieht allerdings nicht objektiv, sondern auf Grundlage unserer inneren Überzeugungen, und es sorgt dadurch dafür, dass alle Informationen, die im Widerspruch zu unserer eigenen Wahrheit stehen, herausgefiltert werden und gar nicht erst dein Bewusstsein erreichen. Das, worauf wir unsere Aufmerksamkeit richten, vermehrt sich, und wir erhalten immer wieder dieselben Ergebnisse, basierend auf unseren inneren Überzeugungen und dem Selbstbild.

Mit Sicherheit kennst du das auch, dass du plötzlich überall das siehst, womit du dich gerade beschäftigst oder was dir besonders wichtig ist. Wenn du beispielsweise dein eigenes Fitnessstudio aufmachen möchtest, siehst du wahrscheinlich plötzlich überall Fitnessstudios und hast das Gefühl, die ganze Stadt besteht eigentlich nur aus Fitnessstudios. Oder du möchtest eine Diät machen, und alles, worauf dein Gehirn plötzlich achtet, sind Fast-Food-Läden, Lebensmittelwerbung etc. Das retikuläre Aktivierungssystem achtet für uns darauf, die Aufmerksamkeit nur auf das zu richten, von dem es denkt, dass es dir wichtig ist. Wenn wir akzeptieren, dass wir unsere Realität durch unsere Art und Weise, zu denken und zu fühlen, selbst erschaffen, können wir anfangen, endlich das Leben aufzubauen, das wir auch wirklich leben wollen. Denn unser Geist zieht ununterbrochen auf genau derselben Schwingung alles an, was mit den eigenen Überzeugungen und Gedanken harmoniert. Dabei unterscheidet unser Unterbewusstsein nicht zwischen positiven oder negativen Gedanken. Es folgt einfach dem, was du ihm wiederholt sagst.

Die zwei schöpferischsten Wörter im Universum sind »**Ich bin**«. Sie bilden die Grundlage für dein Selbstbild, und jedes Wort, das auf »Ich bin« folgt, bestimmt, was du dir zutraust, wie du dich fühlst, auf welche Art und Weise du handelst und welche Entscheidungen du triffst. Es ist die Identität, die du dir im Laufe deines Lebens gibst und die wir auch irgendwann aufhören zu hinterfragen, sondern als »so bin ich halt« hinnehmen. Während meiner jahrelangen Arbeit als Coach wurde mir immer mehr bewusst, wie tief die innere Überzeugung, »nicht gut/klug/schön genug zu sein« oder »nicht liebenswert zu sein«, bei den meisten Menschen verankert ist. Es ist schon fast normaler zu denken, man sei nicht gut genug oder nicht liebenswert genug, anstatt sich selbst wirklich zu mögen. Haben wir diese innere Haltung erst einmal angenommen und als innere Wahrheit akzeptiert, fühlen wir uns in einer ständigen Beweislast, um zu zeigen, eigentlich doch gut genug und liebenswert zu sein. Hier kommt der Haken: Wenn es deine innere Überzeugung ist, nicht gut genug zu sein, wirst du dich ständig selbst in diesem Glauben bestätigen – ganz egal, was dir die äußere Welt widerspiegelt oder wie gut deine Ergebnisse auch sein mögen.

»Achte auf deine Gedanken, denn sie werden Worte.
Achte auf deine Worte, denn sie werden Handlungen.
Achte auf deine Handlungen, denn sie werden Gewohn-
heiten. Achte auf deine Gewohnheiten, denn sie werden
dein Charakter. Achte auf deinen Charakter,
denn er wird dein Schicksal.« – Buddha

Als Sarah zu mir ins Coaching kam, hatte sie gerade frisch an der Uni in Medizin mit summa cum laude promoviert und war eine bildschöne, charismatische junge Frau. Ihr Coachinganliegen war es, sich endlich für eines der unterschiedlichen Jobangebote zu entscheiden, die seit mehreren Wochen auf ihre Antwort warteten. Obwohl alle Angebote von den besten Kliniken Deutschlands waren, fand sie trotzdem bei jedem Jobangebot Gründe, warum sie dort nicht hingehen wollte. Wenn ich etwas nach Tausenden von Coachings gelernt habe, dann, dass hinter jedem vermeintlichen Problem meist ein ganz anderes verborgen liegt, das wir selbst nur nicht erkennen können, weil es auf unterbewusster Ebene wirkt.

Intuitiv fragte ich sie: »Was befürchtest du, was in dem Job passieren könnte?« Sie schaute mich erst ein wenig verwundert an, dachte für einen Moment nach und sagte dann: »Wenn ich jetzt darüber nachdenke, fällt mir auf, dass ich Angst davor habe anzufangen, in einem Krankenhaus zu arbeiten. Um ehrlich zu sein, Laura, ich hatte in jeder Vorlesung Angst, dass meine Kommilitonen oder meine Professoren eines Tages herausfinden würden, dass ich eigentlich dumm bin und gar nichts kann. Ganz egal, wie gut meine Noten waren, ich habe immer gedacht, hoffentlich merkt keiner, dass ich eigentlich doch nichts weiß. Ich komme mir vor wie eine Schwindlerin. Die Uni habe ich zwar geschafft, aber jetzt habe ich noch größere Angst, dass ich bei der Arbeit auffliegen werde.« Sie schaute mich traurig an und sagte: »Ich bin völlig erschöpft, weil ich ständig auf der Suche nach dem Gefühl bin, doch klug genug zu sein, aber egal, wie sehr ich mich anstrenge, ich finde immer Gründe, warum ich es doch nicht bin. Ich sage mir, dass ein Medizinstudium jetzt auch nicht wirklich etwas Besonderes ist und dass das jeder geschafft hätte ... dass ich einfach nur Glück gehabt habe ...«

Sarah litt unter dem sogenannten Scharlatan-Syndrom, bei dem der Betroffene immer das Gefühl hat, eines Tages aufzufliegen, weil er eigentlich gar keine Ahnung hat von dem, was er tut. Hinter dem Syndrom steht der innere Glaubenssatz, nie gut genug zu sein, ganz egal, wie gut die Ergebnisse objektiv auch sein mögen.

In den nächsten Coachingsitzungen fanden wir gemeinsam heraus, dass sich der Glaubenssatz bei ihr entwickelt hatte, als sie gerade eingeschult worden war und während der ersten zwei Jahre in der Grundschule große Schwierigkeiten hatte, Lesen und Schreiben zu lernen. Sie begann, sich vor ihren Mitschülern dafür zu schämen, nicht so gut lesen zu können wie die anderen, und sie schlussfolgerte: »Ich bin nicht gut genug, und ich werde nur gemocht, wenn ich gute Leistungen erbringe.« Dieser Glaubenssatz wurde zu ihrem inneren Mantra und zu ihrem inneren Motor. Es ist eines unserer wichtigsten menschlichen Grundbedürfnisse, geliebt und anerkannt zu werden. Durch die Gleichung, die Sarah in ihrem Unterbewusstsein aufgestellt hatte – Gute Leistung = Sicherheit und Liebe –, erzielte sie in ihrem weiteren Leben objektiv betrachtet hervorragende Ergebnisse, konnte diese jedoch selbst nie anerkennen, da sie nicht mit ihrem Selbstbild übereinstimmten, denn das hieß: »Ich bin nicht gut genug.« Sie hätte sogar den Nobelpreis gewinnen können und würde immer noch denken, eigentlich nicht gut genug zu sein. Sie hatte sich ein mentales und emotionales Gefängnis mit gleich mehreren Gefängniswärtern gebaut, in dem sie festsaß, ohne es selbst zu merken. Unser Unterbewusstsein ist an dieser Stelle ziemlich ausgefuchst, denn das Hauptanliegen unseres Unterbewusstseins ist es, unser Überleben zu sichern. Dabei ist es für das Unterbewusstsein eher zweitrangig, ob wir glücklich sind. Es arbeitet eher analog, in Einsen und Nullen oder in »funktioniert« bzw. »funktioniert nicht«. Da Sarah mit dem Glaubenssatz – Gute Leistung = Sicherheit und Liebe – offensichtlich überlebt hatte und sogar noch Anerkennung von außen bekam, hatte ihr Unterbewusstsein gar kein Interesse daran, diese innere Überzeugung gegen eine andere einzutauschen, und hatte aus diesem Grund auch verhindert, dass Sarah ihre innere Verstrickung selbst erkennen konnte.

Weil unser Fokus den inneren Überzeugungen folgt und das Selbstbild auf Angst, Scham, Schuldgefühlen oder Wut basiert, ziehen wir ständig Erfahrungen in unser Leben, die diese innere Haltung verstärken. Dadurch ergibt sich ein neuer Teufelskreis, der uns immer mehr darin bestätigt, weiterhin nicht zu vertrauen und sich getrennt von der Welt zu fühlen. Durch die Veränderung des eigenen Bewusstseins und des Selbstbilds in ein wohlwollendes, liebevolles Selbstbild erschaffen wir eine neue Realität.

Die Ebenen des Bewusstseins

1995 veröffentlichte der amerikanische Psychiater und spirituelle Lehrer Sir David R. Hawkins sein Buch »Die Ebenen des Bewusstseins«. In einer Studie testete Hawkins mithilfe des kinesiologischen Tests die unterschiedlichen Ebenen des menschlichen Bewusstseins und entwickelte daraus die Skala des Bewusstseins. Als mir der kinesiologische Muskeltest das erste Mal begegnet ist, konnte ich gar nicht glauben, wie einfach wir mit unserem Körper kommunizieren können und wie präzise uns der eigene Körper Antworten gibt. Ich bin damals durch Zufall über ein Youtube-Video auf den Muskeltest aufmerksam geworden und schaute mir an dem Tag alle Videos, die ich auf Youtube über Kinesiologie finden konnte, an und lernte in den nächsten Jahren so viel wie möglich über diesen Test. Seitdem ist der Muskeltest eines meiner wichtigsten Tools in der Arbeit mit meinen Klienten – und auch zum Testen von Entscheidungen, Fragen und körperlichen Symptomen bei mir selbst. Der kinesiologische Muskeltest ist wie ein Bio-Feedback-Diagnose-Tool, das es uns ermöglicht, über unseren Körper Blockaden zu erkennen und sich die Antworten direkt vom Körper geben zu lassen. Die Bedeutung von Kinesiologie kommt aus dem Griechischen und bezeichnet »die Lehre des Bewegungsflusses« und bezieht sich auf die Energie, die durch unseren Körper fließt. Durch den Muskeltest lässt sich feststellen, ob die Lebensenergie im Körper gerade gestärkt oder geschwächt ist. Wenn unser Körper einem schädlichen Reiz (z. B. Stress, Lärm, bestimmte Worte, bestimmtes Essen) ausgesetzt wird, reagieren unsere Muskeln schwach. Ebenso reagiert der Körper gestärkt, wenn er positiven Reizen ausgesetzt wird. Unser Körper speichert alle Informationen darüber, was uns guttut und was nicht. Mit dem Muskeltest kann uns der Körper diese Information ganz einfach zurückspiegeln, und wir können uns mit der Weisheit des eigenen Körpers verbinden, ohne uns auf Spekulationen verlassen zu müssen. Wenn das Nervensystem von einem Reiz gestresst wird, reagieren die Muskeln schwach und geben nach. Wenn unser Nervensystem von einem Reiz gestärkt wird, reagieren auch die Muskeln stark.

Der kinesiologische Test beruht auf der physiologischen Tatsache, dass wir unsere Muskeln einerseits bewusst steuern können, wenn wir zum Beispiel einen Stift aufheben wollen, andererseits gehorchen unsere Muskeln ebenso dem vegetativen Nervensystem, das unbewusst die Abläufe in unserem Körper, wie die Verdauung, Atmung, Durchblutung und so weiter, steuert. Da das vegetative Nervensystem automatisch reagiert, ist es weitaus schneller als die bewusste Steuerung unserer Muskeln. In dem Moment, wenn wir in Gefahr sind (z. B. einem negativen Reiz ausgesetzt werden), übernimmt für einen kurzen Moment das vegetative Nervensystem die Kontrolle über unsere Muskeln, um unser Überleben zu schützen. Das ermöglicht uns beispielsweise, innerhalb von einem Bruchteil einer Sekunde die Hand von der Herdplatte zu ziehen, wenn diese heiß ist. Genau diesen Moment nutzt der kinesiologische Test, um im Unterbewusstsein gespeicherte Informationen zu erkennen, auf die die Muskulatur schwach reagiert.

Am einfachsten kannst du den Test mit deinem Arm durchführen. Strecke den Arm gerade vor dir aus und kalibriere ihn. Das machst du, indem du testet, wie viel Druck du mit der anderen Hand auf den Arm aufwenden musst, um ihn nach unten zu drücken, also wann der Moment ist, in dem der Arm nachgibt. Der Muskeltest funktioniert nur, wenn du Aussagen tätigst, die mit Ja oder Nein bestätigt oder abgelehnt werden können. Sage zum Beispiel: »Mein Name ist ...« (füge deinen Namen ein). Teste in dem Moment mit leichtem Druck auf deinen Arm, ob der Arm nachgibt oder stabil bleibt. Teste dann mit einem vollkommen anderen Namen. Du wirst feststellen, dass dein Arm nachgibt, wenn die Aussage nicht wahr ist, und stabil bleibt, wenn die Aussage stimmt. Du kannst mit diesem Test auch wunderbar Allergien, Lebensmittelunverträglichkeiten und Entscheidungen testen.

Von der bloßen Existenz bis hin zur Erleuchtung

Hawkins nutzte die Weisheit des Körpers, um das Bewusstsein der Menschen zu testen. Anhand der von Hawkins entwickelten Skala lassen sich die unterschiedlichen Bewusstseinszustände der Menschen zwischen 0 (bloße Existenz) und 1000 (Erleuchtung) auf 17 Ebenen einordnen. Das Ziel der Studie bestand darin, eine praktisch verwendbare »Landkarte« der Energiefelder des Bewusstseins zu erschaffen. Bewusstsein ist mehr als die Wahrnehmung der äußeren Welt über unsere Sinne, und es ist auch mehr, als einfach wach oder achtsam zu sein. Bewusstsein enthält alle mentalen, emotionalen und spirituellen Aspekte von uns selbst. Es ist die Brille, durch die wir unsere ganz eigene Realität sehen, geprägt von unseren tiefsten inneren Überzeugungen, Werten und Vorstellungen. Es ist möglich, dass wir uns in unterschiedlichen Lebensbereichen auf verschiedenen Ebenen bewegen. Der eigene Bewusstseinsstand ergibt sich aus dem Zusammenspiel aller Ebenen.

> *»Wenn du das Geheimnis des Universums entschlüsseln möchtest, musst du anfangen, in Energie, Frequenz und Vibration zu denken.« – Nicola Tesla*

Die untersten Ebenen bis zur Ebene von 200 sind Bewusstseinsebenen, basierend auf Überlebensemotionen (Scham, Schuld, Apathie, Trauer, Angst, Verlangen, Wut und Stolz) und eigennützig ausgerichtet. Sie bringen den Geist und den Körper aus der Balance. Befinden wir uns auf einer dieser Ebenen, sind wir nicht in Harmonie mit uns selbst und der Welt. Gefühle auf dieser Ebene aktivieren unseren Fight-Flight-Freeze-Modus und setzen uns unter permanenten Stress, da unser Verstand meint, dass das eigene Überleben bedroht ist und wir uns verteidigen oder gar fliehen müssten. Auf diesen Bewusstseinsebenen kommt es häufig zu einer Opfer- und Vorwurfshaltung sowie zu einer Verstrickung in eine unversöhnliche emotionale Haltung. Ab der Bewusstseinsebene von 125 beginnen wir, uns langsam besser zu fühlen, allerdings ist dieses Gefühl eine Illusion, da es durch äußere Faktoren, wie zum Beispiel Anerkennung, ausgelöst wird. Bricht die Anerkennung weg, verlieren wir automatisch auch die damit verbundene Energie.

Erst ab der Bewusstseinsebene von 200 (Mut) lässt sich der Wendepunkt messen, an dem Emotionen positiv getestet werden konnten und eine Veränderung von eigennützigen und nur aufs Überleben ausgerichteten Emotionen hin zu selbstlosen Emotionen stattfindet.

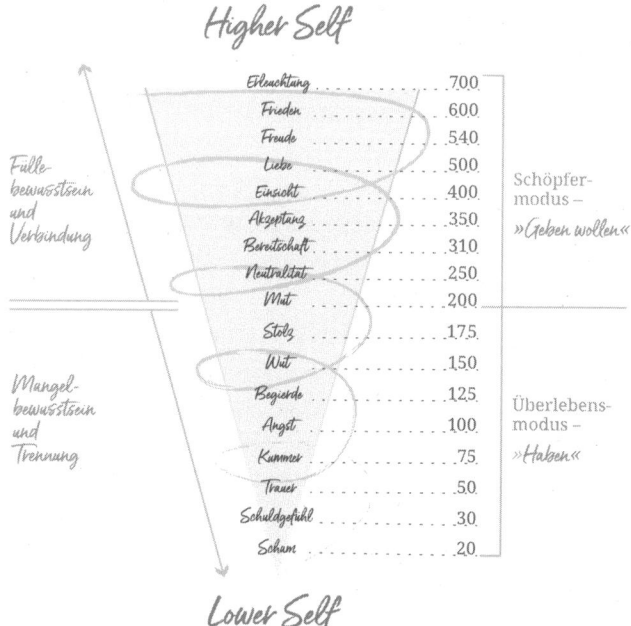

Higher Self

Erleuchtung	700
Frieden	600
Freude	540
Liebe	500
Einsicht	400
Akzeptanz	350
Bereitschaft	310
Neutralität	250
Mut	200
Stolz	175
Wut	150
Begierde	125
Angst	100
Kummer	75
Trauer	50
Schuldgefühl	30
Scham	20

Fülle-
bewusstsein
und
Verbindung

Schöpfer-
modus –
»Geben wollen«

Mangel-
bewusstsein
und
Trennung

Überlebens-
modus –
»Haben«

Lower Self

Ab 500 wird das Glück anderer zu einer wesentlichen Motivationskraft. Die Bewusstseinsebene von 600 ist von einem spirituellen Gewahrwerden gekennzeichnet, und das Hauptziel ist das Wohl der gesamten Menschheit sowie die Erleuchtung. Menschen auf der Bewusstseinsebene ab 700 widmen ihr Leben der Rettung der Menschheit. Sie befinden sich auf der Ebene des reinen Bewusstseins und der Erleuchtung.

Mein Ziel ist es, dir mit diesem Buch Schritte zu zeigen, die du gehen kannst, um dein Bewusstsein anzuheben und aus dem Mangelbewusstsein in ein Bewusstsein von Liebe, Freude und Erfüllung zu wechseln.

Die erste Ebene ist Scham und liegt bei 20. Da Scham den gesamten Entwicklungsstand der Persönlichkeit stark einschränkt, ist sie häufig auch der Nährboden für weitere negative Emotionen wie Wut, Angst oder Schuldgefühle. Die zweite Ebene ist Schuldgefühl und liegt bei 30. Auf dieser Ebene ist eine Opferhaltung typisch und eine Verstrickung in eine unversöhnliche emotionale Haltung. Die dritte Ebene ist Trauer und liegt bei 50. Diese Ebene ist insbesondere durch Armseligkeit und Hoffnungslosigkeit geprägt. Die Energieebene 75 ist Kummer. Diese Ebene haben wir alle schon einmal kurzzeitig erlebt, wenn wir einen geliebten Menschen verlieren oder eine Trennung erleben. Es ist die Ebene von Traurigkeit und eines Verlustgefühls. Bleiben wir auf dieser Ebene stehen, führt sie meist zu Depression und dem ständigen bedauernden Blick in die Vergangenheit. Die Energieebene 100 ist Angst. Sie hat auf der einen Seite die positive Eigenschaft, uns vor Gefahren zu schützen, kann auf der anderen Seite aber manipulativ sein und uns in eine Handlungsstarre steuern oder uns keinen klaren Gedanken mehr fassen lassen: Wenn wir beispielsweise Angst haben, unser

Partner könnte sich trennen, und uns die Eifersucht den Verstand verlieren lässt. Ängste gibt es in den unterschiedlichsten Formen. Angst ist so unbegrenzt wie die menschliche Vorstellungskraft, leider schränkt sie das eigene Wachstum und die Persönlichkeit so stark ein, dass sie meistens nur mithilfe von außen gelöst werden kann. Die nächste Ebene stellt Begierde (mit 125) dar. Diese Ebene haben sich ganze Industrien zunutze gemacht, zum Beispiel wenn Kosmetikfirmen mit Werbung den Wunsch nach einem anderen Aussehen erzeugen. Das Verlangen nach Geld, Macht und Prestige ist auf dieser Energieebene zu finden. Da auf dieser Ebene jedoch ebenso der Wunsch nach einem besseren Leben geboren werden kann, kann uns das Verlangen auch auf neue und höhere Bewusstseinsstufen bringen.

Auf der Energieebene 150 liegt Wut. Wut hat ebenso wie Verlangen die Eigenschaft, Positives wie auch Negatives auszulösen. Insbesondere dann, wenn unser Verlangen nicht gestillt wird, entsteht als Folge häufig Wut und Frustration darüber, dass unsere Bedürfnisse und Wünsche auf einer tieferen Ebene nicht erfüllt werden. Daher kann Wut auch wie eine Art Katapult in die Freiheit dienen, wenn der Schmerz so groß wird, dass wir uns oder die Situation verändern müssen. Genauso kann Wut jedoch in das Gegenteil umschlagen und sich in Zorn oder Rachsucht ausdrücken.

Die nachfolgende Ebene ist Stolz (mit 175). Hawkins schreibt, dies ist die Ebene, die die Mehrheit der Menschen anstrebt, da es dort das erste Mal im Vergleich zu den niedrigeren Energien den Anschein hat, dass man sich gut fühlt und diese positive Emotionen wie Balsam für den vorher erlittenen seelischen Schmerz sind. Der Haken beim Stolz ist, dass er von der äußeren Befriedigung abhängig ist. Bleibt die Anerkennung von außen weg, stürzen wir in die unteren Ebenen. Stolz ist geschichtlich oft der Grund für religiöse oder nationalistische Auseinandersetzungen gewesen, dessen Preis Millionen von Menschenleben waren. Da sich Stolz schützen muss aus Angst davor, nicht mehr durch Anerkennung genährt zu werden, geht er häufig Hand in Hand mit Arroganz und einem Abwehrverhalten.

Mit Mut auf der Energieebene von 200 wurden die Probanden der Studie zum ersten Mal stark getestet und nicht mehr, wie bei den unteren Energiefeldern, schwach. Das bedeutet, dass ab der Energieebene von 200 ein »Shift« stattfindet, von negativen Einflüssen hin zu positiven und lebensfördernden Energiefeldern. Es ist die erste Ebene, auf der die Menschen der Welt so viel Energie zurückgeben, wie sie nehmen. Hawkins unterscheidet hier zwischen Macht und Kraft (im Englischen: power versus force). Die unteren Energiefelder beruhen auf Macht und Überleben, während die oberen Energiefelder ein Ausdruck von (schöpferischer) Kraft sind. Auf der Energieebene von Mut zeigt sich die Bereitschaft, Neues auszuprobieren, und das erste Mal kann eine Form von echtem Selbstvertrauen erfahren werden. Das Leben erscheint plötzlich aufregend und spannend. Gegenwärtig ist auch der kollektive Bewusstseinsgrad auf einem Niveau von 200. Ab jetzt geht's mit der positiven und produktiven Energie aufwärts.

Auf der Ebene von 250 liegt Neutralität oder auch Wohlfühlen. Alle Ebenen zuvor vereint die Eigenschaft, positioniert zu sein, das heißt, auf eine bestimmte Art Trennung zu kreieren und eine Abhängigkeit von äußeren Faktoren zu verspüren. Ab der Energieebene von 250 ist der Mensch erst mal relativ unabhängig von Ergebnissen von außen und kann sich ganz auf sich selbst konzentrieren. Auf dieser Ebene fühlen sich Menschen wohl und beginnen, im Einklang mit den Hochs und Tiefs des Lebens zu sein. Sie entwickeln einen Zustand der inneren Zuversicht. Ab 310, der Stufe der Bereitschaft, öffnet sich das Tor zu den höheren Ebenen. Auf dieser Stufe haben Menschen ihre inneren Widerstände überwunden und beginnen, wieder ganz im Leben mitzuspielen. Sie sind nicht mehr durch falschen Stolz geblendet, schauen ihre Fehler an und lernen daraus. Durch die erhöhte Energie beginnt gesellschaftlicher und wirtschaftlicher Erfolg ganz von selbst zu folgen. Auf dieser Ebene werden Menschen eine große Kraftquelle für die gesamte Gesellschaft.

Ab der Energieebene Akzeptanz (mit 350) stellt sich eine ganz besonders interessante Transformation ein. Menschen auf dieser Ebene verstehen, dass sie selbst die Schöpfer ihrer Erfahrungen sind, und übernehmen die gesamte Verantwortung für ihr Leben. Während sich Menschen unterhalb von 200 eher als Opfer der äußeren Umstände wahrnehmen und glauben, keinen Einfluss auf den Verlauf ihres Lebens zu haben, erkennen Menschen auf der Ebene der Akzeptanz, dass die Quelle des Glücks in ihnen selbst liegt. Durch diese Akzeptanz öffnen sie sich ihrer eigenen Schöpferkraft. Auf dieser Ebene beginnen Menschen auch zu erkennen, dass Liebe immer in uns vorhanden ist und uns nicht »genommen« werden kann. Ab hier tritt das erste Mal das Higher Self ganz klar in den Vordergrund. Ab jetzt geht es nicht mehr um: »Was kann ich haben?«, sondern um: »Was kann ich geben?« Auf der folgenden Ebene Einsicht (mit einer Energie von 400) beginnen wir, unsere Vernunft und unseren Verstand richtig einzusetzen und für uns zu nutzen. Wir fragen uns: Was möchte ich eigentlich beitragen? Wie kann ich für diese Welt mit meinen Talenten von Nutzen sein? Auf dieser Ebene waren beispielsweise Menschen wie Einstein oder Freud.

»Love is misunderstood to be an emotion; actually, it is a
state of awareness, a way of being in the world, a way of
seeing oneself and others.« – David R. Hawkins

Auf die Ebene der Einsicht folgt die Energieebene der Liebe
(mit 500). Allerdings bezieht sich diese Ebene nicht auf die ro-
mantische Liebe, sondern vielmehr auf Liebe als gesamten
Seinszustand. Diese Form der Liebe ist bedingungslos, unwan-
delbar und beständig. Sie strahlt vom Herzen aus und nicht
vom Verstand. Sie sieht das große Ganze und ist vom Motiv
her rein. Durch die Eigenschaft der Liebe, allumfassend zu
sein, existiert in ihr keine Trennung. Der Liebe gelingt es, das
Negative aufzulösen, indem es ihm einen neuen Rahmen gibt.
Leider leben bisher nur 0,4 Prozent aller Menschen auf dieser
Bewusstseinsstufe.

Auf der Energieebene von 540 ist eine Form der bedingungslosen Liebe erreicht, die als reine Freude erlebt wird. Ab dieser
Stufe beginnt die Ebene der spirituellen Heiler oder Heiligen.
Menschen, die diesen Zustand erreicht haben, sehen die Welt
voller Mitgefühl und erleuchtet von der Schönheit der Schöp-
fung. Das Göttliche vereint sich mit dem persönlichen Willen,
und es entsteht eine Synchronizität, durch die alles ganz mü-
helos geschieht. Es wächst der Wunsch danach, den eigenen
Bewusstseinszustand zum Wohle allen Lebens einzusetzen.

Die unglaubliche Kraft der Skala des Bewusstseins von Hawkins liegt vor allen Dingen darin, dass sie exponentiell ist. Das
bedeutet, dass ein Mensch, der auf der Frequenz von Freude
ist, 90 000 Menschen auf der Ebene unter 200 positiv beeinflussen kann. Auf die Energieebene der Freude folgt die
Ebene des Friedens mit 600. Auf dieser Bewusstseinsebene ist
alles mit allem verbunden, und der Unterschied zwischen
Subjekt und Objekt löst sich auf. Sie kann als Transzendenz

beschrieben werden. Ab 700 ist es die Energieebene der Erleuchtung. Auf dieser Ebene wurden die größten Lehren der Menschheit wie die Lehre Buddhas erschaffen. Die Identifikation mit dem Körper löst sich komplett auf, und der Körper dient dem Bewusstsein nur noch als Instrument der Kommunikation. Es ist die Ebene der vollkommenen Einheit.

Gleiches zieht Gleiches an – wie du deine Energiefrequenz erhöhst

Bestimmt hast du schon mal davon gehört, dass alles, was du aussendest, zu dir zurückkommt. Dieser Austausch von Energie ist das universelle Gesetz von Ursache und Wirkung. Manche nennen es auch Karma oder das Gesetz der Resonanz. Wir empfangen immer auf der Energiefrequenz, auf der wir senden. Veränderst du die Ebene deines Bewusstseins von Angst hin zu Liebe, veränderst du damit automatisch die Frequenz deiner Gedanken und deiner inneren Überzeugungen. Du beginnst, auf einer neuen und höheren Frequenz zu vibrieren, die es dir ermöglicht, Ergebnisse auf dieser Ebene zu erzeugen. Du kannst immer nur auf derselben Energiefrequenz empfangen, auf der du sendest, das ist das universelle Gesetz der Anziehung. Bisher wird das Gesetz der Anziehung häufig missverstanden, so, als müsste man nur lange genug daran denken, im Lotto zu gewinnen, und dann passiert es auch. Ganz so einfach ist es natürlich nicht, und würde es so funktionieren, wären wir wohl alle bereits Millionäre. Das Gesetz der Anziehung und auch der Vibration besagt, dass alles, was im Universum existiert, Energie ist und auf einer bestimmten Frequenz vibriert. Auch wenn es sich im ersten Moment vielleicht merkwürdig anhört und schwer vorstellbar ist, aber auch du bist reine Energie. Stelle dir vor, du würdest deine

Zellen um ein Millionenfaches vergrößern, dann würdest du sehen können, dass deine Zellen aus Billionen von Atomen bestehen, die wiederum einen Atomkern haben, der aus Neutronen und Protonen besteht. Die Neutronen und Protonen wiederum bestehen aus Quanten, der kleinsten nachweisbaren Form von Energie. Ebenso wie dein gesamter Körper in der kleinsten Einheit Energie ist, so sind auch deine Gedanken eine Form von Energie, die sich magnetisch messen lässt. Letztlich besteht alles, was ist, aus schwingenden Teilchen, und nichts ist wirklich fest, auch wenn es für das menschliche Auge den Anschein haben mag. Alles im Universum ist Vibration. Das Gesetz der Anziehung bedeutet, dass du nicht nur gedanklich auf derselben Frequenz senden musst, auf der du empfangen möchtest, sondern insbesondere deine inneren Überzeugungen müssen auf dieser Frequenz sein.

Eine bahnbrechende Erkenntnis aus der Quantenphysik konnte im sogenannten Doppelspalt-Experiment beweisen, dass Energie dem Bewusstsein folgt. In der Studie konnte erstmals nachgewiesen werden, dass sich Licht sowohl in Wellen als auch in Teilchen bewegen kann, je nachdem, mit welcher Absicht die Forscher die Studie durchführten. Anhand dieser Studie wissen wir, dass Materie dem Geist bzw. dem Bewusstsein folgt und wir die äußere Welt über unsere innere Welt erschaffen.

Ist unser Bewusstsein auf einer der niedrigen Energieebenen unter 200, ziehen wir Menschen Erfahrungen und Dinge in unser Leben, die auf derselben negativen Frequenz vibrieren. Ebenso ziehen wir positive Menschen, Liebe und materiellen Überfluss an, wenn wir oberhalb von 200 vibrieren. Das ist auch der Grund, warum bei 99 Prozent der Menschen »das Gesetz der Anziehung«, wie es in zahllosen spirituellen Büchern deutlich gemacht wird, in Wirklichkeit nicht funktioniert. Sie glauben, sie müssten nur daran denken und sich vorstellen, den neuen Porsche oder das neue Haus schon zu besitzen, und dann wird es wie durch ein Wunder plötzlich vor der Tür stehen. Das Gesetz der Anziehung bedeutet, dass du genau das in dein Leben ziehst, was auf der Energiefrequenz deinen inneren Überzeugungen und deinem Bewusstsein entspricht. Wenn du innere Glaubenssätze hast, die dich davon abhalten, in Reichtum und Fülle zu leben, kannst du so viel an einen neuen Porsche denken, wie du möchtest, er wird nicht kommen. Der einzige Weg, um die Ergebnisse in deinem Leben zu haben, die du dir wünschst, ist, dein Selbstbild mitsamt deinen inneren Überzeugungen zu ändern und die Energie anzuheben. Erst wenn du akzeptierst, dass du der Schöpfer deines Lebens bist und du dein Bewusstsein von Angst hin zu Liebe ausrichten kannst, wirst du wahre Fülle erfahren. In dem Moment, wenn du dich selbst mit Liebe und Mitgefühl genau so annimmst, wie du bist, und die Selbstsabotage beendest, öffnen sich dir ganz neue Horizonte.

Higher-Self-Übung: _Erhöhe deine Energie durch Dankbarkeit_

Der schnellste und effektivste Weg, um die Energie im Körper zu heben, ist Dankbarkeit. Dankbarkeit verwandelt alles in ein Gefühl von Fülle und Liebe. Sie öffnet das Herz und ist der ultimative Zustand des Empfangens. Wir können Dankbarkeit sowohl für ein Erlebnis in der Vergangenheit, eine Erfahrung in der Gegenwart sowie für etwas, das noch in der Zukunft liegt, empfinden. Sie ist wie das Gedächtnis des Herzens, das jedoch keine Beweise braucht. Es passiert etwas ganz Magisches im Leben, wenn wir den eigenen Fokus nicht mehr auf den Mangel, sondern auf die Fülle richten, die uns umgibt. Wenn wir nicht heute schon glücklich und dankbar für das sind, was wir haben, werden wir es voraussichtlich auch in der Zukunft nicht sein. Genau jetzt ist der Moment, Dankbarkeit zu empfinden – für alles, was bereits ist.

Wofür bist du heute dankbar? Lege eine Hand auf dein Herz, schließe deine Augen, und atme tief ein und aus. Spüre, wie sich dein Körper entspannt und der Atem gleichmäßig in deinen Körper fließt.

»Nicht die Glücklichen sind dankbar. Es sind
die Dankbaren, die glücklich sind.« – Francis Bacon

Erinnere dich an einen Menschen, der dir sehr wichtig ist und den du sehr liebst. Stelle dir vor, wie dieser Mensch jetzt vor dir steht, und erinnere dich an alles, was du mit diesem Menschen schon erlebt hast, wie dieser Mensch für dich da gewesen ist und wie viel Liebe zwischen euch existiert. Bedanke dich im Geist bei dieser Person dafür, dass sie in deinem Leben ist. Erinnere dich jetzt an einen Moment, der für dich besonders wichtig war, vielleicht als du deine Ausbildung abgeschlossen oder dein Kind geboren hast – oder einen Sonnenuntergang an einem besonders schönen Ort erleben durftest. Stelle dir vor, wie du jetzt auch die Dankbarkeit über dieses Erlebnis in dein Herz fließen lässt. Jetzt gehe in Gedanken deinen heutigen Tag durch, und erinnere dich an all die kleinen Wunder, die der Tag für dich bereitgehalten hat. Lasse all die Erinnerungen in dein Herz fließen, und erlaube dir tiefe Dankbarkeit für die Menschen, die dein Leben bereichern, für die schönen Erfahrungen und das Wunder zu fühlen. Lasse die

Dankbarkeit in jede Zelle deines Körpers fließen und dich völlig von ihr einnehmen. Stelle dir vor, wie sich die Dankbarkeit mit jedem Einatmen noch verstärkt, bis du ein großes Lächeln auf deinem Gesicht hast. Dann öffne deine Augen, und kehre zurück ins Hier und Jetzt.

Konntest du wahrnehmen, wie die Dankbarkeit dein Herz mit Freude und Glück erfüllt?

Durch diese einfache und kurze, aber unglaublich wirkungsvolle Übung veränderst du sofort deine Energie. Umso häufiger du diese Übung in deinem Alltag wiederholst, desto mehr wirst du feststellen, dass sich auf allen Ebenen etwas ändern wird. Deine Beziehungen werden entspannter und erfüllter, dein Job wird dir wieder mehr Freude machen, und du bekommst ganz neue Ergebnisse.

BEGINNE DEINEN TAG JEDEN MORGEN MIT DIESEM KLEINEN DANKBARKEITSGEBET. NOCH BEVOR DU DIE AUGEN ÖFFNEST, WIEDERHOLE IN GEDANKEN:

»*Danke für einen neuen Tag*
und eine neue Möglichkeit,
mein Leben zu erschaffen.
Danke für die Wunder,
die mir heute widerfahren werden.
Danke für die Menschen,
die mir heute begegnen werden.
Danke für die Liebe,
die heute durch mich fließen wird.
Danke.«

MÖGEST DU GLÜCKLICH SEIN

» Alles, worauf du dich konzentrierst und deinen Fokus richtest, vermehrt sich.

» Dein Bewusstsein ist der Filter, durch den du deine Welt betrachtest. Du siehst die Welt nie so, wie sie wirklich ist, sondern immer so, wie du bist.

» Wenn du andere Ergebnisse in deinem Leben haben möchtest, musst du deine Frequenz verändern.

» Der schnellste und effektivste Weg, deine Energie anzuheben, ist Dankbarkeit.

 Nimm dir Zeit für dich und notiere deine Erkenntnisse in einem Notizheft.

The peace of God is with them whose mind and soul are in harmony, who are free from desire and wrath, who know their own soul.

– Die Bhagavad Gita

Wie du die ganze Kraft
deines Bewusstseins entfaltest

In dem winzigen Samen eines Rosenbusches ist bereits das gesamte Potenzial der Rose vorhanden. Alles, was nötig ist, damit eines Tages Hunderte von wunderschönen Rosenblüten entstehen, ist in dem kleinen Samen angelegt. Manchmal wird dieser kleine Samen jedoch über Jahre hinweg vom Wind durch die Welt getragen, er wird immer wieder fortgeweht und ist haltlos in der großen Welt. Bis er eines Tages endlich auf fruchtbaren Boden fällt. Und plötzlich fallen alle äußeren Bedingungen perfekt zusammen, der Boden, der Regen, die Sonne ... und der kleine Samen, der dachte, er würde vielleicht niemals blühen, fängt plötzlich an zu wurzeln. Nach einigen Wochen beginnt aus dem Samen eine wunderschöne Rose zu erblühen. Das Potenzial dieser wunderschönen Rose war die ganze Zeit in dem winzig kleinen Samen vorhanden. Aber damit die Rose blühen kann, brauchte sie erst die richtigen Bedingungen und den richtigen Zeitpunkt. Und wenn die Rose dann eines Tages blüht, schaut sie nicht in die Vergangenheit zurück und sagt: »Warum? Warum hat mich der Wind so lange durch die Welt getragen? Warum hat es so lange gedauert, bis ich endlich blühen durfte?« Die Rose schaut nicht zurück. Die Rose weiß, dass alles seine Zeit hat. Die Rose erkennt, dass alles Potenzial die ganze Zeit in ihr war, und strahlt ihre Schönheit in die Welt.

Ebenso wie in dem Samenkorn einer Rose das gesamte Potenzial bereits vorhanden ist, wird auch jedem Menschen bei seiner Geburt sein uneingeschränktes Potenzial mitgegeben. Wir haben bereits alles in uns, was wir benötigen, um ein erfülltes, erfolgreiches und glückliches Leben zu erschaffen und darüber hinaus sogar einen Beitrag für die Welt zu leisten. Was der Mensch bis heute bereits alles erschaffen hat – von Pyramiden über Herztransplantationen und Wunderheilungen bis zu der Erfindung des Internets –, zeigt uns dieses unendliche Potenzial immer wieder. Im Gegensatz zur Rose nutzen wir das Potenzial jedoch häufig nicht, um in unserer vollen Schönheit aufzublühen, sondern wir richten das Potenzial gegen uns selbst. Wir sagen uns: »Wer bin ich eigentlich, dass ich in meiner ganzen Schönheit blühen darf?«, oder: »Vielleicht gilt das mit dem Potenzial für die anderen, aber ich kann in mir davon nichts entdecken.« Wir schauen ständig in die Vergangenheit und erschaffen uns aufgrund von Erfahrungen und den Schlussfolgerungen daraus ein Selbstbild, das in seinem Potenzial massiv eingeschränkt ist.

Ich kann mich noch daran erinnern, als wäre es gestern gewesen, obwohl es mittlerweile schon über sieben Jahre her ist. Es war im Winter während meiner Studienzeit, ich saß im Zug nach Hause, und große Regentropfen schlugen an die Fensterscheiben. Meine Stimmung war wie das Wetter draußen. Ich fühlte mich einsam und traurig, blickte in den Regen und empfand mich als vollkommen nutzlos auf dieser Welt. Dann geschah etwas, das mein Leben komplett veränderte. Ohne zu wissen, woher es kam, spürte ich plötzlich für einen kurzen Augenblick ein warmes, helles Licht in mir, das durch jede Zelle meines Körpers floss. Ich hatte mich in meinem ganzen Leben noch nie so gut und erfüllt gefühlt. Es war, als wäre ich von Kopf bis Fuß in Liebe getaucht worden. Ich fühlte mich unglaublich verbunden mit der Welt und mit mir selbst. Ich hatte keine Ahnung, woher dieses Gefühl kam, aber ich wusste, ich wollte genau dieses innere Gefühl von Vertrauen, Liebe und wahrer innerer Freiheit für immer fühlen. Leider blieb dieses wundervolle Gefühl nur für diesen kurzen Augenblick, aber dieser Augenblick reichte, um zu wissen, dass es etwas in mir gab, das dieses Gefühl erzeugt haben musste. Bis heute habe ich keine Ahnung, was genau dieses Licht war oder woher es kam. Aber damals war für mich klar, wenn ich dieses Gefühl für eine Sekunde fühlen konnte, dann konnte ich es auch für länger fühlen. Es war bereits in mir. Ich musste es nur wiederfinden. Ich hatte den Samen entdeckt, der in mir war, und ich erinnerte mich plötzlich wieder an mein eigentliches Potenzial und die endlose Liebe in mir selbst. Mir war in dem Moment bewusst geworden, wie wir uns eigentlich fühlen können, wenn wir uns mit der Liebe in uns selbst verbinden und nicht mehr in der ständigen Selbstabwertung oder Angst davor sind, verlassen oder verletzt zu werden. Ich traf noch im selben Moment die Entscheidung, so lange in mir zu suchen, bis ich dieses warme Licht wiederfinden würde, um den Samen zu gießen und eines Tages wie die Rose blühen zu können.

Das war der Beginn der Reise zu meiner wahren Essenz. Ich begann, mich intensiv mit persönlicher Weiterentwicklung zu beschäftigen, besuchte Seminare und begann zu meditieren. Ich legte eine Schicht nach der anderen ab, die ich mir über so viele Jahre hinweg angelegt hatte.

Timothy Gallwey, ein amerikanischer Sportcoach, stellte die Formel auf: Potenzial minus Störung = Erfolg. Ich habe die Formel abgewandelt: Bewusstsein minus Selbstsabotage = Higher Self. Das Higher Self ist der vollkommene Ausdruck unseres grenzenlosen Bewusstseins, das wir durch blockierende innere Glaubenssätze und negative Gedanken in seiner Entfaltung einschränken. Sind wir in unserem Higher Self, erschaffen wir unser Leben in einer spielerischen Leichtigkeit. Wir kennen die eigenen Stärken und Schwächen und sind von einem tiefen Urvertrauen geleitet. Das Higher Self ist nicht von egoistischen Motiven getrieben oder möchte etwas über sich selbst beweisen, denn das Higher Self ist der Zustand von wahrer Selbstliebe und geprägt von dem Wunsch, der Welt zu dienen. Solange wir unser wahres Bewusstsein durch die Selbstsabotage blockieren, sind wir in einem ständigen Mangel und dem Bedürfnis nach Sicherheit, weil wir diese Sicherheit in uns selbst nicht zu finden glauben. Indem wir nach und nach die Selbstsabotage und Störungen erkennen und abbauen, verbinden wir uns wieder mit unserem wahren Zustand von Liebe. Liebe ist die Energie, die uns immer durchfließt und die wir zum Ausdruck bringen, indem wir an uns selbst glauben und das eigene Leben so authentisch wie irgend möglich erschaffen.

Innere Blockaden erkennen und abbauen

> *» Warum auf den Himmel warten? Diejenigen, die suchen, bedecken nur ihre Augen. Das Licht ist jetzt in ihnen. Erleuchtung ist gar keine Veränderung, sondern nur ein Wiedererkennen.«* – *Ein Kurs in Wundern*

Als kleine Kinder sind wir voller Vertrauen in uns selbst und in die Welt. Wir fühlen uns verbunden, beschützt und geliebt. Wir denken nicht darüber nach, was die Zukunft vielleicht bringt, sondern leben vollkommen im Moment. Wir spielen voller Hingabe, probieren uns aus und toben durch unser Leben. Bis zu dem Tag, an dem etwas passiert, was uns verletzt und das Bild, das wir von uns selbst haben, stört. Vielleicht ist es im Kindergarten ein anderes Kind, das zu uns sagt, wir seien dumm, oder die eigenen Eltern, die uns in einem Moment der Überforderung plötzlich anschreien. Vielleicht ist es aber auch ein traumatisches Erlebnis, wie der Verlust eines geliebten Menschen oder eine schwere Krankheit. Wir beginnen zu denken, dass die Welt wohl doch nicht so ein sicherer Ort ist und dass wir uns schützen müssen. Vielleicht schlussfolgern wir sogar, selbst schuld an der Scheidung der Eltern zu sein, weil wir etwas falsch gemacht haben und mit uns selbst etwas nicht richtig ist.

Selbst nach Tausenden Coachings ist es bis heute jedes Mal wieder erstaunlich für mich zu sehen, welche Geschichten wir uns im Laufe unseres Lebens über uns selbst erzählen, bei denen wir meistens am schlechtesten abschneiden. Je älter wir werden und je mehr Erfahrungen wir machen, die uns in unserem kindlichen Urvertrauen erschüttern, desto weiter entfernen wir uns von unserer eigentlichen Natur und beginnen, uns vor erwarteten Verletzungen zu schützen. Wir werden anderen Menschen gegenüber vorsichtig, beginnen, misstrauisch zu werden, und verlieren schließlich den Kontakt zu der Liebe in uns.

Das ist der Moment, in dem das Leben beginnt, irgendwie hart zu werden. Wir sehen uns plötzlich nicht mehr in Harmonie mit der Welt, sondern betrachten sie als einen gefährlichen Ort. Das Leben verändert sich von einem Spiel in einen Kampf. Dabei beginnt die äußere Welt nur, uns unsere innere Welt zu reflektieren. Die Welt selbst ist immer gleich – wir haben nur unsere Perspektive verändert. Haben wir aufgrund der schmerzhaften Erfahrungen innerlich geschlussfolgert, dass die Welt ein gefährlicher Ort ist, beginnen wir, nur noch durch diese Brille zu sehen, und hören auf, voller Freude und Begeisterung das eigene Leben zu erschaffen.

Das Bewusstsein arbeitet auf drei Ebenen, die miteinander verbunden sind und einander beeinflussen.

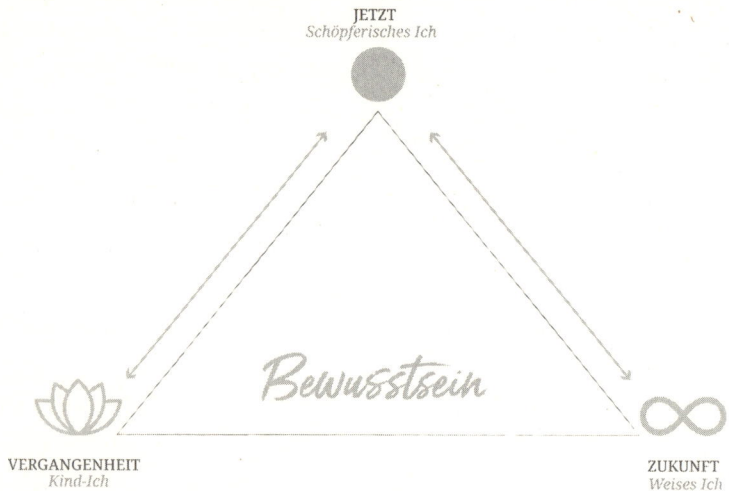

JETZT
Schöpferisches Ich

Bewusstsein

VERGANGENHEIT
Kind-Ich

ZUKUNFT
Weises Ich

Die erste Ebene ist die Gegenwart, das Jetzt. Auf dieser Ebene erfährt sich das schöpferische Ich. Der einzige Augenblick, an dem tatsächlich gelebt und erschaffen werden kann, ist immer nur der gegenwärtige Moment. Ob und was wir erschaffen und ob wir im Jetzt glücklich und erfüllt sind und uns vollkommen zum Ausdruck bringen, ist von den beiden weiteren Ebenen abhängig.

Die zweite Ebene stellt die Vergangenheit dar und wird durch das innere Kind verkörpert. Auf dieser Ebene liegen alle bisherigen Erfahrungen, und die Ebene wird vom gegenwärtigen Ich als Referenz für jegliche Handlungen als Grundlage genommen. Überwiegen auf der zweiten Ebene negative Erfahrungen, Misstrauen und Ängste, überträgt sich diese Energie automatisch in die Gegenwart.

Die dritte Ebene ist die Zukunft, in der wir unser weises Ich finden. Die Zukunft ist der Ort unserer Wünsche, der Ort, etwas beizutragen und dem Leben einen Sinn zu geben. Es ist die Ebene der Visionen und Ziele. Diese Ebene beeinflusst ebenso wie die Vergangenheit die gegenwärtige Ebene maßgeblich, da das Verhalten heute davon abhängt, was wir uns für die Zukunft wünschen. Je größer die Vision, desto mehr werden wir uns in der Gegenwart ins Zeug legen, um die Vision auch tatsächlich zu realisieren. Fehlt uns hingegen eine Vision oder ein positiver Blick in die sinnvolle Zukunft, fehlt uns automatisch auch die Freude in der Gegenwart. Ist eine oder mehrere dieser Ebenen nicht erfüllt oder geschwächt, gerät das Bewusstsein in einen Zustand des Mangels und in ein Ungleichgewicht.

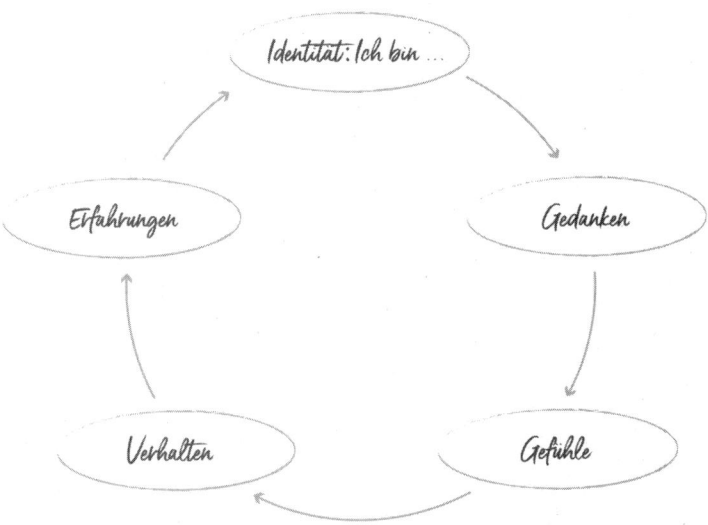

Ob wir in der Gegenwart erfüllt sind, ist abhängig von den Gedanken und Gefühlen, die wir in genau diesem Moment denken und fühlen. Die Gedanken und Gefühle basieren auf unserer inneren Einstellung, die sich über unser ganzes Leben hinweg durch die inneren Überzeugungen geformt hat. Die Überzeugungen wiederum sind die Summe aus unserer subjektiven Wahrnehmung bzw. unseres Bewusstseins. Wir erschaffen durch immer gleiche Gedanken und Gefühle die immer wieder gleiche Realität.

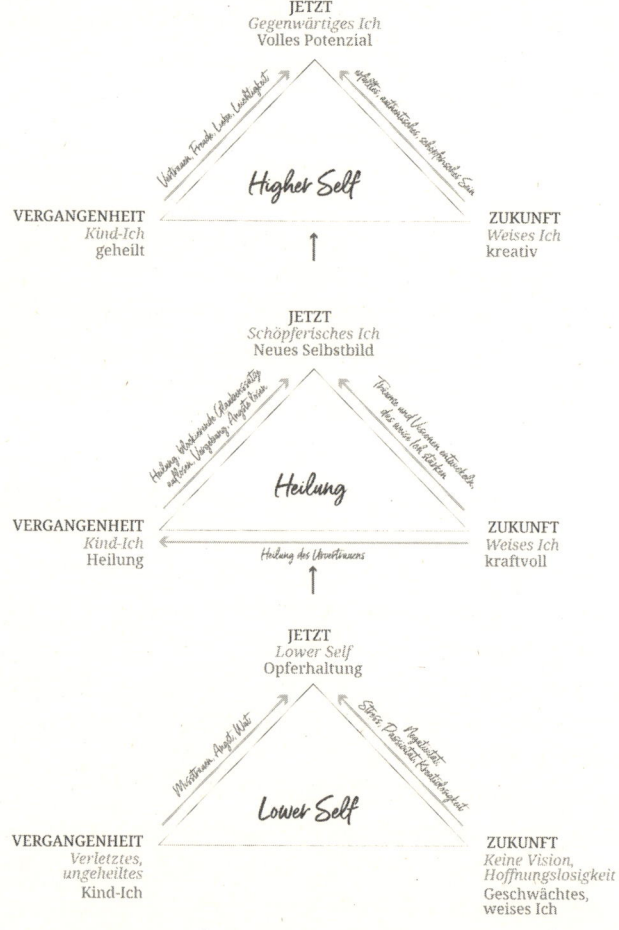

Der einzige wirklich wirksame Weg in ein erfülltes und glückliches Leben führt über die Veränderung des eigenen Bewusstseins und des Selbstbilds, das wir im Laufe unseres Lebens von uns entwickelt haben. Indem wir alle drei Ebenen des Bewusstseins wieder in Harmonie bringen, heben wir die Energie des eigenen Bewusstseins an und finden den Zugang zu unserem wahren Potenzial. Es gibt eine Frage, die wichtiger ist als jede andere Frage, die du dir in deinem Leben stellen wirst.

Die Frage ist: »Wer möchte ich sein in dieser Welt?«

Ich werde dir in diesem Buch dabei helfen, eine wunderschöne und kraftvolle Vision von dir selbst zu erschaffen und eine authentische Antwort auf diese Frage zu finden. Du wirst lernen, dich in einem völlig neuen Licht zu sehen. Wenn du weißt, wer du sein möchtest und wie du dich fühlen möchtest, kannst du beginnen, diese innere Vision in die äußere Welt zu expandieren.

Dieses Buch wird dir zeigen, wie du die Harmonie in dir wiederherstellst, um dir genau das Leben zu erschaffen, das du dir erträumst und das du verdienst. Am Ende des Buches wirst du einen vollkommen neuen Blick auf dich selbst haben und voller Selbstvertrauen und Zuversicht in die Zukunft schauen. Du wirst alte emotionale Verletzungen geheilt haben und eine Transformation aus dem Lower Self in dein Higher Self gemacht haben.

Auf den kommenden Seiten schauen wir uns an, wie du deine Vergangenheit in einem neuen Licht betrachten kannst. Du wirst meine BUDDHA-Formel kennenlernen, um tief liegende

Ängste zu heilen, und du wirst mit deiner Vergangenheit Frieden schließen. Du lernst, ein Mindset zu entwickeln, das auf Liebe und Vertrauen basiert. Du löst blockierende Glaubenssätze auf und machst dich mental und emotional frei von allem, was dich bisher zurückgehalten hat. Du wirst dich mit deiner Herzensenergie verbinden und nicht aus Angst und Mangel heraus handeln, sondern aus Liebe und Fülle. Der letzte Teil meines Buches dient dem Erschaffen einer starken Vision für deine Zukunft.

MÖGEST DU GLÜCKLICH SEIN

» In dir ist bereits alles Potenzial vorhanden und wartet darauf, gelebt zu werden.

» Bewusstsein minus Selbstsabotage = Higher Self.

» Deine innere Welt erschafft deine äußere Welt.

» Nur über die Veränderung deines Bewusstseins erschaffst du eine neue Realität.

» Frage dich selbst: Wer möchte ich sein in dieser Welt?

○ MANTRA: »SO HAM.«
Nutze das kraftvolle und heilende Mantra »So ham« (Ich bin) für dich, wann immer du das Gefühl hast, dass du nicht im Gleichgewicht mit dir selbst bist. Wiederhole das Mantra in Gedanken, während du für zehn Atemzüge tief ein- und ausatmest.

 Nimm dir Zeit für dich und notiere deine Erkenntnisse in einem Notizheft.

Heile deine
Vergangenheit

Wunder geschehen auf
natürliche Weise,
als Äußerungen
der Liebe. Das wirkliche
Wunder ist die Liebe,
die sie inspiriert.
In diesem Sinne ist alles,
was aus der Liebe kommt,
ein Wunder.

– Ein Kurs in Wundern

Wenn du dich selbst heilst, heilst du die Welt

Stelle dir vor, du würdest auf deine Vergangenheit zurückschauen und voller Dankbarkeit allen Erfahrungen gegenüber sein, die du bis heute gemacht hast, unabhängig davon, ob dir diese Erfahrungen gefallen haben oder nicht. Was wäre heute in deinem Leben anders, wenn du keine Scham, keine Wut oder sogar Hass aus der Vergangenheit mehr mit dir herumtragen würdest? Keine Vorwürfe mehr, weder an dich selbst noch an andere. Keine Scham mehr für ein Versagen, das schon Jahre zurückliegt. Keine Schuldzuweisungen mehr für enttäuschte Hoffnungen. Stelle dir vor, du könntest diesen Koffer voller Steine aus der Vergangenheit endlich abstellen und mit leichtem Gepäck weiterreisen.

»Den Vorwurfskoffer endlich und für immer abzustellen ist die Bedingung für eine erfüllte und glückliche Gegenwart.«

Das größte Geschenk, das du dir selbst in deinem Leben machen kannst, ist, dir selbst das Wunder zu schenken, deine eigene Vergangenheit anzunehmen und all das loszulassen, was dich bis heute beschwert, um beschwingt deinen eigenen authentischen Lebensweg voller Vertrauen zu gehen. Es ist Zeit, deine Waffen fallen zu lassen und aufzuhören, immer wieder in den alltäglichen Krieg aus Rechthaberei und Selbstschutz des Egos zu ziehen. Du musst dich nicht mehr schützen, denn dieser Krieg, den so viele Menschen tagtäglich in ihrem Leben kämpfen, kennt keine Gewinner.

Es verlieren alle. Das eigene Ego pocht auf das Recht auf Vergeltung, wenn wir meinen, falsch behandelt worden zu sein, vielleicht von unseren Eltern, unseren Geschwistern oder anderen Menschen, die uns nahestehen. Das Ego glaubt, immer zu kurz gekommen zu sein, nicht genug Liebe oder Aufmerksamkeit bekommen zu haben oder zu sehr verletzt worden zu sein. Es denkt, dass es den Schutz vor weiteren Verletzungen nur in der Trennung finden kann und darin, zurückzuschlagen. Die Waffen, die das Ego dabei anwendet, sind zwar nicht aus Metall und Eisen, dafür aber nicht weniger gefährlich und verletzend. Wir ziehen in den Krieg, indem wir zum Beispiel die eigenen Eltern damit strafen, dass wir den Kontakt zu ihnen abbrechen oder ihnen tagtäglich vorleben, wie unglücklich wir sind, weil sie uns damals als Kinder nicht genug geliebt haben – oder weil sie sich haben scheiden oder auch nicht haben scheiden lassen.

Hurt people hurt people

Unsere Waffen sind so vielfältig, wie es Menschen auf der Erde gibt. Manchmal bestrafen Menschen sogar ihr gesamtes Dasein, indem sie ab einem gewissen Punkt in ihrem Leben aufhören zu leben. Sie wollen nicht mehr im Spiel des Lebens mitspielen, verweigern sich und machen der gesamten Welt einen Vorwurf für ihr eigenes Unglück. Vielleicht kennst du sogar solche Menschen, die als einziger Vorwurf an die gesamte Welt durch ihr Leben schlurfen. Sie tragen einen Sack voller Steine und machen jeden für das Gewicht verantwortlich, anstatt diesen Sack Steine endlich einfach mal abzusetzen. Wenn wir die Verletzungen nicht heilen, beginnt eine endlose Kette an weiteren Verletzungen, die wir anderen Menschen und auch uns selbst zufügen, da wir nicht mehr in

Liebe durch die Welt gehen, sondern ständig im Selbstverteidigungsmodus und im Misstrauen sind.

Die Wahrheit ist, niemand kann uns verletzen außer wir uns selbst. Wir verletzen uns selbst, indem wir glauben, wir seien voneinander getrennt und dass das Leben gegen uns ist. Wir sehen uns als getrennt von der kraftvollen göttlichen Energie an, die uns alle in Wirklichkeit in jedem Moment durchströmt. Wir haben Angst davor, verlassen zu werden, während wir noch nicht mal zu uns selbst stehen. Wir haben Angst davor, verletzt zu werden, während wir durch diese Angst immer wieder Menschen um uns herum verletzen, weil wir keine wirklichen Beziehungen zulassen können. Diese Ängste führen dazu, dass wir eine Maske tragen und so tun, als wären wir jemand, der wir in Wirklichkeit gar nicht sind, aus Sorge, wir könnten abgelehnt oder nicht geliebt werden. Wir hören auf, aus vollem Herzen zu lieben, und sehen die Welt nicht mehr als einen friedlichen Ort an, an dem wir uns mit Freude und Begeisterung in unserer Einzigartigkeit zum Ausdruck bringen können, sondern als einen Ort, an dem wir nicht mehr vertrauen können und uns schützen müssen.

Nur wenn wir lernen, unsere Herzen wieder zu öffnen und die Vergangenheit als das zu sehen, was sie ist – nämlich vergangen und nur noch eine Geschichte in unserem Kopf –, durchbrechen wir den Teufelskreis und erlauben uns selbst, in der Gegenwart wahre Erfüllung zu finden.

Im Higher Self zu sein bedeutet, sich selbst auf den inneren Standpunkt zu stellen, dass wir uns unser Leben mitsamt allen Erfahrungen selbst ausgesucht haben und wir in diesem Leben etwas Bestimmtes über uns lernen und erfahren möchten. Das Leben schenkt uns somit eine Vielzahl von Erfahrungen, die es uns immer wieder ermöglichen zu wählen, wer wir wirklich sein möchten, und uns mit der inneren Wahrheit zu verbinden.

Auf den nächsten Seiten zeige ich dir, wie du deine alten Verletzungen heilen kannst. Wir werden uns im ersten Teil des Higher-Self-Dreiecks auf die Vergangenheit konzentrieren und die Vorwürfe, Schuldgefühle und Ängste auflösen, die dich bis heute davon abgehalten haben, in deine ganze Kraft zu kommen. Am Ende des ersten Teils wirst du deine tiefsten Ängste aufgelöst, Vorwürfe losgelassen und einen ganz neuen, Kraft gebenden Blick auf deine eigene Geschichte gefunden haben.

The wound
is the place
where the light

enters you.

– Rumi

Wie ich dank Buddha meine größte Angst loslassen konnte

Kurz bevor ich Anfang des Jahres nach Südafrika geflogen bin, meldete ich mich für Vipassana an, einen zehntägigen Meditationskurs in der Nähe von Kapstadt. Ein Freund hatte mir vor einiger Zeit davon erzählt, und während er von dem Kurs sprach, war meine Intuition so stark, dass ich dort unbedingt auch hingehen sollte. Ich dachte mir, dass es vielleicht die perfekte Vorbereitung für das Buch sein könnte, um meine Gedanken zu sammeln und um Klarheit zu finden. Ich informierte mich nicht wirklich, worum es genau bei dem Kurs gehen würde, alles, was ich wusste, war, dass wir zehn Tage meditieren und schweigen würden und dass es höchstwahrscheinlich nur Reis zu essen geben würde.

Nach der ersten Woche in Kapstadt war es dann so weit. Mein Freund fuhr mich zum Meditationscenter, das ungefähr anderthalb Stunden entfernt von Kapstadt liegt. Ich stieg voller Elan und Vorfreude ins Auto und dachte, es würden mich zehn Tage voller innerer Ruhe, Frieden und Harmonie erwarten. Ich malte mir aus, wie ich glücklich auf meinem kleinen Meditationskissen sitzen und nach zehn Tagen erfrischt wieder nach Hause fahren würde.

Das Meditationszentrum liegt wunderschön von Bergen umgeben und ist völlig abgeschnitten von der Außenwelt. Als wir dort ankamen, verabschiedete ich mich von meinem Freund und spazierte in die Registrationshalle, um mich anzumelden.

Nach der Registrierung wurde ich in den Teil des Meditationszentrums geführt, den wir während der nächsten zehn

Tage nicht mehr verlassen durften. Ich bekam ein kleines Zimmerchen mit der Nummer 16D zugewiesen und setzte mich aufs Bett. Mir gegenüber hing an der Wand ein Zettel, auf dem der Zeitplan stand sowie der »Code of Honor«.

Der »Code of Honor« von Vipassana besagt, dass jeder Teilnehmer während der zehn Tage die folgenden Regeln befolgen sollte:

1. »Noble Silence« bedeutet, man schweigt und hat auch keinen Körper- oder Blickkontakt mit den anderen Teilnehmern – während der gesamten Zeit.
2. Man gibt alles ab außer der Kleidung (alle Bücher, das Handy, den Laptop etc.).
3. Man bricht die zehn Tage nicht ab und meditiert zu den vorgegeben Zeiten.

Vielleicht war es gut, dass ich mich vorher nicht wirklich informiert hatte, was mich erwarten würde. Mein kleines Zimmerchen war ausgestattet mit einem Bett und einem kleinen Nachttisch. Jeder Tag lief gleich ab:

4:00 Uhr aufstehen, 4:30–6:00 Uhr meditieren, Frühstück, 8:00–9:00 Uhr meditieren, kurze Pause, 9:00–11:00 Uhr meditieren, Mittagessen, 13:00–14:30 Uhr meditieren, kurze Pause, 14:30–15:30 Uhr meditieren, kurze Pause, 16:00–17:00 Uhr meditieren, Abendessen, 16:00–19:00 Uhr meditieren, 19:00–20:00 Uhr Diskurs, 20:00–21:00 Uhr meditieren und ab 21:00 Uhr schlafen.

Langsam dämmerte es mir, dass das vielleicht doch ziemlich lange zehn Tage werden würden, aber ich war immer noch voller Vorfreude auf die Zeit und dachte mir, dass ich ja jetzt schon seit mehreren Jahren täglich meditierte und es mit Sicherheit eine wunderbar entspannte Zeit werden würde.

Der erste Tag lief super. Ich saß hoch motiviert morgens um 4:30 Uhr in der Meditationshalle und war bereit, das Beste aus den zehn Tagen herauszuholen. Es war anfangs merkwürdig, mit niemandem sprechen zu dürfen, und ich spürte, wie mein Geist im Laufe des Tages anfing, sich selbst mit den merkwürdigsten Gedanken zu beschäftigen. Wenn man plötzlich nur noch mit sich selbst zu tun hat, beginnt der Geist, sich zu verselbstständigen, und plötzlich scheint alles wesentlich dramatischer, als es in Wirklichkeit ist. Ein bisschen so, wie wenn einem nachts plötzlich einfällt, dass man am nächsten Tag noch eine wichtige E-Mail schreiben muss, und diese E-Mail auf einmal die Wichtigkeit einer Präsidentschaftswahl bekommt.

Am Abend des ersten Tages, während des Diskurses, bei dem die Teilnehmer die Theorie von Vipassana erklärt bekamen, erfuhr ich, dass Vipassana die von Buddha entwickelte Technik ist, durch die er erleuchtet wurde. Das Wissen über Vipassana war fast 2500 Jahre in Birma von buddhistischen Mönchen in seiner ursprünglichen Form erhalten worden, während es überall sonst auf der Welt verloren gegangen war. Erst Mitte des 20. Jahrhunderts fing die Lehre von Vipassana an, sich durch den Lehrer S. N. Goenka wieder in der westlichen Welt zu verbreiten.

Buddha gelang es damals, durch Vipassana all sein Leid aufzulösen und frei zu sein von menschlichen Ängsten und Sorgen. Erleuchtung klingt super, dachte ich mir. Frei zu sein von allem Leid wäre auch fein. Natürlich hatte die Sache einen klitzekleinen Haken. Wäre Erleuchtung so einfach zu erlangen, hätten wir sie wahrscheinlich alle bereits. Denn um erleuchtet zu werden, muss erst mal alles an die Oberfläche kommen, was den Menschen von seiner Erleuchtung abhält.

Der Weg zur Erleuchtung läuft quasi einmal quer durch die Dunkelheit.

Vipassana lehrt, mit einem ausgeglichenen, ruhigen Geist achtsam die aufkommenden Empfindungen im Körper zu beobachten und wahrzunehmen, wie diese im Körper entstehen, aufkommen und wieder gehen. Buddha hatte erkannt, dass unser Körper uns dazu dient, die Vielzahl aller Gefühle empfinden zu können, und dass unser Unterbewusstsein rund um die Uhr damit beschäftigt ist, alle Reize, die von außen kommen, in Form von körperlichen Empfindungen zu verarbeiten. Die Grundlage von Vipassana ist das universelle Gesetz der Unbeständigkeit. Alles im Universum unterliegt diesem Gesetz. Alles verändert sich ununterbrochen. Während du gerade diese Worte liest, bist du älter geworden, dein Körper hat sich verändert, deine Gedanken haben sich verändert, die Erde hat sich weitergedreht, und nichts ist mehr so, wie es noch vor einem Moment gewesen ist.

Durch das bewusste und objektive Beobachten der eigenen körperlichen Empfindungen erfahren wir dieses universelle Gesetz an uns selbst. Gefühle kommen, drücken sich auf die ein oder andere Art aus und vergehen wieder. Diese Erkenntnis führte Buddha zu der Feststellung, dass der Schlüssel zur Erleuchtung darin liegt, die aufkommenden Emotionen wahrzunehmen, sich aber nicht von ihnen beeinflussen zu lassen.

In der Theorie eigentlich ganz easy. Wenn da nicht dieser Zwischenteil wäre, dass der Geist alles nach oben schwemmt, was bis dahin unterdrückt wurde, wenn er plötzlich nicht mehr von außen abgelenkt ist.

Am zweiten Tag fing mein Verstand während der Meditationen plötzlich an, die dramatischsten Szenarien vor meinem inneren Auge abzuspielen. Ich stellte mir vor, wie ich nach den zehn

Tagen zurückkommen und mein Freund mich verlassen würde oder er sich gerade in eine wunderschöne Surferin verlieben würde, während ich im Exil war. Oder dass Menschen, die ich liebe, einen Unfall haben würden, dass meinen Geschwistern etwas zustoßen könnte oder dass meine Oma vielleicht plötzlich krank werden würde. Für jede einzelne dieser Szenarien wurde mein Verstand plötzlich unfassbar kreativ, warum es nur so sein könnte und nicht anders. Er fand dafür die absolut logischen Argumente, und plötzlich saß ich da, spürte, wie mir die Tränen in die Augen schossen, wie mein Hals ganz eng wurde und die Angst in jede Zelle meines Körpers strömte. Ich fühlte mich unendlich einsam. Ich fühlte mich verlassen. Ich hatte plötzlich panische Angst, allein gelassen zu werden. Irgendwo in mir war noch ein kleiner Anteil an gesundem Verstand, der versuchte, gegen die Angst anzukämpfen, aber es war so vergebens wie bei Don Quijote, der gegen die Windmühlen antreten wollte.

Ich versuchte, mir zu sagen, dass das alles absoluter Quatsch sei, den ich mir erzähle, dass alles in Ordnung sei, dass es keinen Grund gäbe, so beunruhigt zu sein. Aber die Angst hatte längst auf die richtigen Knöpfe in mir gedrückt, sodass alles gute Zureden ins Leere lief. Vor lauter Verzweiflung und weil die Angst irgendwann so unerträglich war, fing ich an, sie in meinem Kopf anzuschreien. So laut, dass ich dachte, es müssten bestimmt alle um mich herum hören. Ich schrie die Angst an, sie solle aufhören, mir diese schrecklichen Bilder in den Kopf zu legen. Ich schrie sie an, dass ich sie nicht fühlen wolle. Dass mir das wehtue. Dass ich diesen Schmerz nicht fühlen wolle. Ich flehte sie an zu gehen. Aber sie ging nicht. Sie blieb sogar recht unbeeindruckt von meinem Bitten. Es bestärkte sie nur. Sie saß neben mir auf meinem Meditationskissen und rührte sich keinen Millimeter von mir weg.

Das Problem ist nie das Problem

Nach einer schlaflosen Nacht saß ich am dritten Tag völlig zerknittert auf meinem Meditationskissen und fragte mich, wie lange ich das wohl aushalten würde. Falls die nächsten sieben Tage genauso weitergehen würden, würde ich meinen Verstand verlieren. Ich begann, mich über mich selbst zu ärgern. Ich war Coach, verdammt noch mal. Ich hatte doch eine Million Techniken, um mit Ängsten umzugehen. Wie konnte es sein, dass ich mich gerade so hilflos fühlte?

In einem der wenigen Augenblicke während der Meditation, wo es mir gelang, mich ganz auf meinen Atem zu konzentrieren und mein Nervensystem wieder ein wenig zu beruhigen, sammelte ich mich und überlegte, was meine Möglichkeiten wären. Mein Ego und mein innerer Schweinehund plädierten dafür, so schnell wie möglich meine Sachen zu packen und zu gehen. Abbrechen war für mich aber keine Sekunde eine Option. Das heißt, es blieb nur eine Möglichkeit: Ich musste einen Weg finden, aus meinem Schmerz und aus meiner Angst herauszukommen. Ich wünschte mir so sehr, die zehn Tage wirklich für mich nutzen zu können, aber ich spürte auch, dass ich gerade mit allem rationalen Menschenverstand nicht wirklich weiterkam.

Also tat ich das Einzige, was mir in diesem Moment möglich schien: Ich bat um ein Wunder. Ich bat darum, eine neue Perspektive auf meine Angst zu bekommen. Ich bat darum, mir ein Zeichen zu schicken, irgendetwas Unwahrscheinliches, damit ich wusste, dass die Angst nur eine Illusion war und ich vertrauen konnte.

Vertrauen lernen wir genau in den Momenten, wenn wir eigentlich weglaufen wollen. Wenn alles in uns danach schreit, das Weite zu suchen. Wenn uns panische Angst überkommt.

Genau in diesen Momenten zu vertrauen, ist die Kunst des erfüllten Lebens. Sich nicht dem Misstrauen hinzugeben, sondern der Liebe zu folgen. Der Stimme in uns, die sagt, es ist alles gut. Du bist beschützt. Auch wenn es sich gerade anders anfühlt, aber vertraue, und du wirst sehen, alles wendet sich zum Guten.

Als ich um ein Wunder bat, hörte ich auf zu kämpfen. Ich hörte auf, die Angst anzuschreien und sie weghaben zu wollen. Ich hörte auf zu glauben, immer alles wissen zu müssen, für alles eine Lösung haben zu müssen und nie Angst haben zu dürfen. Ich erlaubte mir, die Erfahrung machen zu dürfen und es nicht besser zu wissen. Ich gab mich der Situation hin und öffnete damit das Tor für eine Lösung, die außerhalb meines Verstandes lag. Ich öffnete mich der Möglichkeit, nicht alles allein lösen zu müssen, sondern um Hilfe zu bitten und diese zu empfangen.

Das Universum lässt nicht lange auf sich warten, wenn wir es um Wunder bitten. In dem Moment, in dem ich losließ, entspannte ich mich und war bereit, meine Angst neu zu betrachten. Mir wurde plötzlich klar, dass die Angstgeschichten, die sich in meinem Kopf abgespielt hatten, nur die Symptome von einer Angst waren, die wesentlich tiefer lag. Ich spürte, wie mein Körper mich durch die Symptome daran erinnerte, woher die Angst eigentlich kam, um sie endlich zu lösen. Mir wurde klar, dass die Angst tief in mir verwurzelt war, so tief, dass ich es gar nicht mehr wahrgenommen hatte. Dadurch dass ich das erste Mal in meinem Leben mit wirklicher Stille konfrontiert war und plötzlich nicht mehr von außen abgelenkt wurde oder mich durch übermäßiges Arbeiten, Konsumieren oder ständiges Checken von Social Media selbst ablenkte, spürte ich sie das erste Mal seit über 20 Jahren wieder ganz klar. Ich begann, mich an den Ursprung der Angst zu erinnern. All die Bilder, die ich in den letzten Tagen in meinem Kopf produziert hatte, hatten dieselbe Wurzel: die tiefe Angst davor, allein gelassen zu werden. Ich hatte dieses Gefühl über so viele Jahre vollkommen unterdrückt, weil es so schmerzhaft war. Angst ist jedoch wie Wasser bei einem sinkenden Schiff, es findet immer den Weg nach oben und zieht irgendwann das ganze Schiff nach unten. Der einzige Weg, um Ängste zu lösen und gehen zu lassen, ist, Licht auf sie zu werfen. Wir müssen den Mut haben, hinzusehen und das Gefühl in seiner Tiefe zuzulassen, um es zu heilen.

»Deine Aufgabe ist es nicht, nach Liebe zu suchen,
sondern einfach alle Schranken in dir selbst zu suchen
und zu finden, die du gegen sie erbaut hast.«
– Ein Kurs in Wundern

Während meiner Meditation kamen die Erinnerungen an eine Zeit, die ich komplett aus meinem Bewusstsein gelöscht hatte, die aber dennoch durchweg unbewusst in mir wirkten und der Grund für viele weitere schmerzhafte Erfahrungen waren. Es waren die Erinnerungen an das erste Jahr nach der Scheidung meiner Eltern, die damals so schmerzhaft für mich waren, dass ich sie tief in mir verdrängt hatte. Ich hatte bis zu meinem zehnten Lebensjahr eine perfekte Kindheit gehabt. Ich wuchs zusammen mit meinen beiden Brüdern in einem Internat mit einem wunderschönen Park auf, das mein Vater damals leitete. Mit vier Jahren schenkten mir meine Eltern ein kleines, dickes Pony, das in den nächsten Jahren zu meinem besten Freund wurde. Ich war jeden Tag im Wald, galoppierte über die Felder und ritt sogar mit meinem Pony zum Unterricht. Ich war eine Mischung aus Ronja Räubertochter und Pippi Langstrumpf, ich machte mir um nichts Sorgen. Das Dramatischste, woran ich mich aus diesen Tagen erinnern kann, ist, dass mein älterer Bruder einmal einer meiner Puppen die Haare anzündete, woraufhin ich sein Holzhaus, das er mühevoll zusammen mit seinem besten Freund gebaut hatte, von oben bis unten in pinker Lackfarbe anmalte. Als ich zehn Jahre alt wurde, veränderte sich alles. Es war ein schöner Tag im Sommer, als mein Vater mit mir und meinen Brüdern einen Ausflug ins Schwimmbad machte. Wir waren den ganzen Tag draußen, haben gespielt, gelacht, und als wir abends erschöpft nach Hause kamen, wollte ich meiner Mutter sofort von dem Tag erzählen und von all den tollen Dingen, die wir im Schwimmbad erlebt hatten. Aber in dem Moment, als ich die Tür zu unserem Haus öffnete und im Flur stand, wusste ich, dass irgendwas nicht stimmte. Irgendetwas war anders, etwas fehlte. Der große goldene Spiegel meiner Mutter, der mitten im Flur hing, war nicht mehr da. Ich rief nach ihr, aber auch sie war nicht mehr da. An dem Tag, als wir schwimmen waren, ist meine Mutter ausgezogen, um ein neues Leben anzufangen – und an dem Tag hat sich mein Leben für immer verändert.

Ich verstand die Welt nicht mehr. Es war, als wäre meine kleine Welt auseinandergebrochen, und ich verlor an diesem Tag das Urvertrauen in die Welt. Ich suchte verzweifelt nach etwas, woran ich mich festhalten konnte oder wodurch ich Sicherheit finden würde, aber da war nur der Schmerz, allein gelassen worden zu sein. Kurze Zeit später zogen wir mit meinem Vater in eine neue Stadt um, ich kam auf eine andere Schule und fühlte mich so fremd in dieser neuen Welt.

Während der Meditation begann ich, mich plötzlich an diese Zeit zu erinnern. Ich dachte an die ersten Wochen im neuen

Haus, an die Umzugskartons in meinem Zimmer und die Leere in mir. Ich spürte, wie die Traurigkeit wieder in mir hochkam und die Angst davor, von einem Tag auf den anderen alles zu verlieren, was ich liebte, und allein gelassen zu werden.

Durch die Meditation schaute ich das erste Mal seit fast 20 Jahren hinter die Mauer, die ich damals aufgebaut hatte, und ich konnte mit jeder Zelle meines Körpers wieder den Schmerz spüren, den ich damals weggeschlossen hatte. Ich sah mich selbst als kleines Mädchen in meinem Bett liegen und beten, dass alles wieder gut werden würde, dass der Schmerz weggehen möge und ich mich nicht mehr so verloren und wieder zu Hause fühlen würde.

So saß ich da in den Bergen Südafrikas auf meinem Meditationskissen – mit meiner Angst neben mir und der Erkenntnis, dass sie die letzten 20 Jahre immer da gewesen war, ohne dass ich mir darüber bewusst war. Ich erkannte, wie mich die Angst in meinen Beziehungen blockiert hatte, wie ich Dinge überdramatisiert hatte, weil tief in mir schon bei dem kleinsten Anzeichen von Konflikt die tiefe Angst wild Alarm schlug und mich nicht mehr klar denken ließ.

Wenn wir uns bedroht fühlen, schüttet unser Körper Tonnen an Stresshormonen aus. Unter starkem Stress schaltet unser Gehirn alle Teile des logischen Verstands aus und arbeitet nur noch mit dem ältesten Teil des Gehirns: dem Reptiliengehirn. Ich nenne diesen Zustand immer ganz liebevoll »Drama-TV«. Mit Sicherheit kennst du dieses Gefühl auch, von der Wut oder Angst völlig überwältigt zu werden und nicht mehr klar denken zu können. Ein sicheres Anzeichen dafür, dass sich dein Gehirn gerade wieder in die Steinzeit zurückkatapultiert hat.

Für die nächsten 20 Minuten ist jegliches gutes Zureden verschwendete Mühe, das Einzige, was wir hier wahrnehmen, ist Drama. Unser gesamtes System ist jetzt im Überlebensmodus und wählt nur noch zwischen drei Handlungsmöglichkeiten: »Fight, Flight oder Freeze« (kämpfen, wegrennen oder tot stellen). Da wir in diesem Zustand nicht in der Lage sind, gute Entscheidungen zu treffen und die Situation zu entschärfen, verstärkt der Überlebensmodus dieses Verhalten, den Konflikt in den meisten Fällen, anstatt ihn zu lösen. Sie verstärkt sogar genau das Szenario, vor dem wir eigentlich am meisten Angst haben, und führt zu Trennung und Verletzungen.

Ich spürte, dass der Augenblick gekommen war, die tiefe Wunde zu heilen, die der Ursprung meiner Angst war und die mich über so viele Jahre davon abgehalten hatte, mein Herz zu öffnen und wieder ganz zu vertrauen. Ich hatte mich so lange gegen den Schmerz gewehrt und gedacht, ihn irgendwie unterdrücken zu können, wodurch ich mir aber auch die Möglichkeit genommen habe, ihn zu heilen. Der einzige Weg zu heilen ist, die bittere Medizin zu schlucken und durch den Schmerz hindurchzugehen. Wir müssen Licht auf unsere Schatten werfen, damit sie sich auflösen.

Ich nahm einen tiefen Atemzug und stellte mir vor, wie ich in Gedanken durch die Zeit zurückkreiste bis zu dem Tag, an dem ich die Angst am stärksten spüren konnte. Ich konnte mich selbst wie von außen in einem Film in der Situation sehen, wie ich mich damals so hilflos und verlassen gefühlt habe, so, wie noch nie zuvor in meinem Leben. Ich setzte mich neben mein jüngeres Ich und nahm die kleine Laura einfach in den Arm. Ich hielt sie fest, und ich sagte ihr, dass sie so stolz auf sich sein könne und dass vor ihr ein wunderschönes Leben läge, von dem sie jetzt noch nicht mal zu träumen wagte. Ich konnte den Schmerz und die Einsamkeit so stark in ihr und in mir spüren, dass mir die Tränen übers Gesicht liefen. Ich wusste, ich war am Kern meiner Angst angekommen. Ich spürte, wie sich mein gesamter Brustkorb anfühlte, als würden Hunderte Steine daraufliegen, wie sich mein Hals zuzog und sich mein Magen verkrampfte. Ich wiederholte die Stimme von meinem Meditationslehrer in meinem Kopf: »Just observe«, einfach nur wahrnehmen. Und tatsächlich begann sich mein Körper zu entspannen – mit jedem Atemzug, den es mir gelang, einfach nur meine Empfindungen zu beobachten, ohne sie zu bewerten oder vor ihnen weglaufen zu wollen. Der Schmerz ließ nach. Die kleine Laura in meinem Arm begann, sich auch immer mehr zu entspannen, und es war, als würde sich ein Knoten lösen, der über 20 Jahre lang in meinem Herzen gewesen war. Die Tränen aus Schmerz verwandelten sich in Tränen der Dankbarkeit, dass ich den Mut gefunden hatte, den Schmerz zu fühlen und ihn dadurch endlich zu heilen.

MÖGEST DU GLÜCKLICH SEIN

» Manchmal ist es besser, nicht zu wissen, was dich erwartet, denn dann würde dich deine Angst davon abhalten, es zu tun.

» Die wahren Antworten zeigen sich dir in der Stille, wenn der Geist keine Ablenkung mehr von außen hat.

» Das Problem ist nie das Problem. Um wahre Heilung zu erfahren, musst du zum Ursprung deines Schmerzes zurückkehren.

» Die eigenen Ängste produzieren meistens genau das Ergebnis, wovor wir am meisten Angst haben.

» Angst löst sich nur auf, indem du Licht auf sie wirfst.

» Wunder bedeuten, die eigene Perspektive von Angst hin zu Liebe zu verändern.

 Nimm dir Zeit für dich und notiere deine Erkenntnisse in einem Notizheft.

Niemand rettet
uns, außer wir
selbst.
Niemand kann und
niemand darf das.
Wir müssen selbst
den Weg gehen.

– Buddha

Wir sehen die Welt nie so, wie sie ist. Wir sehen die Welt so, wie wir sind.

Während des Kurses erzählte mein Meditationslehrer eine Geschichte, die ich gern mit dir teilen möchte.

Ein junger Professor mit sehr vielen Buchstabenabkürzungen vor seinem Namen, aber mit noch wenig Lebenserfahrung machte sich auf eine Seereise. In der Crew vom Schiff war auch ein sehr alter Seemann. Jeden Abend besuchte der alte Seemann den jungen Professor in seiner Kabine, um ihm zuzuhören, während dieser über all die Dinge berichtete, die er studiert hatte. Der alte Mann war beeindruckt von all dem Wissen, das der andere aus seinen Büchern hatte.
Eines Abends fragte der junge Professor den alten Seemann: »Alter Mann, hast du Geologie studiert?«
»Was ist das?«, fragte der Seemann.
»Die Wissenschaft der Erde.«
»Nein, ich habe keine Geologie studiert und war auch noch nie auf einer Universität.«
»Alter Mann, dann hast du ja ein Viertel deines Lebens vergeudet.«
Mit einem traurigen Gesicht verließ der Seemann die Kajüte des Professors und dachte sich: »Wenn ein so belesener Mensch so etwas sagt, dann muss es wohl stimmen. Ich habe ein Viertel meines Lebens vergeudet.«
Am nächsten Abend besuchte der alte Seemann den jungen Professor wieder in seiner Kajüte, und der junge Mann fragte ihn: »Alter Mann, hast du Ozeanografie studiert?«

»Was ist das?«, fragte der Seemann.

»Die Wissenschaft des Meeres.«

»Nein, habe ich nicht.«

»Alter Mann, dann hast du ja dein halbes Leben vergeudet.«

An diesem Abend verließ der alte Seemann den jungen Professor noch trauriger und dachte sich: »Ich habe mein halbes Leben vergeudet. Es muss so sein, wenn dieser gelehrte junge Mann es so sagt.«

Am nächsten Abend fragte der junge Professor den alten Seemann: »Alter Mann, hast du Meteorologie studiert?«

»Was ist das? Ich habe noch nie davon gehört«, antwortete der Seemann.

»Die Wissenschaft vom Wind, dem Regen und dem Wetter.«

»Nein, wie ich gesagt habe, ich habe noch nie studiert, auch keine Meteorologie.«

»Du hast nicht die Wissenschaft der Erde studiert, auf der du lebst. Du hast nicht die Wissenschaft des Meeres studiert, auf dem du segelst. Du hast nicht die Wissenschaft des Wetters studiert, dem du täglich ausgesetzt bist. Alter Mann, du hast wirklich drei Viertel deines Lebens vergeudet.«

»Es muss so sein, ich habe drei Viertel meines Lebens vergeudet, wenn dieser gelehrte junge Mann es so sagt«, dachte sich der alte Seemann und ging mit gesenktem Kopf dahin.

Am nächsten Abend war jedoch der alte Seemann am Zug. Ganz aufgeregt fragte er den jungen Professor: »Professor, haben Sie Schwimmologie studiert?«

»Schwimmologie? Nein, davon habe ich noch nie gehört!«

»Ob Sie schwimmen können, meine ich!«

»Nein, ich weiß nicht, wie man schwimmt.«

»Professor, dann haben Sie wohl Ihr gesamtes Leben vergeudet. Das Boot hat gerade einen Felsen gerammt und wird sinken. Alle, die schwimmen können, werden sich zur nächsten

Küste retten, alle anderen werden untergehen. Es tut mir leid, Professor, aber Sie haben Ihr Leben verloren.«

Wir können alle Wissenschaften der Welt studieren und aus Büchern erlernen, aber solange wir das Gelernte nicht anwenden und uns raus ins Leben wagen, ist alles Wissen nutzlos. Wir müssen an einem bestimmten Punkt in unserem Leben ins kalte Wasser springen und Erfahrungen sammeln, die uns dabei helfen, als Mensch zu wachsen. Nach den zehn Tagen Vipassana habe ich diese Geschichte erst wirklich verstanden. Ich hatte bereits so viele Bücher darüber gelesen, wie wir uns am besten von unserem Leid befreien können, aber die wirkliche Heilung habe ich erst erfahren, als ich ganz still in mir geworden bin und mich wirklich auf diese Reise ins wahre Leben gemacht habe.

Ich bin bis heute der Erfahrung von Vipassana und damit natürlich auch Buddha unendlich dankbar. Zum Glück habe ich die zehn Tage Schweigen und Meditieren tatsächlich geschafft, obwohl ich mehrmals kurz davor war, meine Sachen zu packen und zu gehen. Ich konnte während der zehn Tage nicht nur eine meiner tiefsten Ängste lösen, sondern erlebte in den noch verbleibenden sieben Tagen Momente der Klarheit und Verbundenheit, wie ich sie noch nie zuvor erfahren hatte. Die Technik von Vipassana wirkt so, als würdest du dich nach vielen Jahren endlich dazu durchringen, die eigene Garage aufzuräumen, in die du in den letzten 20 Jahren immer mal wieder etwas hineingeschoben hast. Durch das anfängliche Beobachten des Atems in den ersten Tagen von Vipassana öffnest du das Garagentor und erinnerst dich überhaupt erst mal wieder daran, dass du eine Garage hast. Da du aber im Laufe deines Leben immer nur Sachen in die Garage gestellt, sie aber nie aufgeräumt oder entrümpelt hast, stehst du plötzlich mitten im Chaos. Alles um dich herum ist durcheinander, eine Kiste steht auf der nächsten, jahrelange Ansammlungen von Büchern, Erlebnissen, Urlaubsbildern und verstaubten Schulbüchern »liegen herum«. Eigentlich würdest du jetzt am liebsten direkt wieder rückwärts aus der Garage rauslaufen. Aber da ist diese Stimme in dir, die weiß, dass es an der Zeit ist, die Garage zu entrümpeln, sich von Altem zu lösen und Ordnung in die Kisten zu bringen. Also machst du dich an die Arbeit.

Eine Kiste nach der nächsten wird geöffnet, du schaust hinein, und die unterschiedlichsten Gefühle und Erinnerungen kommen hoch. Bilder von vergangenen Beziehungen, alte Zeugnisse, schöne Augenblicke mit den besten Freunden und Erinnerungen an Träume, die irgendwann verblassten. Ganz behutsam öffnest du eine Kiste nach der anderen und beobachtest einfach nur, welche Empfindungen die unterschiedlichen Inhalte in dir hervorrufen. Dadurch, dass du die Kisten neugierig öffnest, ohne dich über den Inhalt zu ärgern – egal, was darin ist –, gelingt es dir, nach und nach eine Kiste nach der anderen durchzusehen und aufzuräumen. Zunehmend wird es ordentlicher in der Garage. Du stellst fest, dass du vieles gar nicht mehr brauchst und schon viel zu lange in dieser Garage gehortet hast. Je länger du die Kisten aufräumst und all die unterschiedlichen Erinnerungen in dir hochkommen, desto mehr wird dir bewusst, dass das Leben aus einer endlosen Zahl von unterschiedlichen Momenten besteht und kein Moment für die Ewigkeit ist.

Du hast dich verändert, du hast Krisen gemeistert, du hast schmerzhafte Momente überlebt, du hast gelacht, geweint, gedacht, es würde nicht weitergehen, geträumt, geliebt, und alles um dich herum hat sich verändert. Du realisierst, dass jeder Moment einmalig ist. Dass Gefühle kommen und gehen, aber dein Bewusstsein all diese Erfahrungen behält.

Frieden entsteht, wenn wir aufhören zu kämpfen

Jedes Mal, wenn ich fliege, liebe ich den Moment, wenn das Flugzeug durch die Wolkendecke bricht und man über den Wolken den endlosen Horizont sieht. Es erinnert mich an unser Bewusstsein. Unseren Alltag verbringen wir oft wie im Flugzeug unten auf der Startbahn. Wir sehen die Wolken über uns, vielleicht regnet es sogar oder es schneit, wir sind gestresst, wir zweifeln, wir grübeln, wir denken, unser Leben sei wie ein ewiges Warten auf der Startbahn unter dieser Wolkendecke. Die Wahrheit ist, du bist der endlose Himmel, du bist die Sonne und der Mond sowie alle Sterne. Die Wolken versperren dir nur die Sicht, und du vergisst, wer du eigentlich bist. Du bist so beschäftigt mit dem Regen oder dem Schnee, dass du vergisst, dass der Regen und der Schnee vielleicht ein Prozent dessen sind, was du eigentlich bist.

Du kannst dir dein Bewusstsein wie den endlosen Himmel vorstellen, klar, hellblau, ruhig und endlos. Der Himmel ist immer da, ganz egal, welche Wolken unten vorbeiziehen. Der Himmel verändert sich nicht. Genauso ist es mit deinem Bewusstsein. Es ist endlos. Es beinhaltet alles. Vipassana ist wie das Flugzeug, mit dem du endlich von der Startbahn abhebst und über die Wolken fliegst, dich daran erinnerst, dass du das endlose Bewusstsein bist, das zahlreiche unterschiedliche Erfahrungen macht. Durch Vipassana und Meditation im Allgemeinen lernst du, deinen Geist wieder bewusst zu lenken und zu fokussieren. Stelle dir jeden Gedanken wie eine Wolke vor, die du wegschieben kannst und dahinter die Klarheit des Himmels entdeckst. Das ist der Ort des inneren Friedens, der Klarheit, der bedingungslosen Liebe – und der Ort aller Antworten, jenseits deiner Gedanken.

Durch das objektive Beobachten des eigenen Körpers während Vipassana und der bewussten Wahrnehmungen aller Emotionen, wie Schmerz, Glück, Hoffnung, Freude, Leichtigkeit, Schwere, Liebe, Einsamkeit, Aufregungen, Wut oder Angst, bekam ich die wunderschöne Erkenntnis geschenkt, dass sich alles in einem ständigen Wandel befindet, dass kein Moment und kein Gefühl für die Ewigkeit ist. Alles verändert sich ununterbrochen. Ich spürte, wie es mir immer mehr gelang, wie ein stiller Beobachter meine Gedanken und Gefühle entstehen zu sehen, zu beobachten, welche Reaktion sie normalerweise in mir hervorrufen würden, und sie wieder gehen zu lassen, ohne ihnen anzuhaften oder sie zu verurteilen. Die Befreiung von dem eigenen Leid kann nur entstehen, wenn wir lernen, die Gefühle und Empfindungen in unserem Körper mit einem klaren und wachsamen Geist wahrzunehmen und in dem Bewusstsein zu sein, dass die Gefühle kommen, für einen Moment bleiben und weiterziehen werden. Kein Gefühl bleibt für die Ewigkeit – es sei denn, du hältst daran fest. Das Festhalten des Gefühls entsteht dadurch, dass wir das Gefühl mit Gedanken bestärken, anstatt unsere Gedanken zu nutzen, um das Gefühl zu entschärfen. Wenn wir erst mal im »Drama-TV-Programm« drinstecken, zappen wir von einem Drama-Gedanken zum nächsten, was wiederum die Gefühle verstärkt. Durch das achtsame und bewertungsfreie Beobachten der Gefühle dürfen sie sein, aber auch wieder gehen. Durch das Wissen, dass kein Gefühl für immer bleibt, ist es möglich, jegliches Gefühl in Liebe und Mitgefühl anzunehmen und es weiterziehen zu lassen. Denn das, was immer gleichbleibend ist, ist das Bewusstsein, das die Gefühle beobachten kann. Dieser innere Frieden ist immer und zu jeder Zeit vorhanden, wenn wir erkennen, dass nichts für die Ewigkeit ist.

Die folgenden sechs BUDDHA-Schritte werden dir dabei helfen, deine Ängste aufzudecken, sie zu heilen und sie aufzulösen.

B – BEWUSST WERDEN
Erkenne deine Ängste!

Der erste Schritt, um die eigenen Ängste zu heilen und die innere Selbstsabotage zu beenden, ist, sich bewusst zu werden, dass sie überhaupt existieren. Alle Dramen oder das gegenwärtig empfundene Leid sind nur die Symptome der Angst oder des ungeheilten Schmerzes. Sie sind nicht der Ursprung oder die Quelle, die die destruktiven Verhaltensmuster auslösen. Die eigene Seele sehnt sich nach Heilung, und so werden wir über unsere Empfindungen immer wieder an den Schmerz erinnert, bis wir ihn endlich erkennen und den Mut finden hinzusehen. Das Leben gibt uns dieselbe Aufgabe, bis wir sie gelöst habe.

LERNE VON DEINEM KÖRPER
Beobachte in den nächsten Tagen bewusst, wie du in Situationen, in denen du dich angegriffen oder verletzt fühlst, reagierst. Beobachte dich einfach nur aus der Vogelperspektive, ohne dich für die Reaktion abzuwerten oder dein Verhalten zu verändern. Werde dir bewusst, wann du aus Angst oder aus einem ungeheilten Schmerz heraus handelst. Am besten erkennst du deine Ängste, wenn du deinen Körper und deine Empfindungen achtsam beobachtest. Unser Körper spiegelt uns in jeder Sekunde all unsere Gefühle über unterschiedliche

körperliche Reaktionen wider. Werde so achtsam, wie du nur kannst, und beobachte wie ein Forscher, wenn sich deine Körperempfindungen verändern. Der beste Indikator ist dein Atem. Die Atmung verändert sich sofort, wenn wir Angst haben. Sie wird meistens sehr flach, manchmal halten wir sogar für einige Momente die Luft an, ohne es zu merken. Ebenso verändert sich der Muskeltonus, das heißt die Anspannung oder Entspannung der Muskeln. Achte in den nächsten sieben Tagen so bewusst wie nur möglich auf jede Veränderung deiner körperlichen Empfindungen, und lerne, deinen Körper zu lesen.

U – UNTERBEWUSSTSEIN
Gehe zum Ursprung deiner Ängste!

Die Angst davor, verlassen zu werden, war so tief in mir versteckt, dass ich sie über 20 Jahre nicht bewusst wahrgenommen habe. Ich dachte bis zu meiner Vipassana-Erfahrung, ich sei weitestgehend angstfrei oder dass ich zumindest alle mich blockierenden Glaubenssätze aufgelöst hätte. Zu meiner eigenen Überraschung musste ich feststellen, dass die Menschen, die denken, sie wären angstfrei, die Menschen mit der wahrscheinlich größten Angst sind. Die Angst wollte mich davor schützen, erneut verletzt zu werden, und war für mein Bewusstsein so elementar fürs Überleben, dass sie unterbewusst wirkte. Mein inneres Überlebenssystem hatte gar kein Interesse daran, dass ich die Angst erkannte und losließ, da das zur Folge haben könnte, wieder verletzt zu werden. Das Unterbewusstsein ist ziemlich clever, wenn es darum geht, das eigene Überleben zu schützen. Umso wichtiger ist es, den inneren Wirkungsmustern auf die Schliche zu kommen und sie aufzulösen, da sie sonst unterbewusst dem eigenen Glück im Weg stehen. Rückblickend erkannte ich, wie die Angst meine Beziehungen ein Leben lang sabotiert und mich wie ein unsichtbares Band zurückgehalten hatte. Ich hatte mich niemals ganz eingelassen und war die letzten zehn Prozent immer auf Distanz geblieben. Je mehr ich meinen Freund liebte, desto schlimmer war gleichzeitig auch mein verkorkstes Verhalten. Natürlich erklärte ich mir meine gescheiterten Beziehungen danach jedes Mal damit, dass es der falsche Partner war oder eben einfach nicht der richtige Moment in meinem Leben. Meine mich sabotierende Angst war mein blinder Fleck, den ich selbst nicht sah. Ich suchte die Schuld immer im Außen anstatt bei mir selbst. Erst als ich meine Angst geheilt hatte und plötzlich feststellte, wie entspannt und liebevoll meine Beziehung plötzlich wurde, erkannte ich, dass ich es selbst gewesen war, die immer wieder Trennungen oder Konflikte unbewusst provoziert hatte.

FINDE DIE WAHRE URSACHE DEINER ANGST

Finde den zugrunde liegenden Gedanken, der deine Ängste nährt, und sei diesem Gedanken aufrichtig gegenüber. Vielleicht ist es bei dir ebenso die Angst davor, verlassen zu werden. Vielleicht ist es aber auch das Gefühl, nicht gut genug zu sein, oder der Gedanke, dass du nur geliebt wirst, wenn du perfekt bist. Erkenne, dass dieser Gedanke die Wurzel deines Schmerzes ist.

Frage dich:
» Was ist meine größte Angst, und was ist meine Begründung, dass diese Angst wahr ist?
» Wovor möchte mich die Angst schützen?
» Auf welche Art und Weise hält mich meine Angst davon ab, wirklich erfüllt und glücklich zu sein?

D – DEKONSTRUIEREN
Lasse den Schmerz zu!

Buddha erklärte, dass unser Geist in vier Ebenen Informationen in Reaktionen umwandelt.

Die erste Ebene ist das reine Bewusstsein. Die Aufgabe des Bewusstseins (vinnana) ist es, Informationen aufzunehmen, ohne sie zu bewerten. Zum Beispiel hören wir einen bestimmten Ton, oder wir sehen eine bestimmte Farbe. Das Bewusstsein sorgt dafür, dass wir diese Information über unsere Sinne aufnehmen können.

Die zweite Ebene ist die Wahrnehmung (sanna). Auf dieser Ebene wird die hereinkommende Information jetzt mit bereits vorhandenen Informationen aus der Vergangenheit abgeglichen und bewertet. »Ah, ein Ton, der mir gefällt!« oder »Ah, eine Farbe, die ich nicht mag«.

Die dritte Ebene ist die Empfindung (vedana). In dem Moment, wenn eine bestimmte Information unseren Geist erreicht (Bewusstsein), erfährt der Körper eine bestimmte Empfindung. Durch die Wahrnehmung und Bewertung der Information beginnt diese vormals neutrale Empfindung, je nach Bewertung angenehm oder unangenehm zu sein. Zum Beispiel fühlen wir uns gut, wenn wir gelobt werden (hier erreicht erst ein Ton unser Ohr, wir erkennen die Sprache und Worte, bewerten sie in diesem Fall als positiv, und durch die Bewertung entsteht ein angenehmes Gefühl in unserem Körper). Empfindungen entstehen im Körper, werden aber vom Geist gefühlt.

Die nun entstandene Empfindung führt zur vierten Ebene: der mentalen Reaktion (sankhara). Abhängig davon, ob wir die Empfindung als angenehm oder unangenehm empfinden, reagieren wir mental entweder mit Abneigung oder mit Zuneigung.

Durch das bewusste Wahrnehmen dieser vier Ebenen gelingt es dir, nicht mehr blind auf jede Empfindung zu reagieren, sondern mit einem ausgeglichenen, wachen Geist die aufgekommenen und wieder gehenden Empfindungen zu beobachten.

NIMM DAS, WAS IST, ACHTSAM UND LIEBEVOLL WAHR

» Habe den Mut, die Angst zu spüren und bewusst wahrzunehmen.
» Lasse die Empfindungen zu, auch wenn sie vielleicht unangenehm sind und du Angst vor dem Gefühl hast.
» Frage dich: Wo in meinem Körper kann ich die Angst spüren? Wo halte ich die Angst fest?
» Versuche, so genau wie möglich zu beobachten, wie sich die Angst in deinem Körper ausdrückt. Sitzt sie zum Beispiel eher in deinem Bauch, in deinem Hals, in deiner Brust oder in deinem Kopf?
» Nimm einfach nur bewusst wahr, wo du die Angst in deinem Körper fühlen kannst. Bewerte die Empfindungen nicht, nimm sie einfach nur wahr. Sei voller Mitgefühl der Angst gegenüber, da sie über Jahre hinweg versucht hat, dich vor Verletzungen und Schmerz zu schützen. Angst ist, wie jede andere Emotion auch, Energie, die sich durch deinen Körper bewegt (Energie in Bewegung).

D – DANKEN
Danke für das Wunder der Heilung, das jetzt eintreten darf!

Während des zweiten Tages im Meditationskurs war die Angst in mir so mächtig, dass ich kaum einen klaren Gedanken fassen konnte. Vor meinem inneren Auge liefen die schlimmsten Dramen ab. Mit jedem neuen auf Angst basierenden Gedanken spürte ich, wie sich mein Hals immer mehr zusammenzog und ich kaum atmen konnte. Intuitiv bat ich in diesem Moment um ein Wunder, weil ich fühlte, dass ich die Angst allein nicht würde lösen können.

Ich bedankte mich beim Universum dafür, dass es mir helfen würde, die Angst zu heilen, und öffnete mich der Möglichkeit, dass eine neue Energie in mein Leben kommen konnte. Aktiv Dankbarkeit für ein Ereignis zu empfinden, das noch in der Zukunft liegt, bedeutet, dieses Ereignis bereits in der Gegenwart zu manifestieren. Jedes Mal, wenn ich das Gefühl habe, selbst nicht weiterzukommen und festzustecken, praktiziere ich aktiv Dankbarkeit und verändere damit die gesamte Energie in mir und um mich herum. Erst dadurch entsteht überhaupt die Möglichkeit, eine neue Realität zu manifestieren.

LADE DIR DAS WUNDER DER HEILUNG EIN

Du bist nicht allein, um das Gefühl in seiner Tiefe zuzulassen und es zu heilen. Es gibt eine liebevolle Kraft im Universum, die dich bei deiner Heilung unterstützt. Empfinde tiefe Dankbarkeit in deinem Herzen dafür, dass diese Kraft dir zur Seite steht und der blockierende Angstgedanke geheilt wird. Stelle dir hierfür am besten vor, wie sich dein Leben verändert, wenn du ohne diese Angst bist. Wie würdest du dich anders verhalten? Welche Entscheidungen würdest du treffen? Was würde sich in deinen Beziehungen verändern? Lasse die Bilder am besten so bunt und klar wie möglich vor deinem inneren Auge entstehen, und schaffe so Raum für eine neue Realität.

Wenn dein Unterbewusstsein erkennt, dass es die Angst als Schutzmechanismus nicht mehr aufrechterhalten muss, kann es den alten Angstgedanken leichter durch eine neue kraftvolle innere Überzeugung ersetzen.

H – HEILUNG
Heile deinen Schmerz!

Erst als ich die innere Abwehrhaltung gegenüber meiner Angst aufgab und Licht auf meinen inneren Schatten warf, konnte Heilung entstehen.

Ich erkannte, dass ich nur dann eine neue Realität erschaffen konnte, wenn ich den zugrunde liegenden Angstgedanken aufgab, der für mein heutiges Leiden verantwortlich war. Vor meinem inneren Auge reiste ich in meiner Meditation bis zu dem Tag zurück, an dem ich als elfjähriges Mädchen aus dem Schmerz der Einsamkeit heraus den Gedanken gefasst hatte, nicht mehr zu vertrauen und Zuflucht in dem vermeintlichen Schutz der Angst zu suchen. Aus Angst davor, noch einmal das schmerzhafte Gefühl des Allein-gelassen-Werdens zu spüren, hatte sich damals der Gedanke, nie wieder ganz vertrauen zu können, in meinem Unterbewusstsein eingepflanzt. Von da an hat er in mir gewirkt, ohne dass ich es bewusst steuern konnte. Die nächsten 20 Jahre lief nun dieses Schutzprogramm in meinem Unterbewusstsein ab und machte es mir damit unmöglich, zu vertrauen. Unser Unterbewusstsein steuert 95 Prozent unseres Verhaltens, während das Bewusstsein gerade mal fünf Prozent übernimmt. Ist eine innere Überzeugung im Unterbewusstsein verankert, beeinflusst sie das Verhalten massiv, ohne dass wir es selbst noch merken oder hinterfragen.

Vor einiger Zeit fiel mir ein Buch in die Hände mit dem Titel »7 heilende Worte«. In diesem Buch erzählt die Autorin von sieben Worten, die ihr immer wieder helfen, die innere Perspektive von Angst hin zu Liebe zu verändern. Die Worte lauten: »Bitte heile meine auf Angst basierenden Gedanken.« Während meiner Meditation erinnerte ich mich an diese Worte und wiederholte sie gedanklich. Ich atmete dabei ganz bewusst in die Bereiche meines Körpers, in denen ich die Angst spüren konnte. Ich konnte spüren, wie sich mein ganzer Körper nach und nach entspannte und mein Atem wieder zu fließen begann. Ich ersetzte den auf Angst basierenden Gedanken durch ein tiefes Vertrauen in mich und das Universum.

HEILE DIE ANGST DORT, WO SIE ENTSTANDEN IST
Finde einen ruhigen Ort, an dem du für die nächsten 30 Minuten ungestört bist, und setze dich bequem hin. Schließe deine Augen, und beobachte für einige Minuten deinen Atem. Stelle dir jetzt vor deinem inneren Auge vor, wie du in den Moment zurückkreist, an dem du das erste Mal den auf Angst basierenden Gedanken gedacht hast. Sieh dich selbst als kleines Kind in der Situation, und betrachte alles aus einer Beobachterperspektive. Nimm noch mal wahr, wie du dich damals gefühlt hast und was deine größten Ängste in dem Moment gewesen sind. Gehe zu deinem inneren Kind, und nimm es liebevoll in den Arm. Halte es so fest, wie du kannst, und schenke ihm das Gefühl von Geborgenheit. Stelle dir vor, wie eine wunderschöne goldene Lichtkugel um euch herum entsteht, die euch schützt. Lege deine Hand auf das Herz deines inneren Kindes, und lasse über deine Hand weißgoldenes heilendes Licht in das Herz fließen. Stelle dir vor, wie dieses wunderschöne weißgoldene Licht in den ganzen Körper deines inneren Kindes fließt und es auf Zellebene den gespeicherten Schmerz im Körper heilt. Frage dein inneres Kind, was es damals gebraucht hätte, um einen gesunden und stärkenden Gedanken zu entwickeln und um sich immer beschützt und geborgen zu fühlen. Schenke deinem inneren Kind diese Geborgenheit und den Schutz, bis du spüren kannst, wie es sich entspannt und die Angst dem Gefühl von Liebe weicht. Erzähle deinem inneren Kind von all den Wundern, die ihm noch auf seinem Weg be-

gegnen werden, und all den Dingen, die es noch erleben wird. Erzähle ihm davon, wie glücklich du heute bist und dass es keine Angst mehr zu haben braucht. Dass es geheilt sein wird und voller Liebe durch die Welt geht. Wenn du spürst, wie der Schmerz in deinem inneren Kind heilt und es sich wieder voller Vertrauen der Welt öffnen kann, verabschiede dich mit einer liebevollen Umarmung. Du kannst jederzeit zu deinem inneren Kind zurückkehren und es Schritt für Schritt heilen. Kehre zurück in die Gegenwart, und spüre in deinen Körper hinein, was sich verändert hat. Bedanke dich für die Heilung.

A – ATMUNG
Bringe dich ins Hier und Jetzt zurück

Wenn wir unsere Aufmerksamkeit in den gegenwärtigen Moment zurückbringen, entspannen sich der Körper und der Geist. In der Gegenwart liegt unsere Chance für Veränderung und für Heilung. Wir haben die Möglichkeit, uns gegen die Angst und für die Liebe zu entscheiden. Unser Atem ist das Geschenk des Körpers, das uns immer dabei hilft, unsere Aufmerksamkeit zu lenken und mit allen Sinnen bewusst im Hier und Jetzt anzukommen.

ERKENNE DICH SELBST AN, UND ATME TIEF EIN UND AUS
» Atme für zehn Atemzüge ganz tief ein und aus. Verbinde dich mit der Lebensenergie, die durch deinen Atem in deinen Körper fließt und dich erfrischt.
» Erkenne dich für deinen Mut an, dass du Licht auf deine größten Ängste geworfen hast und nun Heilung entstehen kann.
» Wiederhole das Mantra »Sat nam«: Die Wahrheit ist mein Name.

Alle Geschöpfe sind zwar dem Anschein nach getrennt, aber wahrhaft nur eines; alle Wesen gehen von der Gottheit aus und sind in der Gottheit vereint. Wer dies wirklich erfasst, wird die Gottheit und erlangt dadurch Befreiung.

– Bhagavad Gita

Lade dir die Liebe in dein Leben ein

Die Bhagavad Gita schreibt: »Die Angst wird aus der Dualität geboren.« Erst durch den Gedanken, dass wir nicht mehr miteinander verbunden sind, erfahren wir einen tiefen Trennungsschmerz und die Angst davor, allein zu sein oder verlassen zu werden. Es ist das eigene Ego, das diese Illusion der Trennung aufrechterhält, um die eigene Existenz zu rechtfertigen. Würden wir erkennen, dass wir alle aus derselben Energie bestehen und unzertrennlich miteinander verbunden sind, würde sich das Ego im selben Moment auflösen. Die Wahrheit ist, dass wir nie getrennt voneinander gewesen sind. Unsere eingeschränkte Wahrnehmung der Welt durch unseren Körper, mit dem wir uns identifizieren, verstärkt das Gefühl der Trennung von allen anderen.

Erst durch die Besinnung auf die göttliche Energie, die uns durchströmt und alles miteinander in ihrer endlosen Intelligenz verbindet, erkennen wir unser wahres Bewusstsein. Diese reine Form des Bewusstseins ist Liebe. Liebe ist die spirituelle Energie, die alles erschaffen hat, was jetzt gerade existiert und in Zukunft existieren wird. So, wie Energie niemals verloren gehen kann, kann auch die Liebe niemals verloren gehen. Sie existiert in allem und verbindet alles miteinander in der Absicht, sich selbst immer wieder neu zu erschaffen. In Liebe existiert alles, was ist. Wir können aus Liebe hassen und ebenso aus Liebe fast Unmögliches vollbringen. Wir können aufgrund von Liebe Eifersucht ebenso wie Leidenschaft empfinden, genauso wie wir, gerade weil wir lieben, Angst haben. Liebe verkörpert alle Formen der Gefühle, die wir empfinden können, und Liebe ist die Energie, die uns auch unermüdlich und immer wieder die Hoffnung schenkt, dass am Ende alles gut sein wird. Sie lässt uns voller Hingabe unsere Kreativität leben und ermutigt uns, unsere Ziele und Visionen zu realisieren. Wenn wir uns fürchten, bedeutet das nicht, dass die Liebe weg ist oder uns verlassen hat. Die Liebe ist immer da, ganz gleich, welches Gefühl wir wahrnehmen, ob wir verzweifelt sind oder verängstigt. Die Liebe ist in jedem Moment in uns und um uns herum. Sie ist die Kraft, die es vermag, unseren Schmerz zu heilen und eine neue Sichtweise auf uns selbst und das Leben einzunehmen. Sie bedeutet die Rückkehr zur eigentlichen Wahrheit und zu deiner Essenz. Wir spüren intuitiv, wenn wir gegen diese Wahrheit vorgehen. Wir wissen, wenn wir aus dem Ego heraus handeln und noch mehr Trennung schaffen. Ebenso wissen wir, wenn wir im Einklang mit dieser Wahrheit sind. Immer wenn wir in Harmonie mit uns selbst und der Welt sind, sind wir auf der Frequenz der Liebe und in Einheit mit allem, was ist. Diese Liebe steht uns unbegrenzt und zu jeder Zeit zur Verfügung. Es gibt keinen Moment, in dem die Liebe nicht da ist. Wir können uns zu jeder Zeit auf die Frequenz der Liebe emporschwingen, indem wir uns bewusst dafür entscheiden. Materie folgt immer dem Geist. Entscheiden wir uns für die Liebe und dafür, die Dinge aus einem liebevollen Blickwickel heraus zu betrachten, treten wir wieder in den harmonischen Fluss des Universums ein. Durch die innere Bereitschaft, wieder in Harmonie mit sich selbst und der Welt zu sein, kann Heilung stattfinden.

Die folgende Meditation wird dich dabei unterstützen, deine Angst liebevoll gehen zu lassen und dir die Liebe als neuen kraftvollen Begleiter einzuladen.

Higher-Self-Übung:
Wie du deine Angst in Liebe transformierst

Der einzige Weg, um wahren inneren Frieden herzustellen, ist, bereit zu sein, hinzufühlen und sich nicht länger vor den eigenen Schattenseiten zu verstecken. Die Angst gehört zu uns, ebenso wie die Liebe. Sie sind beide Teil des Menschseins. Lehnen wir das eine in uns ab, werden wir auch nie die andere Seite ganz erleben können. Es ist vollkommen okay, Angst und negative Gefühle zu haben. Die Kunst liegt darin, dich von deiner Angst oder den negativen Gefühlen nicht manipulieren zu lassen und an einem bestimmten Punkt in deinem Leben anzuerkennen, dass die Angst ihren Dienst erfüllt hat und du sie guten Gewissens gehen lassen kannst.

Schritt 1: Erkenne die Angst an.
Schreibe mindestens drei Ereignisse aus deinem Leben auf, in denen es gut war, dass dich deine Angst beschützt hat. Erkenne deine Angst dafür an, dass sie seit deiner Geburt so mutig auf dich achtgibt.

Schritt 2: Nimm deiner Angst die Power.
Erinnere dich an mindestens drei Ereignisse in deinem Leben, wo du dich wegen deiner Angst nicht getraut hast, etwas zu tun. Werde dir bewusst, was du dadurch vielleicht an Chancen verloren hast. Mache deiner Angst bewusst, dass sie dich klein gehalten hat. Mache ihr klar, dass du nicht mehr bereit bist, dein Leben auf Sparflamme zu verbringen, sondern wieder zu 100 Prozent im Leben mitspielen möchtest.

Schritt 3: Wähle neu.

Entscheide dich dafür, die Angst nicht mehr dein Verhalten und deine Entscheidungen beeinflussen zu lassen, es sei denn, sie beschützt dich vor einer wirklich dummen Entscheidung. Stelle dir vor, welche Entscheidungen du ab heute treffen würdest, wenn du aus Liebe und einem Füllebewusstsein heraus entscheidest. Welche Chancen und Möglichkeiten warten auf dich, wenn du ab jetzt Liebe als deinen inneren Berater wählst?

Meditation: *Lade die Liebe ein!*

Finde einen ruhigen Ort, an dem du für die nächsten 30 Minuten ungestört bist, und setze dich bequem hin. Lege deine Hände auf deinen Oberschenkeln ab, und schließe deine Augen.

Richte deine Aufmerksamkeit jetzt auf deine Nasenspitze und beobachte, wie dein Atem ganz gleichmäßig in deinen Körper fließt und wieder heraus. Vielleicht kannst du wahrnehmen, wie die Luft bei jedem Ausatmen ein bisschen wärmer ist als beim Einatmen. Beobachte deinen Atem, ohne ihn zu kontrollieren.

Falls Gedanken auftauchen, nimm sie wahr, und bringe deine Aufmerksamkeit immer wieder liebevoll zurück zu deinem Atem.

Erinnere dich jetzt an einen Ort, an dem du dich sicher fühlst. Vielleicht ist es ein Platz, den du tatsächlich kennst, oder es ist ein Fantasieort. Stelle dir vor, wie du jetzt an diesem Ort bist. Schaue dich in Ruhe an diesem Ort um, den du jetzt vor deinem inneren Auge siehst. Nimm so viele Details wie möglich wahr, und komme ganz bewusst an diesem Ort an. Wo genau bist du dort? Was kannst du wahrnehmen? Wie ist die Temperatur? Wie ist das Licht? Spüre, dass du an diesem Ort ganz sicher und beschützt bist.

Stelle dir vor, wie aus der Ferne langsam etwas auf dich zukommt. Du erkennst, je näher es kommt, dass es deine Angst ist. Sie bleibt direkt vor dir stehen und sieht dich an. Ihr seht euch gegenseitig an wie alte Vertraute. Wie sieht deine Angst aus? Hat sie die Form von einem Menschen oder einem Tier oder vielleicht von einem Fantasiewesen? Welche Farbe hat sie? Wie bewegt sie sich? Ist sie klein oder groß? Du betrachtest deine Angst ganz genau. Vielleicht ist dir sogar noch nie bewusst gewesen, wie deine Angst überhaupt aussieht, und voller Neugier schaust du sie dir an.

Frage deine Angst: Wovor versuchst du, mich zu schützen? Wovor hast du eine solche Angst?

Nachdem du die Antwort der Angst erhalten hast, frage sie, was sie braucht, um wieder vertrauen zu können. Sage ihr, dass du ihr dankbar bist für all ihre Hilfe in den letzten Jahren und dafür, dass sie versucht hat, dich vor erneutem Schmerz zu schützen. Erkläre ihr, dass du bereit bist, dich wieder der Liebe zu öffnen, und du ab heute wieder ganz vertrauen wirst. Sage ihr, dass du sie rufen wirst, falls du sie brauchst, aber dass du dich nicht mehr von ihr lenken lässt. Nimm deine Angst liebevoll in den Arm und verabschiede sie. Sie hat ihre Aufgabe erfüllt.

Vor euch entsteht in der Ferne ein wunderschönes weißgoldenes Licht, in das du die Angst hineingehen lässt. Du blickst ihr nach, wie sie sich langsam entfernt und sich in dem weißgoldenen Licht auflöst. Atme tief ein und aus. Spüre in deinen Körper hinein, wie sich deine Muskeln entspannen und du in dir Raum für eine neue Energie geschaffen hast.

Aus dem weißgoldenen Licht erscheint jetzt eine neue Figur. Sie tanzt auf dich zu und lächelt dich voller Freude an. Als sie vor dir steht, erkennst du: Es ist die Liebe. Sie nimmt dich an die Hand, und du spürst, wie die warme heilende Energie durch ihre Hand in deinen Körper fließt. Jede Zelle wird durchströmt mit einem weißen Licht, und dein ganzer Körper erfüllt sich mit Liebe. Du spürst die Harmonie in dir und wie sich alles in dir nach genau diesem Gefühl gesehnt hat. Du spürst, wie du im Einklang mit deiner wahren Essenz bist. Die Liebe ist ab heute dein neuer Begleiter. Sie wird dich ebenso wie die Angst beschützen, aber sie wird dich auch in die tiefe Verbindung mit dir selbst und der Welt bringen. Sie wird von nun an immer an deiner Seite stehen und ihr Licht auf dich strahlen.

Bringe deine Aufmerksamkeit langsam zurück in deinen Körper, und genieße das Gefühl der Verbundenheit mit der kraftvollen Energie der Liebe. Beobachte, wie dein Atem ganz gleichmäßig in deinen Körper hinein- und wieder aus ihm hinausströmt. Wenn du so weit bist, kehre mit deinem Bewusstsein in die Gegenwart zurück, und öffne deine Augen. Denke ab jetzt immer daran, dass die Liebe an deiner Seite ist und dich beschützt.

○ MANTRA: »ICH BIN VON LIEBE UMGEBEN.«
Richte deine Aufmerksamkeit heute auf die Liebe, die dich umgibt. Nimm die kleinen und großen Wunder, die das Leben für dich bereithält, bewusst und voller Dankbarkeit wahr.

The weak can never forgive. Forgiveness is an attribute of the strong.

– Mahatma Gandhi

Raus aus der Opferrolle.
Get your power back!

Es gibt zwei Gründe, aus denen wir leiden. Entweder weil etwas nicht so ist, wie wir es uns gewünscht hätten, oder weil etwas genau so ist, wie wir es uns gewünscht haben, und wir jetzt aber Angst haben, es wieder zu verlieren. Vor allen Dingen leiden wir, weil wir meinen, die eigene Vergangenheit hätte anders sein sollen, als sie war. Die meisten Menschen sind heute unglücklich, weil sie ihr Gestern nicht mögen. Anstatt das Gestern ruhen zu lassen, holen sie die Vergangenheit jeden Tag in die Gegenwart zurück. Die Bedingung, um im Hier und Jetzt erfüllt zu sein, ist, dem zuzustimmen, was war. Wenn wir unserer Vergangenheit zustimmen und Menschen, die uns verletzt haben, vergeben, ermöglichen wir uns selbst eine erfüllte Gegenwart.

> *»Vergebung verändert nicht die Vergangenheit.*
> *Aber sie bereichert die Zukunft.«*

Ich habe vor ein paar Jahren den Satz gelesen: »Zu vergeben bedeutet, jede Hoffnung auf eine bessere Vergangenheit aufzugeben.« Ich musste für einen Moment über diesen Satz nachdenken, weil er mir so hart erschien, aber nach einigen Minuten verstand ich, wie viel Wahrheit er beinhaltete. Halten wir an Vorwürfen und Schuldzuweisungen fest, sagen wir damit gleichzeitig immer, es hätte anders sein sollen! Wir sind nicht bereit zu akzeptieren, dass wir verletzt, verlassen oder vielleicht sogar emotional oder physisch missbraucht worden sind. Wir erhalten uns ein Stück weit die Illusion in unserem Kopf, dass, solange wir wütend, enttäuscht oder voller Vorwurf sind, die Vergangenheit sich vielleicht doch noch mal ändern wird. Das wird sie jedoch nicht. Die Vergangenheit ist vorbei. Was du aber ändern kannst, ist deine innere Einstellung deiner Vergangenheit gegenüber. Du kannst hier und jetzt neu wählen, wie du über dich und deine Vergangenheit denken und fühlen möchtest. Du kannst dich entweder weiterhin selbst als Opfer der äußeren Umstände sehen, oder aber du machst heute den vielleicht wichtigsten Schritt deines Lebens: Du stimmst all deinen bisherigen Erfahrungen zu und gibst deine Hoffnung auf eine bessere Vergangenheit auf. Denn der Satz müsste eigentlich so weitergehen: »Zu vergeben bedeutet, jede Hoffnung auf eine bessere Vergangenheit aufzugeben und sich dafür eine erfüllte Zukunft zu schenken.«

Zustimmen und loslassen

> »*The most common way people give up their power is by thinking they don't have any.*« – *Alice Walker*

Mit jeder negativen Erfahrung, mit jeder Verletzung, mit jedem Scheitern, mit jeder Zurückweisung, mit jedem Verlassenwerden und mit jeder Enttäuschung haben wir begonnen, uns vom Leben zurückzuziehen. Wir sind plötzlich nicht mehr ganz so lebensfroh aufgewacht wie früher, haben uns begonnen zu fragen, ob vielleicht etwas mit uns selbst nicht stimmt, und haben uns langsam in uns selbst zurückgezogen. Wir haben aufgehört zu scheinen, aufgehört, groß zu träumen, sind Kompromisse eingegangen und haben angefangen, Vorwürfe zu sammeln und Begründungen zu finden, warum jetzt eh alles zu spät ist. Und plötzlich fühlt sich das Leben irgendwie so schwer an. Kein Wunder – bei dem Gepäck, das wir uns im Laufe des Lebens aufladen! Gepäck in Form von

Vorwürfen, Schuldzuweisungen, verletztem Stolz, unerfüllten Wünschen und zerplatzten Träumen. All diese negativen Erfahrungen packen wir nach und nach in einen riesigen Koffer, den wir dann mit uns herumziehen, als wäre es das Normalste der Welt. Gern packen wir den Koffer auch bei jeder passenden Gelegenheit aus, um allen zu zeigen, wie viel Leid wir schon erfahren mussten, und dies als Begründung zu nutzen, warum wir heute nicht mehr voller Freude am Leben teilnehmen. Und obwohl es sich nicht gut anfühlt, ein Leben lang einen Koffer voller negativer Gefühle hinter sich herzuziehen und ihn wie einen Bauchladen jedem vor die Nase zu halten, sind nur die wenigsten Menschen bereit, den Koffer endlich abzustellen.

Ich packte meinen Vorwurfscontainer nach der Scheidung meiner Eltern so richtig schön voll. Ich war enttäuscht und wütend aufs Leben, auf meine Eltern, auf meine Schule, auf meine Geschwister, eigentlich so ziemlich auf alles und jeden – und vor allen Dingen auf mich selbst, dass ich es einfach nicht hinbekam, glücklich zu sein. Durch die Vorwürfe gab ich meine Energie, meine Kraft und meine Power, um mein Leben erfüllt und glücklich zu gestalten, nach außen weg. Ich sendete all meine schöpferische Energie in die Vergangenheit und bekam dadurch nur noch mehr schlechte Gefühle in der Gegenwart zurück. Ich war davon überzeugt, dass mir das Leben etwas für den Schmerz schuldete, den ich erfahren hatte, und war dadurch blind für all die Geschenke, die mir das Leben bereits gemacht hatte.

Wie viele Menschen kennst du, die wegen einer schmerzhaften Erfahrung in ihrem Leben ihre komplette Gegenwart und ihre Zukunft ruinieren, weil sie emotional in diesem Moment hängen geblieben sind? Dadurch, dass wir unsere Vorwürfe und Schuldzuweisungen nicht loslassen, lassen wir ein Ereignis, das vor fünf, zehn oder vielleicht sogar 20 Jahren passiert ist, bis heute unsere Gegenwart bestimmen. Wegen eines Moments, in dem wir verlassen, verletzt, beschimpft oder verraten worden sind, geben wir unser gesamtes Glück und unsere Zukunft auf und erleben diesen tragischen Moment immer und immer wieder. Wir bleiben in diesem Moment hängen, verschließen uns dem Leben und seiner ganzen Magie, weil wir nicht bekommen haben, was wir erwartet haben. Jedoch ist nichts auf dieser Welt, auch kein noch so traumatischer Moment, es wert, dafür die ganze eigene Energie und Liebe zum Leben zu verlieren. Wir leiden nicht wegen des schmerzhaften Ereignisses, das in der Vergangenheit liegt. Wir leiden wegen der Erinnerung an dieses Ereignis, das wir ständig in der Gegenwart in unserem Kopf wiederholen, und an den Gefühlen, die wir mit dem Ereignis verknüpft haben. Der Preis ist einfach zu groß, um für einen Moment des Schmerzes, unabhängig davon, wie intensiv oder andauernd er gewesen sein mag, das gesamte Leben zu leiden, weil wir denken, wir würden dadurch die Ungerechtigkeit wieder ausgleichen können. Das Einzige, was wir aber in Wirklichkeit bekommen, ist noch größeren Schmerz und die Unfähigkeit, uns den wunderschönen Wundern, die das Leben noch für uns bereithält, zu öffnen.

Stimme deinen Erfahrungen zu

Wenn du ein erfülltes und glückliches Leben erschaffen möchtest, ist der wichtigste Schritt, dass du aus der Opferrolle aussteigst und aufhörst, wegen eines Ereignisses, das Jahre, vielleicht sogar Jahrzehnte zurückliegt, deine gesamte Energie in der Vergangenheit zu halten und Menschen sowie dich selbst dafür zu bestrafen, dass du aus deiner Perspektive falsch behandelt worden bist. Dieser Moment ist vorbei, und du hast ihn überlebt. Der einzige Mensch, den du mit deiner Unwilligkeit zu vergeben verletzt, bist du selbst. Es ist dein Ego, das an der Verletzung festhält, während dein Higher Self schon längst Vergebung gewählt hätte. Vielleicht sind dir in deinem Leben jede Menge Dinge widerfahren, die dich verletzt haben, in denen du dich einsam und verlassen gefühlt hast. Vielleicht hast du einen Menschen verloren, den du sehr geliebt hast. Wir alle haben unsere Geschichte, und wir alle haben die Macht, unsere Geschichte ab einem gewissen Punkt umzuschreiben. Ganz egal, wie schlimm oder schmerzhaft die Erfahrung gewesen ist. Deine Zukunft ist nicht die automatische Verlängerung deiner Vergangenheit. Du kannst jetzt neu wählen und in deiner Verletzung die Möglichkeit für Heilung erkennen. Der erste Schritt dafür ist, dem zuzustimmen, was war. Denn solange du im Widerstand bist, lässt du nicht los, sondern hältst weiter an deiner Vergangenheit fest. Dieses Festhalten an deinen Vorwürfen und Schuldzuweisungen schwächt dich, und du hast keinen Raum, um Neues entstehen zu lassen. Nur wer loslässt, hat beide Hände frei.

Durch das Festhalten an der Vergangenheit …

» geben wir die Verantwortung für unser eigenes Glück an jemand anderen ab und haben dadurch keinen Einfluss mehr darauf, wie wir uns fühlen.

» machen wir uns zum Opfer der Umstände und nehmen uns dadurch komplett die Power, unser Leben selbst zu gestalten.

» sind wir nicht frei und können uns nicht für Neues öffnen.

Loslassen und neu anfangen: Es ist nie zu spät für eine glückliche Kindheit

Heute muss ich über mich selbst lachen, wie ich vollkommen davon überzeugt war, dass das Leben mir irgendetwas schuldig sei. Das Leben ist uns absolut nix, zero, nada, niente schuldig! Wir sind dem Leben etwas schuldig, und zwar, dass wir das absolute Beste aus dieser Zeit machen, die uns geschenkt ist. Das größte Geschenk, das du dir selbst machen kannst, ist zu vergeben, loszulassen, den Koffer endlich abzustellen und nach vorn zu blicken.

Wir brauchen alle Erfahrungen, inklusive der schmerzhaften, für unser eigenes Wachstum und um immer wieder neu wählen zu können, wie wir als Mensch sein wollen. Wenn wir die Situation von unserem Herzen aus betrachten, ist die Lösung immer einfach. Unser Herz hat keine »Ego Issues«, es besteht nicht auf Rache, und es tätigt auch keine Schuldzuweisungen. Unser Herz möchte immer Balance herstellen und auf den anderen zugehen. Die Frage »Was würde die Liebe jetzt tun?« ist wie ein Heilmittel gegen jegliche Art von Konflikt.

Thich Nhat Hanh, ein vietnamesisch-buddhistischer Mönch, sagt, dass wir die Erfahrung des Leids machen müssen, um in der Lage zu sein, Mitgefühl zu entwickeln und zu empfinden. Nur wenn wir wissen, wie es sich anfühlt, verlassen und einsam zu sein, können wir das auch im anderen erkennen und verzeihen. Mitgefühl ist die Verbindung aus Liebe und Weisheit. Der Moment, in dem ich erkannte, wie sehr ich mich selbst und auch die Menschen um mich herum durch meinen stillen Vorwurf und die Schuldzuweisungen verletzt und geschwächt hatte, hat alles in meinem Leben verändert. Durch meine Vorwürfe hatte ich mir selbst die Tür zu einem erfüllten

Leben komplett verriegelt, aber allen anderen die Schuld gegeben, dass ich nicht glücklich war.

Vergebung ist der Schlüssel, um sich selbst wieder komplett in die eigene Power zu bringen, Frieden zu schließen und sich ein erfülltes, selbstbestimmtes Leben zu erschaffen. Wenn wir vergeben, bedeutet das nicht, dass wir gutheißen müssen, was passiert ist. Es geht darum, der Erfahrung zuzustimmen, um sie loslassen zu können. Solange wir im Widerstand gegen die Erfahrungen sind, die uns verletzt und gekränkt haben, und uns fragen, warum wir das erlebt haben, geht unsere ganze Energie weiterhin in die Vergangenheit und in den Vorwurf. Zustimmung ermöglicht loslassen. Widerstand bedeutet, daran festzuhalten.

In »Ein Kurs in Wundern« heißt es: »Deine Vergebung ist es, die die Welt der Dunkelheit zum Licht bringen wird. Deine Vergebung ist es, die dich Licht erkennen lässt, in dem du siehst. Durch die Vergebung wird bekundet, dass du das Licht der Welt bist. Durch deine Vergebung kehrt die Wahrheit über dich in die Erinnerung zurück. Deshalb liegt deine Erlösung in deiner Vergebung.«

Vergebung ist unsere Funktion als Licht der Welt, und indem wir uns mit dem Licht verbinden, erfahren wir Erfüllung, da wir nicht mehr in der Illusion der Trennung leben. Durch Vergebung erschaffen wir den Frieden in uns und um uns herum, nach dem wir uns so sehr sehnen.

»Ohne Mitgefühl erreicht das Streben der Menschen nur wenig, was von Bedeutung ist.« – David R. Hawkins

Kaum jemand hat die Kraft der Vergebung so eindrücklich gezeigt wie Nelson Mandela, der nach seiner Freilassung aus 27 Jahren Gefangenschaft sagte: »Als ich aus der Zelle durch die Tür in Richtung Freiheit ging, wusste ich, dass ich meine Verbitterung und meinen Hass zurücklassen musste, oder ich würde mein Leben lang gefangen bleiben.«

Die meisten Menschen brauchen noch nicht mal jemanden, der sie ins Gefängnis sperrt, sie bauen sich einfach ihr eigenes. Als ich mit Anfang 20 verstand, welches Gefängnis ich mir gebaut hatte, wusste ich: »Ich will da raus! Ich will leben. Ich will glücklich leben. Ich will voller Freude, Begeisterung, Nähe, tiefen Beziehungen, Vertrauen und Liebe sein.« Mir wurde bewusst, dass ich nur so lange in dieser Dunkelheit unterwegs gewesen bin, weil ich auf der anderen Seite genauso viel Liebe und Licht in mir habe. Wir alle handeln immer so gut, wie es uns in diesem Moment gerade möglich ist. Heute habe ich die schönste und tiefste Beziehung zu meinen Eltern und meinen Geschwistern, habe wundervolle Freundschaften und den tollsten Mann, den ich mir wünschen könnte, an meiner Seite. Wäre das möglich, wenn ich mich weiterhin selbst bemitleidet und andere dafür verantwortlich gemacht hätte, wie es mir geht? Mit Sicherheit nicht.

Solange wir anderen Menschen Vorwürfe für unser eigenes »Unglück« machen, sind wir immer gleichzeitig Opfer und Täter. Wir schwächen und verletzten uns selbst und die andere Person. Wenn du dem Leben wieder zustimmst, den Erfahrungen zustimmst und vergibst, wirst du wieder zum Schöpfer deines Lebens. Du holst dir deine Power zurück.

Alles wieder in Ordnung bringen:
Ho'oponopono

»Bevor die Sonne untergeht, vergib.«
– Hawaiianisches Sprichwort

Es gibt ein uraltes, sehr wirkungsvolles hawaiianisches Vergebungsritual, das mein Leben komplett verändert hat und das du nutzen kannst, um tiefe Vergebung zu finden. Das Vergebungs- und Heilungsritual heißt Ho'oponopono und bedeutet übersetzt so viel wie »alles wieder richtig machen« oder »alles wieder in Ordnung bringen«. Das Ritual wird seit Hunderten von Jahren auf Hawaii zur Schlichtung von Konflikten in Familien angewandt und dient ebenso der Heilung von inneren Konflikten.

Es basiert auf dem Gedanken, dass das Universum Harmonie, Ordnung, Fülle und Vollkommenheit anstrebt. Sobald wir einen inneren oder äußeren Konflikt haben, bringen wir die Ordnung des Universums in ein Ungleichgewicht. Durch das Mangeldenken und die Trennung von der Harmonie des Universums durch Konflikte verschließen wir uns der Fülle, die das Universum eigentlich für uns bereithält. Solange wir an Vorwürfen, Schuldzuweisungen und Mangeldenken festhalten, ist es unmöglich, Zugang zu dieser Fülle zu erhalten. Ho'oponopono hilft dir dabei, wieder Ordnung und Harmonie in dir und deiner Umgebung entstehen zu lassen. Es funktioniert ganz einfach, und ich nutze es mittlerweile fast täglich, wenn ich merke, dass ich aus dem Gleichgewicht geraten bin. Ho'oponopono hat die Kraft, innerhalb von wenigen Minuten aus einem inneren Kampf wieder inneren Frieden und Harmonie herzustellen.

Das Ritual besteht im Original aus vier Sätzen:

1. Es tut mir leid.
2. Bitte vergib mir.
3. Ich liebe dich.
4. Danke.

1. »Es tut mir leid.«
Mit diesem Satz erkennen wir unser Leid und unseren Eigenanteil an der Situation an. Wir erkennen das Hässliche und den Schmerz in uns selbst an und verleugnen nicht mehr. In dem Moment, in dem wir diesen Satz sprechen, sind wir nicht mehr in Ablehnung dem Problem gegenüber, sondern öffnen uns der Aufgabe und dem Wachstum, die darin verborgen liegen. Wir nehmen die Situation an, so, wie sie ist, und erkennen an, dass sie uns selbst Leid zufügt.

2. »Bitte vergib mir.«
Mit diesen Worten bitten wir den anderen und uns selbst um Verzeihung für die Herstellung der Disharmonie und den Schmerz, den wir verursacht haben.

3. »Ich liebe dich.«
Ich liebe dich, und ich liebe mich mit all meinen Stärken und Schwächen. Wir erkennen durch diese Worte das Göttliche in uns selbst und im anderen. Wir lieben das Problem, da es uns wachsen lässt und uns die Möglichkeit gibt, unsere wahre Natur zu erkennen und Harmonie wiederherzustellen.

4. »Danke.«
Wir bedanken uns, dass die Kraft der Vergebung uns befreit und wir heilen dürfen.

Der US-amerikanische Meisterlehrer von Ho'oponopono, Dr. Hew Len, entwickelte das Ritual weiter und erzielte unglaubliche Heilungsergebnisse in seiner Arbeit in einer psychiatrischen Anstalt in Hawaii mit geistesgestörten Kriminellen. Er war mit seiner Arbeit so erfolgreich, dass die Anstalt nach drei Jahren geschlossen werden konnte, da alle 23 Insassen geheilt waren. Er fügte in seiner Arbeit die zwei weiteren Schritte hinzu:

»Ich übergebe es Gott.«
Dieser Satz wird im Stillen für sich gesprochen. Mithilfe dieses fünften Satzes wird die geheilte Situation einer höheren Kraft (z. B. Gott oder dem Universum) zur Vollendung übergeben.

»Ich bin bereit, ein Wunder zu bezeugen.«
Durch die Bereitschaft, loszulassen und die Heilung in Gottes Hände zu legen, öffnen wir uns der Möglichkeit, ein Wunder zu bezeugen und der Heilung von nun an ihren Lauf zu lassen.

Higher-Self-Übung: *Vergeben und Loslassen*

Finde einen ruhigen Ort, an dem du dich beschützt fühlst und wo du für die nächsten Minuten ungestört sein kannst. Mache es dir gern gemütlich, zünde vielleicht Kerzen an, und finde eine bequeme Haltung.
Schließe deinen Augen, und erinnere dich an einen Menschen, gegen den du noch Vorwürfe in dir trägst, vielleicht bist du dieser Mensch sogar selbst. Erinnere dich an den Konflikt, der hinter diesem Vorwurf steht, und lasse die Situation noch einmal vor deinem inneren Auge erscheinen. Beobachte, welche

Gefühle jetzt in dir hochkommen, und nimm diese Gefühle genau wahr. Sei dir bewusst, dass du diese Gefühle nur beobachtest, du diese Gefühle aber nicht »bist«. Du kannst dir die Gefühle wie Besucher vorstellen, die für einen Augenblick deine Aufmerksamkeit haben wollen, die danach aber wieder weiterreisen werden. Atme ganz ruhig, und lasse die Situation wie einen Kinofilm vor deinem inneren Auge ablaufen. Werde dir bewusst, dass dieser Konflikt dich viel Energie und Kraft kostet und du dich durch diesen Konflikt der Fülle und Liebe des Universums versperrst. Stelle dir die Leichtigkeit vor, die in dein Leben tritt, sobald du diesen Vorwurf aufgibst und inneren Frieden zulässt.

Wende nun Ho'oponopono an und wiederhole die vier Sätze laut:

> *»Es tut mir leid.*
> *Bitte vergib mir.*
> *Ich liebe dich.*
> *Danke.«*

Wenn es sich für dich richtig anfühlt, sprich im Anschluss die beiden folgenden Sätze leise für dich:

> *»Ich übergebe es Gott.*
> *Ich bin bereit, ein Wunder zu bezeugen.«*

Wiederhole das Ritual, bis du das Gefühl von Verständnis und Liebe für die Situation spürst.

Finde einen ruhigen Ort, an dem du für die nächsten 20 Minuten ungestört sein kannst. Nimm eine bequeme Sitzhaltung ein, lege deine Hände auf den Oberschenkeln ab, und schließe deine Augen. Richte deine Aufmerksamkeit für die nächsten fünf Atemzüge auf deinen Atem und beobachte, wie ein leichter Luftstrom bei jedem Einatmen und Ausatmen deine Nasenspitze berührt. Erlaube dir, über deinen Atem ganz im Hier und Jetzt anzukommen und deinen Körper zu spüren.

Wenn du deine Aufmerksamkeit in den gegenwärtigen Moment gebracht hast, verbinde dich bewusst mit der Energie deines Herzens, und spüre deinen gleichmäßigen Herzschlag. Atme tief in dein Herz ein und aus. Spüre die Kraft deines Herzens, und stelle dir vor, wie aus deinem Herzen weißgoldenes Licht von liebevoller Energie in deinen gesamten Körper fließt und jede Zelle deines Körpers berührt und erleuchtet. Lasse deinen gesamten Körper mit diesem wunderschönen Licht aus deinem Herzen durchfluten. Erinnere dich an einen Menschen, dem du vergeben möchtest. Stelle dir vor, wie dieser Mensch vor dir erscheint und dich ansieht. Die Person kannst du auch selbst sein, wenn du einen Vorwurf gegen dich selbst aufrechterhältst. Vielleicht ist es ein neuer Vorwurf, vielleicht ist es aber auch ein ganz altes Gefühl, das du schon lange mit dir herumträgst.

Nimm dir einen Moment, um dich auf das Gefühl des Vorwurfs zu konzentrieren und hineinzufühlen. Wo in deinem Körper spürst du den Vorwurf und den Ärger? Atme tief in diesen Teil deines Körpers. Lege deine Hand auf diese Stelle, während du weiteratmest. Jetzt lasse deinen Verstand eine neutrale Erklärung für das Verhalten des anderen oder auch für dein Verhalten finden. Wieso hast du so gehandelt, oder wieso hat dein

Gegenüber so gehandelt? Was waren die wahren Beweggründe? Durch die neutrale Erklärung verliert der Moment an Größe und Übermacht. Stelle dir jetzt ein helles weißes Licht vor, das aus der Mitte deines Herzens kommt. Dieses Licht steht für Liebe und Vergebung. Atme ein, und bei jedem Ausatmen stellst du dir vor, wie sich das Licht in deinem ganzen Körper ausbreitet und dich wärmt. Lasse nun die Person vor deinem inneren Auge erscheinen, der du vergeben möchtest. Beobachte, wie sie vor dir steht und dich ansieht. Während ihr euch anseht, sagst du zu der Person: »Ich vergebe dir, ich vergebe dir, ich vergebe dir.« Du kannst jetzt alle Anstrengung und allen Vorwurf loslassen. Verabschiede die Person, und lasse sie gehen. Bleibe noch einen Moment mit deinem weißen Licht verbunden, und lasse es dich heilen. Bringe deinen Fokus langsam zurück auf deinen Atem. Atme tief ein und wieder aus. Öffne deine Augen.

MÖGEST DU GLÜCKLICH SEIN

» Vergebung bedeutet, jegliche Hoffnung auf eine bessere Vergangenheit aufzugeben.

» Indem du vergibst, bist du nicht mehr länger ein Opfer deiner Vergangenheit, sondern Schöpfer deines Lebens.

» Zu vergeben bedeutet nicht, gut zu finden, was passiert ist, sondern loszulassen, was nicht mehr geändert werden kann.

» Solange du an deinen Vorwürfen festhältst, ist es, als würdest du Gift trinken in der Hoffnung, dass der andere stirbt.

○ MANTRA: »ICH VERGEBE UND LASSE LOS.«
Nutze das Mantra, wann immer du spürst, dass du dich selbst und andere verurteilst.

 Nimm dir Zeit für dich und notiere deine Erkenntnisse in einem Notizheft.

Niemand kann
dir ohne deine
Zustimmung
das Gefühl geben,
minderwertig
zu sein.

– Eleanor Roosevelt

Es ist Zeit, eine neue Geschichte über dich zu erzählen

Louisa liefen die Tränen wie ein Wasserfall über ihr Gesicht, als sie mir während unseres Coachings erzählte, dass sie glaube, niemals einen Partner zu finden, weil sie sich selbst so hässlich fände. Nachdem ich sie gefragt hatte, wie sie auf die Idee kommen würde, hässlich zu sein, erzählte sie mir von einem Moment in ihrem Leben, der sich in negativer Hinsicht tief in ihr Herz eingebrannt hatte. Sie war damals gerade 14 Jahre alt und hatte ihren ersten richtigen Freund, in den sie bis über beide Ohren verliebt war. In den Sommerferien waren sie auf einer gemeinsamen Party, als ein anderer Junge zu ihrem Freund kam und zu ihm sagte: »Warum bist du denn mit der zusammen? Die ist so hässlich!« Das Schlimmste war damals für sie, dass ihr Freund nichts erwiderte und in dem Moment ihr Herz brach. Diese Worte hallten noch fast zehn Jahre später in ihr nach, als wären sie gerade erst ausgesprochen worden. Ich fragte sie, was sie damals gebraucht hätte, damit die Worte sie nicht so hätten verletzen können und sie vielleicht sogar gestärkt aus dieser Erfahrung hätte hervorgehen können. Louisa dachte für einen langen Moment nach und sagte dann: »Ich hätte mir jemanden gewünscht, der mich in Schutz nimmt und der dem anderen Jungen sagt, dass er nicht mehr alle Latten am Zaun hat.«

Wir nutzten die restliche Zeit des Coachings dafür, die Erfahrung für sie so zu verändern, dass sie ihr zustimmen und sogar gestärkt daraus hervorgehen konnte. Ich bat sie, sich bequem hinzusetzen, ihre Augen zu schließen und tief ein- und auszuatmen. Ich leitete sie in der Meditation an, sich in ihrer Vorstellung zurück in den Moment zu begeben und ihn noch mal so zu betrachten, als würde sie sich einen Film ansehen. Sie nahm die Farben wahr, die Temperatur und die Menschen um sich herum und beobachtete noch mal, was damals genau passiert war. Dann ging sie zu ihrem jüngeren Ich, das von den Worten des Jungen gerade unendlich verletzt worden war. Sie nahm ihr jüngeres Ich in den Arm und hielt es für einen Moment einfach nur fest. Sie konnte ihr jüngeres Ich fragen, was es gerade brauchte, um unverletzt weiter in die Zukunft gehen zu können. Ihr jüngeres Ich antwortete ihr, dass es Schutz brauche und jemanden, der ihm sagte, dass es nicht stimmte, was der Junge von sich gegeben hatte. Louisa legte ihre Hand auf das Herz ihres jüngeren Ichs und ließ wunderschönes weißgoldenes Licht hineinfließen. Sie sagte ihm: Du bist geliebt, du bist beschützt, und du bist wunderschön. Wir blieben so lange bei ihrem jüngeren Ich, bis sie spüren konnte, dass sie sich entspannte und eine neue Leichtigkeit in sich spürte. Dann sagte ich ihr: »Wende dich dem Jungen zu, und sieh ihn an, um ihm zu vergeben.«

Die Veränderung der Wahrnehmung

Sie hatte ihm jetzt fast zehn Jahre ihres Lebens die Macht über ihre Meinung von sich selbst gegeben und seinen Worten geglaubt. Es war endlich an der Zeit, die Dinge richtigzustellen. Sie blickte den Jungen an und sagte ihm, dass sie jetzt neu wählen würde, dass er wohl nicht wusste, was er da gesagt hatte, und dass es eigentlich auch keine Rolle spielte, denn es war schlicht und einfach nicht die Wahrheit. Ich sprach die vier Sätze des Ho'oponopono vor, die sie wiederholte, während sie vor ihm stand: »Es tut mir leid. Bitte vergib mir. Ich liebe dich. Danke.«

Dann wendete sie sich noch mal ihrem jüngeren Ich zu, das sie mittlerweile anlächelte, und sie konnte spüren, wie sich etwas in ihr verändert hatte. Sie war befreit von der Erinnerung an diesen Moment und hatte ihn für sich umgeschrieben. Sie umarmte ihr jüngeres Ich und versprach ihm, dass alles gut werden würde, dass noch so viel Gutes auf es warten würde. Ich fragte, was sie Gutes aus dieser Erfahrung mitnehmen konnte, und sie sagte: »Ich konnte lernen, für mich einzustehen und zu erkennen, dass ich selbst den Dingen und Worten die Bedeutung gebe. Erst durch meine eigene Bewertung werden die Erfahrungen mir dienen oder sich gegen mich richten. Ich bin bereit, diesen Moment aus neuen Augen zu sehen und auch mich selbst wieder als den wunderschönen und wertvollen Menschen anzuerkennen, der ich bin.« Die Erlösung von deinem Schmerz liegt in der Veränderung deiner Wahrnehmung über das Geschehene. In dem Moment, wenn du erkennst, dass du diese Erfahrung gemacht hast, um etwas darin zu erfahren – insbesondere dich selbst –, erkennst du in ihr das Wohlwollen des Universums dir gegenüber. Wenn du lernen möchtest, dich selbst zu lieben, darfst du nicht die Erfahrungen ablehnen, die dich als Mensch geprägt haben, sondern kannst lernen, ihnen zu vertrauen, dass sie für dich und nicht gegen dich geschehen sind. Jede noch so schmerzhafte Erfahrung beinhaltet gleichzeitig auch immer die Möglichkeit für unser spirituelles Wachstum, indem wir wählen und diese Erfahrung als das anerkennen, was sie ist, und nicht unserer Interpretation »auf den Leim gehen«.

Durch die Heilung meiner eigenen Geschichte und Erfahrungen kann ich heute sehen, dass meine Seele gewählt hat, jede einzelne meiner bisherigen Erfahrungen zu machen, ebenso wie deine Seele ihre bisherigen Erfahrungen machen wollte.

Ich bin erfüllt von Dankbarkeit für jede einzelne Erfahrung, denn sie haben in mir den Wunsch hervorgebracht herauszufinden, wie wir uns selbst von altem Schmerz heilen können. Mit dieser Suche öffnete sich mir die Welt der Spiritualität. Sie haben mich Vergebung gelehrt und bereit zu sein, den Schatz zu erkennen, den jeder Schmerz mit sich bringt. Anzuerkennen, dass wir alle auf unserer ganz eigenen Reise auf dieser Erde sind und unsere Seele sich selbst erfahren möchte, gab mir die unglaublich schöne Kraft der Selbst-Ver-Antwortung zurück. Jeder von uns muss in seinem Leben selbst die Antwort geben auf die Erfahrungen, die wir machen.

Ich konnte plötzlich so klar sehen, dass meine Eltern zu jeder Zeit versucht haben, ihr Bestes für uns zu geben – und dass wir alle als Kinder von unseren Eltern erwarten, dass sie niemals einen Fehler machen dürfen und wissen müssen, wie das Elternsein funktioniert. Dabei sind unsere Eltern meistens selbst noch verletzte Kinder, die versuchen, nicht dieselben Fehler wie ihre eigenen Eltern zu machen. Sind wir in unserem Higher Self, sehen wir plötzlich nicht mehr nur die scheinbaren Fehler unserer Eltern, wir erkennen auch an, was sie alles richtig gemacht haben. Denn egal, welche Schuld wir unseren Eltern zuschreiben wollen, sie haben uns das größte Geschenk gemacht, das wir bekommen können: unser Leben.

Meine eigene Heilung und die Bereitschaft, in meinen Erfahrungen den Schatz zu finden, hat mich erkennen lassen, dass mein Leben genau so sein sollte und keinen Hauch anders. In jeder einzelnen Erfahrung, die uns das Leben schenkt, liegt ein Schatz für unser spirituelles Wachstum verborgen, den wir nur bergen können, wenn wir bereit sind, ohne Vorwurf, sondern mit Liebe darauf zu schauen und das Geschenk auszupacken, das darin verborgen liegt. Die Schlüsselfrage war für mich damals: Wozu wollte meine Seele genau diese Erfahrung machen? Heute weiß ich, dass meine Seele die Erfahrung von Heilung und tiefer Verbundenheit machen wollte, die wir mit unserer Familie erschaffen können, wenn wir gemeinsam durch einen Sturm gegangen sind und sehen, dass uns der Sturm aufgewirbelt hat, um die stärksten Seiten an uns hervorzuholen.

Könnte ich es mir aussuchen, würde ich nichts an meinen Erfahrungen ändern wollen, denn sie haben in mir eine Welt geöffnet, die sich nur zeigt, wenn wir bereit sind, über uns selbst und unsere Ängste hinauszuwachsen und größer als unser Ego zu sein. Wenn wir unsere eigene Vergangenheit mit all den schmerzhaften, traurigen und auch wunderschönen Momenten annehmen können, sind wir unerschütterlich in der Gegenwart.

Güte gegenüber sich selbst

Deine eigene Vergangenheit ist das Fundament, auf dem deine Gegenwart entsteht und damit auch deine Zukunft. So, wie du dich heute fühlst, ist das direkte Resultat deiner vorherigen Gedanken, getroffenen Entscheidungen und deiner daraus erfolgten Handlungen. All unsere Gedanken und Entscheidungen sind geprägt von den eigenen Erfahrungen in der Vergangenheit, viel mehr aber sind sie geprägt von der Bewertung, die wir den Erfahrungen gegeben haben. Solange wir nicht bereit sind, die Vergangenheit als unsere ganz individuelle Chance für persönliches Wachstum zu betrachten, und vielmehr darauf bestehen, dass wir ein Opfer der äußeren Umstände sind, verschenken wir die Möglichkeit, erfüllt in der Gegenwart zu leben.

Güte uns selbst gegenüber ist die stärkste Wandlungskraft, die es gibt. Gelingt es uns, die Erfahrungen mit Güte und Mitgefühl zu betrachten, eröffnen wir den Raum für Heilung. Ein Mensch, der mich in dieser Hinsicht unglaublich inspiriert hat, ist Viktor Frankl. Viktor Frankl war ein österreichischer Psychiater, der während des Zweiten Weltkriegs in das Konzentrationslager Auschwitz deportiert wurde. Er überstand die Zeit seiner Inhaftierung dank seiner Auffassung, dass wir jeden noch so schlimmen Umstand ertragen können, wenn es uns gelingt, einen Sinn darin zu finden. In seinem Buch »Trotzdem Ja zum Leben sagen« schildert er seine Erfahrungen im Konzentrationslager und wie ihm sein Wunsch, dieses Buch zu schreiben, den Sinn gab, nicht aufzugeben. Die Quelle unserer inneren Kraft ist der Sinn, den wir den Umständen und auch unserem eigenen Handeln geben. Wenn wir dem Leben erlauben, dem Wachstum unserer Seele zu dienen, gelingt es uns, noch so schmerzhafte Erfahrungen für uns zu nutzen. Häufig sind es sogar gerade die Momente, die uns als Mensch am meisten herausgefordert haben, die uns dabei helfen, immer wieder zu hinterfragen, wer wir auf dieser Welt sein wollen, denn egal, wie schlimm eine Situation ist, uns bleibt immer die Wahl, wie wir darauf reagieren wollen. Jeder einzelne Moment in unserem Leben eröffnet uns die Wahl zu entscheiden, wer wir sein wollen.

Werde zum Held/zur Heldin deiner eigenen Geschichte

An Louisas Geschichte können wir sehen, dass es einen Punkt gibt, an dem wir uns entscheiden müssen, ob wir die Begründungen für unser aktuelles Unglück oder unseren Schmerz aufrechterhalten wollen oder ob wir bereit sind, die eigene Geschichte neu zu bewerten und aus einer neuen Perspektive zu betrachten.

Es sind die Bewertungen der eigenen Geschichte und die Rolle, die wir uns in der Geschichte geben, die unser Leben entweder leicht oder hart machen. Wir können uns selbst als Opfer, als Täter oder als Helden sehen. Jede Erfahrung kann Hunderte von unterschiedlichen Interpretationen bekommen. So, wie wir das, was geschehen ist, bewerten, fühlen wir uns. Dabei gibt es kein Richtig oder Falsch, sondern immer nur das, was wir irgendwann als unsere Rolle in der Geschichte gewählt haben. Leider neigen wir dazu, unsere Vergangenheit so zu erzählen, dass sie uns häufig schwächt. In Louisas Leben gab es zum Beispiel ebenso viele Menschen, die ihr gesagt haben, dass sie wunderschön und ein unglaublich liebenswerter Mensch ist. Allerdings hat sie diese Information nicht (für) wahr-genommen, weil sie an einem gewissen Punkt in ihrem Leben beschlossen hatte, eine andere Wahrheit zu glauben und sich selbst als Opfer zu sehen und nicht als kraftvolle Schöpferin ihres eigenen Lebens. Sie ist für eine lange Zeit dem Mangel gefolgt, anstatt der Liebe zu folgen und sich selbst anzunehmen. Solange sie sich selbst als Opfer wahrnahm, war es ihr nicht möglich, sich selbst wirklich zu erkennen. Wir erschaffen uns unsere eigene Realität und unsere Persönlichkeit durch die Geschichten, die wir uns selbst immer und immer wieder erzählen, bis sie eines Tages zu unserer inneren Überzeugung werden, die wir nicht mehr infrage stellen. Ab diesem Moment suchen wir unbewusst ständig nach der Bestätigung dieser Wahrheit und erleben deswegen auch häufig immer wieder dieselben Verletzungen, um dann vorzubringen: »Siehst du, ich hab es doch gesagt! Ich bin eben einfach zu hässlich – oder nicht gut genug, nicht klug genug etc.«

Diese innere Überzeugung funktioniert wie ein hartnäckiger Kleber, der uns in den niedrigen Bewusstseinszuständen von

Angst, Wut, Trauer oder Scham festkleben lässt. Da wir in diesen Bewusstseinszuständen auch eine sehr niedrige Energie haben, die wir ausstrahlen, empfangen wir auch nur auf dieser Frequenz und ziehen ständig Menschen an, die auf derselben Frequenz unterwegs sind. Natürlich verstärkt sich der Kleber dadurch nur noch mehr, bis wir uns gar nicht mehr daran erinnern, dass wir auch mal anders über uns selbst gedacht haben.

»Der längste Weg, den wir im Leben gehen, ist der Weg von unserem Verstand zu unserem Herzen. Unser Herz möchte vergeben, aber unser Ego will Rechenschaft.«

Dein Leben ist nicht gegen dich. Dein Leben ist immer für dich. Es dient dir, um dich selbst erfahren und immer wieder neu wählen zu können, ob du in Angst und Mangel oder in Fülle und Liebe leben möchtest. Auch wenn sich das Ego in diesem Moment wahrscheinlich windet, weil es seinen Opferstandpunkt nicht aufgeben möchte, vertraue darauf, dass alles in deinem Leben für dich passiert ist. In dem Moment, wenn du beginnst, deine eigene Vergangenheit anzunehmen und sogar wertzuschätzen, entwickelst du eine Kraft und Energie in dir, die dich unaufhaltsam werden lässt. Du wirst plötzlich in dir all deine Fähigkeiten erkennen und sehen, dass du vor allem aus deinen Krisen lernen konntest und gewachsen bist. Ich habe Klienten gehabt, die körperlich von ihren Eltern misshandelt und verlassen worden sind. Als sie begannen, ihre Geschichte in einem neuen Licht zu sehen und sich selbst als Helden ihrer Geschichte zu betrachten, entwickelten sie eine völlige neue Sichtweise auf sich selbst und ihr gesamtes Leben. Sie konnten zum Beispiel sehen, dass sie dank dieser Erfahrungen heute voller Liebe und Mitgefühl für ihre eigenen Kinder waren und gelernt hatten, früh Verantwortung für ihr eigenes Leben zu übernehmen. Häufig sind es die Menschen, die heute voller Dankbarkeit, Freude und Mitgefühl durch ihr Leben gehen, die Schicksalsschläge erlitten haben, die durch Krisen gegangen sind, die verletzt worden sind und die sich an einem gewissen Punkt in ihrem Leben dazu entschieden haben, ihren größten Schmerz in ihre größte Stärke zu transformieren, um ihre Geschichte dazu zu nutzen, um anderen Menschen helfen zu können.

Es sind nicht die Erfahrungen, die uns zu den Menschen machen, die wir heute sind. Es sind die Schlussfolgerungen aus den Erfahrungen, die uns entweder stärken oder schwächen. Wir können uns jederzeit entscheiden, unsere Geschichte neu zu schreiben, und es ist nie zu spät für eine glückliche Kindheit. Die größte Freiheit, die du dir selbst schenken kannst, ist, dich auf den Standpunkt zu stellen, dass du selbst 100 Prozent Verantwortung für alles übernimmst, was du bisher erlebt hast – egal, ob dir die Erfahrungen gefallen oder nicht. Jede diese Erfahrungen hat dir und dem Wachstum deiner Seele gedient. Wenn deine Seele diese Erfahrungen nicht hätte überstehen können, hätte sie sie nicht gewählt.

Wir können unser Licht nur in der Dunkelheit erkennen

100 Prozent Verantwortung zu übernehmen bedeutet zu vergeben und dem zuzustimmen, was gewesen ist. Das bedeutet nicht, alles richtig oder gut finden zu müssen. Es bedeutet, nicht länger dagegen zu kämpfen und sich selbst oder andere Menschen zu verurteilen. Angst verurteilt, Liebe vergibt. Es ist Zeit, deine Geschichte aus der liebevollen Perspektive von deinem Higher Self neu zu schreiben.

Ich weiß, dass du verletzt wurdest und Wunden mit dir trägst, die vielleicht noch nicht geheilt sind. Ich weiß, dass du Angst davor hast, nicht gut genug zu sein. Ich weiß, dass du fürchtest, erneut vom Leben enttäuscht zu werden, und deswegen Angst hast, wieder ganz zu vertrauen. Aber diese Angst ist eine Illusion, die durch den Gedanken erzeugt wird, dass du getrennt bist. Wir alle sind über unsere Verletzungen, aber auch durch unsere Geschichten miteinander verbunden. Durch meine Verletzungen kann ich erst deine Verletzungen erkennen. Unsere Verletzungen erlauben uns, uns auf einer ganz neuen Ebene gegenseitig zu erkennen und gegenseitig zu heilen.

100 Prozent Verantwortung zu übernehmen bedeutet allerdings auch, all das Gute anzuerkennen, was dir bisher auf deinem Weg begegnet ist. Wir alle kennen Menschen, die an einer bestimmten Stelle wie Engel in unser Leben getreten sind, um uns zu helfen und um uns wachsen zu lassen. Vielleicht war es die Kindergärtnerin, eine gute Freundin oder vielleicht auch ein komplett fremder Mensch, der aber im richtigen Moment da gewesen ist. Blicke einmal auf dein Leben zurück, und finde die Engel, die dich bis heute begleitet und dir auf deinem Weg geholfen haben. Wer war an deiner Seite und hat dich beschützt? Wer hat dich geliebt? Wer hat an dich geglaubt, als du es nicht getan hast? Wer hat dir geholfen? Wenn wir das Schlechte sehen wollen, müssen wir ebenso bereit sein, das Gute anzuerkennen. Unser Gehirn hat evolutionsbedingt die Tendenz, sich an das Negative wesentlich stärker zu erinnern als an alles Positive, was geschehen ist. Deswegen ist es so wichtig, sich immer wieder ganz bewusst auch die positiven Erfahrungen und die Engel in unserem Leben bewusst zu machen.

Finde einen ruhigen Ort, an dem du für 20 Minuten ungestört bist. Setze dich bequem hin, und schließe deine Augen. Erinnere dich an eine Situation, in der du dich verraten, verlassen oder verletzt gefühlt hast. Nimm in deinem Körper wahr: Wo fühlst du die Emotion? Lege eine Hand auf diesen Bereich deines Körpers, und atme tief in diesen Bereich hinein. Nimm die Emotion wahr, unterdrücke sie nicht, aber lasse dich nicht von ihr einnehmen. Stelle dir vor, du wärst ein Forscher, der ganz neugierig beobachtet, was passiert, ohne aber selbst involviert zu sein. Du »bist« nicht deine Emotionen, du »hast« Emotionen.

Stelle dir vor, wie du noch mal in die Situation zurückkehrst und beobachtest, was damals geschehen ist. Lasse die Szene wie einen Film vor deinem inneren Auge ablaufen. Kannst du dich selbst in dem Moment sehen? Wie geht es dir? Wie fühlst du dich? Wie verhältst du dich? Wer ist noch in der Szene?

Wenn du dich an die Situation gewöhnt hast, gehe zu deinem jüngeren Ich, und nimm es fest in den Arm. Halte es so lange fest, bis du ein Gefühl von Erleichterung spüren kannst. Seht euch tief in die Augen, und spürt die tiefe Verbindung, die ihr miteinander habt. Frage dein jüngeres Ich, was es jetzt braucht, um die Situation zu heilen. Was hättest du damals gebraucht? Jemand, der dich in Schutz nimmt? Jemand, der dir sagt, dass du geliebt bist? Dass alles gut wird? Was auch immer dein jüngeres Ich in dem Moment gebraucht hätte, gib ihm genau das. Sage deinem jüngeren Ich, wie sehr es geliebt wird und dass du gekommen bist, um es zu beschützen und zu heilen. Stelle dir vor, wie du deine Hand auf dein Herz legst und du über deine Hand wunderschönes weißgoldenes, heilendes Licht in deinen

Körper fließen lässt. Jede Zelle des Körpers von deinem jüngeren Ich wird durch dieses Licht geheilt und empfängt die Information, dass es geliebt und beschützt ist. Bleibe so mit deinem jüngeren Ich verbunden, bis du spüren kannst, dass sich etwas in dir verändert und du die Liebe wahrnehmen kannst.

Vielleicht beginnt dein jüngeres Ich sogar zu lächeln und zu spüren, wie sehr es geliebt wird. Niemand außer uns selbst kann uns die Gewissheit geben, geliebt zu sein. Verabschiede dich von deinem jüngeren Ich, und schaue dich noch mal in dem Moment um. Hat sich etwas verändert? Die Farben? Dein Gefühl? Wenn du einen Schritt weitergehen möchtest, kannst du den Menschen, die dich in diesem Moment verletzt haben, vergeben. Nutze hierfür das Vergebungsritual Ho'oponopono. Wenn du so weit bist, kehre in deinen Körper in der Gegenwart zurück, und atme tief ein und aus. Du kannst natürlich jederzeit zurückkehren und deinem jüngeren Ich all diese Liebe wieder und wieder schenken, bis du in jeder Zelle deines Körpers und in deinem Herzen spürst, dass Heilung eingetreten ist.

Nimm dir einen Zettel und einen Stift, und schreibe die Situation so auf, dass sie dir ab heute nutzen wird und dich stärkt. Stelle dir vor, du würdest das Drehbuch für den Blockbuster deines Lebens schreiben, in dem du der Superheld bist. Jeder Superheld hat in seiner Vergangenheit einen Schicksalsschlag erlitten und ist dann wie der Phönix aus der Asche gestiegen.

Die folgenden Fragen helfen dir bei deiner Superhelden-Geschichte:

» *Wie kannst du deine Geschichte ab heute erzählen, sodass sie dich stärkt?*
» *Was konntest du dank dieser Erfahrung in deinem Leben verändern?*

» *Wenn du dich daran erinnerst, was seitdem alles in deinem Leben passiert ist, warst du damals vielleicht doch sicherer, als du in dem Moment gedacht hast?*

» *Kannst du aus heutiger Sicht die Beweggründe der anderen Person erkennen?*

» *Für wen kannst du heute ein Superheld sein?*

» *Wem kannst du dadurch helfen?*

MÖGEST DU GLÜCKLICH SEIN

» Das Leben läuft nicht immer so, wie wir es gern hätten. Wir haben aber immer die Wahl, wie wir darauf reagieren.

» Durch Vergebung schenkst du dir eine erfüllte Vergangenheit und damit eine erfüllte Zukunft.

» Es ist nie zu spät für eine glückliche Kindheit. Du kannst deine Geschichte jederzeit neu wählen.

» Stelle dir vor, du würdest dich selbst als Helden/Heldin deiner Geschichte sehen. Was wäre dann heute in deinem Leben anders?

○ MANTRA: »DAS LEBEN IST IMMER FÜR MICH.«
Nutze das Mantra, wann immer du dich ungerecht behandelt oder verletzt fühlst. Finde das Wachstum, das die jeweilige Situation für dich bereithält, wenn du dich der Erkenntnis in der Erfahrung öffnest. Welche Chance, welche Erkenntnis, welche neue Erfahrung von dir selbst liegt in der Situation für dich als Schatz verborgen?

 Nimm dir Zeit für dich und notiere deine Erkenntnisse in einem Notizheft.

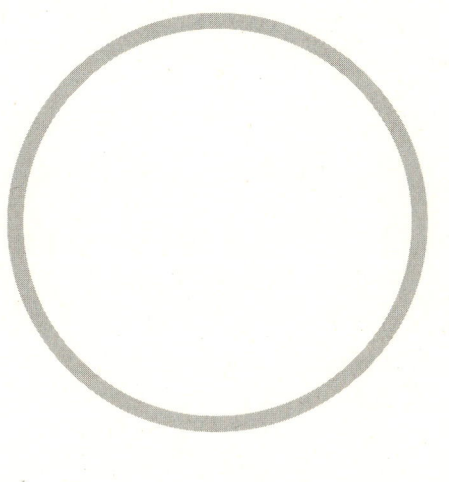

Verbinde dich
mit deinem
Higher Self

Es gibt nur zwei Tage
im Jahr, an denen man
nichts tun kann.
Der eine ist gestern,
der andere morgen.
Dies bedeutet, dass heute
der richtige Tag
zum Lieben, Glauben
und in erster Linie
zum Leben ist.

– Dalai Lama

Higher Self on, Baby!

Es war einmal ein kleiner Bach, der sich danach sehnte, ein erfüllter Fluss zu sein. Auf seiner Reise kam er eines Tages an den Rand einer großen Wüste und bekam Angst, weiterzufließen und in der Wüste auszutrocknen. Da hörte er eine innere Stimme, die ihm Mut machte und ihm sagte, er brauche keine Angst zu haben und er könne ruhig weitergehen. Nach einigem Zögern ging der Bach weiter, auch wenn er sich dabei nicht wohlfühlte und die Angst immer noch da war. Je weiter er in die Wüste floss, desto heißer wurde es. Es wurde so heiß, bis der kleine Bach schließlich verdunstete und die aufgestiegenen Tröpfchen begannen, sich in der Luft zu sammeln. Es wurden so viele, dass sie kleine Wolken bildeten, die über die Wüste zogen. Die kleinen Wolken reisten viele Tage, bis sie hinter der Wüste zum großen Meer kamen. Dort regneten sie sich leer. Der kleine Bach wurde so zum Teil des unendlichen Meeres. Er wurde Teil von etwas so viel Größerem und führte ein so viel schöneres Leben, als er es sich je erträumt hatte. Während der kleine Bach sich sanft von einer Welle tragen ließ, überlegte er mit glücklichem Herzen: »Ich hatte Angst, meinen Weg zu gehen, aber ich habe meiner inneren Stimme vertraut und habe mutig mehrmals meine Daseinsform verändert, ohne zu wissen, was mich erwarten würde – und doch bin ich jetzt mehr ich selbst als je zuvor!«

So wie der kleine Bach sind auch wir im Leben immer wieder aufgefordert, unsere Daseinsform zu verändern, einen neuen Weg zu gehen und Altes zurückzulassen in dem Wissen, dass uns auf der anderen Seite der Angst etwas viel Größeres erwartet. Durch die Heilung der Vergangenheit und das Lösen der dort bisher gebundenen und feststeckenden Energie können wir diese Energie in der Gegenwart nutzen, um das eigene Leben kraftvoll zu erschaffen. Wir sind raus aus dem Überlebensmodus und dem Drama-Modus und können endlich die frei gewordenen Energien verwenden, um in Liebe und aus Fülle den eigenen Weg zu gehen. Unser Bewusstsein bewegt sich raus aus der Energiefrequenz von Angst, Mangel, Wut und Scham und steigt auf zu Mut, Freude und Liebe, die Frequenz, auf der du genau das empfangen kannst, was du dir wünschst.

Die Gegenwart ist alles, was ist. Das Hier und Jetzt ist der einzige Moment, in dem du dich verändern kannst und in dem du etwas Neues erschaffen kannst. Alles, was ist, ist jetzt.

In den nächsten Kapiteln wirst du erfahren, wie du dich im Heute mit deinem Higher Self verbinden kannst und auf gedanklicher, emotionaler und physischer Ebene in deine ganze schöpferische Kraft kommst.

Wie du dein Selbstbild auf eine höhere Frequenz bringst

»Drop the idea of becoming someone, because you are already a masterpiece. You cannot be improved. You have only to come to it, to know it, to realize it.« – Osho

Während ich dieses Kapitel schreibe, bin ich auf Sardinien und sitze in einem wunderschönen Garten voller Wildblumen und Olivenbäumen, ein Hahn kräht in der Nähe, und die Sonne geht langsam über dem Meer auf. Alles ist in feines goldenes Licht getaucht, das die Sonne hier jeden Morgen auf die Insel zaubert. Es war, seit ich mich erinnern kann, ein Traum von mir, in einem kleinen Häuschen in Italien zu wohnen und morgens von dem Duft der Olivenbäume und dem Rauschen des Meeres geweckt zu werden. Jetzt lebe ich zwar noch nicht hier, aber ich habe mir ein Leben erschaffen, das es mir ermöglicht, von überall auf der Welt zu arbeiten und an den schönsten Orten für mehrere Monate leben zu können. Natürlich war das nicht immer so. Lange Zeit meines Lebens habe ich mir nicht zugetraut, mir mein Traumleben erschaffen zu können. Ich habe mich noch nicht mal wirklich getraut, ernsthaft darüber nachzudenken, wie ich mir mein Leben gern erschaffen würde. Ich hatte zwar Träume, aber je größer die Träume, desto größer waren auch meine Selbstzweifel, diesen Traum verwirklichen zu können. Ich war so sehr damit beschäftigt, darüber nachzudenken, was andere Menschen von mir erwarteten, dass ich völlig vergaß, mir diese Fragen selbst zu stellen: Was möchte ich mit meinem Leben machen? Welchen Sinn möchte ich meinem Leben geben? Was möchte ich erschaffen?

Tief in mir spürte ich schon immer die Sehnsucht danach, ein anderes Leben zu führen, als jeden Morgen von 9.00 bis 17.00 Uhr in einem Büro vor einem Computer zu sitzen und irgendwelche sinnlosen Mails zu beantworten. Ich wollte etwas tun, was einen wirklichen Unterschied in meinem Leben und im Idealfall auch im Leben anderer Menschen machen würde. Aber ich konnte den Weg nicht sehen. Ich spürte diesen tiefen Wunsch in mir, aber er wurde immer wieder von meinen Gedanken und meinen Selbstzweifeln klein gehalten. Mein Herz sagte immer wieder: »Laura, trau dich! Geh los für deine Träume! Du spürst es in dir! Du weißt, was eigentlich richtig wäre!« Aber die Angst davor, nicht mehr klein zu spielen und mich der Welt wirklich zu zeigen, war lange Zeit so groß, dass ich die Stimme meines Herzens ignorierte und erst mal den Weg gegangen bin, den irgendwie alle in meinem Umfeld gingen. Ich studierte ein Fach, das mich null interessierte, und dümpelte irgendwie so vor mich hin. Bis zu einem Tag, der alles für mich veränderte. Während meines Masterstudiums in Berlin entdeckte ich am Schwarzen Brett meiner Uni eine Ausschreibung für Auslandsstudiengänge. Ich fühlte mich wie magisch von der Ausschreibung angezogen und las mir die Namen der Partner-Unis auf dem Zettel durch, und plötzlich blieben meine Augen bei einem ganz bestimmten Namen hängen: University of California, Berkeley. Mein Herz machte vor Freude einen Luftsprung! Da war sie wieder, die Stimme: »Laura, trau dich! Bewirb dich für das Stipendium.« In Berkeley zu studieren war für mich, seit ich 18 war, ein großer heimlicher Traum. Ich hatte damals nach der Schule immer die Serie »O. C. California« geschaut, und es gibt eine Folge, in der die Hauptdarstellerin Marissa Cooper an die Uni nach Berkeley geht, um dort zu studieren. Von dem Moment an, als ich in der Serie Bilder von dem wunderschönen Campus von Berkeley sah, wollte ich dorthin. Ich speicherte diesen Wunsch in meinem Herzen, aber gleichzeitig war mir eigentlich klar, dass es wahrscheinlich nie wirklich dazu kommen würde. Wie sollte das gehen? Meine Eltern würden ein Studium an einer amerikanischen Uni nicht finanzieren können, und ich hatte zu dem Zeitpunkt so viele limitierende Glaubenssätze in meinem Kopf – »Ich bin eh nicht gut genug dafür«, »Ich werde nie das Geld haben, um mir das Studium dort finanzieren zu können« –, dass ich, anstatt kreativ nach Lösungen zu suchen, den Traum weit wegschob.

Das ist leider einer der großen Haken an limitierenden Glaubenssätzen und inneren Überzeugungen, die unterbewusst wirken, dass wir sie nicht mehr hinterfragen und sie als Wahrheit akzeptieren. Die gute Nachricht ist: Das Herz merkt sich unsere Träume trotzdem und wird nicht müde, uns immer wieder daran zu erinnern, dass da noch so viel mehr ist, was auf uns wartet.

Da stand ich also fast fünf Jahre später vor dem Zettel am Schwarzen Brett meiner Uni und las die Worte, die wie Magie meinen Traum wieder an die Oberfläche meines Bewusstseins holten und eine kraftvolle Energie in mir loslösten: »Jetzt bewerben: Stipendium für die University of California Berkeley.« Das war der Moment, in dem mein Herz die Führung übernahm und einfach keine Zweifel mehr akzeptierte. Ich nahm all meinen Mut zusammen, legte all meine Zweifel beiseite und bewarb mich auf einen der beiden Stipendienplätze. Es folgte ein halbes Jahr mit unterschiedlichen Auswahlrunden, Bewerbungsinterviews, Tests und vor allen Dingen viel Warten. Währenddessen visualisierte ich jeden Tag, wie ich glücklich über den Campus von Berkeley laufen würde. Und dann kam er endlich: der Brief von der University of Berkeley! Er war wie in einem Film in das amerikanische weiße Briefpapier mit dem rot-blau gestreiften Rand verpackt, und meine Hände zitterten vor Aufregung, als ich ihn noch am Briefkasten aufriss. Mir liefen Glückstränen übers Gesicht, als ich die Worte las: »Congratulations! You are accepted at the University of Berkeley.«

Drei Monate später landete ich in San Francisco und war voller Vorfreude auf alles, was mich in den nächsten Monaten erwarten würde. Ich mietete ein süßes kleines Zimmer in einem schönen alten Haus mit weißen Dielen und schrieb mich für alle möglichen Vorlesungen von Psychologie über Public Speaking bis zu Philosophie ein.
Es war genau so, wie ich es mir vor meinem inneren Auge vor-

gestellt hatte. Eines Abends zog ich mir meine Laufschuhe an und wollte eine Runde joggen gehen. Hinter meinem Haus gab es einen kleinen Weg, der durch einen Wald mit den unterschiedlichsten Bäumen und Blumen einen Berg hoch führte. Als ich oben auf dem Berg ankam, setzte ich mich, um eine Pause zu machen, auf einen großen Stein und hatte von dort aus einen atemberaubenden Blick über Berkeley, die Bucht mit der Golden Gate Bridge und die Skyline von San Francisco. Die Sonne ging gerade unter und tauchte alles in ein Licht aus Gold, ich hörte die Vögel und Zikaden um mich herum singen, und ein Gefühl der tiefen Dankbarkeit durchströmte meinen ganzen Körper und meine Seele. Ich hatte es tatsächlich geschafft, meinen ganzen inneren Zweifeln die Stirn zu bieten und meinem Herzen zu folgen. Das, was ich als unmöglich erachtet hatte, war plötzlich meine Realität. Ich fühlte mich in diesem Moment so sehr mit meinem wahren unbegrenzten Bewusstsein verbunden wie noch nie zuvor, und ich gab mir mit einer solchen kraftvollen Energie das Versprechen, jeden einzelnen Tag meines Lebens daran zu arbeiten, mehr in diese wunderschöne und kraftvolle Verbindung mit meinem wahren Ich zu gehen. Ich versprach mir, nie wieder daran zu zweifeln, ob ich etwas konnte oder nicht. Dass ich es, egal, wie groß die Selbstzweifel vielleicht auch sein mochten, trotzdem immer wieder versuchen wollte und dass ich an mich selbst glauben würde. Ich traf in diesem Moment die wahrscheinlich wichtigste Entscheidung meines Lebens darüber, wer ich ab jetzt sein und wer ich nicht mehr sein wollte. Ich wollte nie wieder in mein Lower Self zurückkehren. Mich nicht mehr kleinmachen oder andere für mich entscheiden lassen, was in meinem Leben passiert. Und nicht wieder an mir selbst zweifeln und dadurch so viele Chancen und Wunder verpassen. Ich traf die Entscheidung, herauszufinden, was passieren würde, wenn ich mich auf die Suche nach meinem Higher Self machte und zu 100 Prozent Ja zu meinem Leben sagte. Für mich war Berkeley mein Wunder, und ich speicherte diesen Moment auf dem Stein mit dem Blick über das Meer und die Skyline von San Francisco in meinem Herzen ab, damit er mich von jetzt an immer daran erinnern würde, was alles möglich ist und wer ich in Wirklichkeit bin – wenn ich endlich aufhören würde, die Bullshit-Story zu erzählen, die ich bis dahin selbst geglaubt hatte.

Wie du vom Lower Self ins Higher Self kommen kannst

Dieser Moment hält alles für dich bereit. Du hast mit jedem neuen Atemzug die Möglichkeit, neu zu wählen, wer du sein möchtest, wie du denken möchtest, wie du die Welt betrachten möchtest, wie du dich selbst betrachten möchtest und ob du aus Liebe oder aus Angst heraus handeln möchtest. Die Grundlage, um diese Wahl treffen zu können, ist, sich seiner selbst bewusst zu werden. Wir müssen uns darüber klar werden, welches Selbstbild und welche Identität wir im Laufe unseres Lebens angenommen haben, die so irgendwann unsere nicht mehr infrage gestellte Wahrheit werden konnte. Unbewusst rutschen wir im Laufe unseres Lebens ins Lower Self, wenn wir nicht gelernt haben, Selbstverantwortung zu übernehmen, und vergessen haben, dass das Leben immer für uns ist und nie gegen uns. Im Lower Self gibt es einen automatisch mit eingebauten Opfermodus, der sofort anspringt, sobald wir das Gefühl haben, nicht fair behandelt worden zu sein oder Ungerechtigkeit vom Leben erfahren zu haben. Im Lower Self rutschen die Emotionen meistens unter 200 auf der Bewusstseinsskala von Hawkins. Sind wir im Lower Self unterwegs, fühlen wir uns falsch verstanden, nicht gesehen, ungerecht behandelt, ungeliebt, beschämt, wütend, eifersüchtig oder auch schuldig. Im Lower Self reicht nichts, und vor allen Dingen reichen wir uns selbst nicht und versuchen, das Gefühl von Mangel auszugleichen. Wir brauchen ständig Aufmerksamkeit und Bestätigung von außen oder Ablenkung, beispielsweise durch übermäßiges Essen, um dieses »Loch« in uns zu stopfen. Leider müssen wir am Ende häufig feststellen, dass das Gefühl, dennoch nicht gut oder liebenswert genug zu sein, trotzdem noch da ist – egal, was wir tun oder wer uns Aufmerksamkeit schenkt. Wir wollen etwas von außen heilen, was in Wahrheit aber nur im Innen geheilt werden kann.

> *»Ich bin nicht das Opfer der Welt, die ich sehe. Wie kann ich das Opfer einer Welt sein, die völlig aufgehoben werden kann, sobald ich mich dafür entscheide? Meine Ketten sind gelöst. Ich kann sie fallen lassen, einfach dadurch, dass ich danach verlange. Das Tor des Gefängnisses steht offen. Ich kann es verlassen, indem ich einfach hinausgehe. Nichts hält mich in dieser Welt. Nur mein Wunsch zu bleiben hält mich gefangen. Ich möchte meine wahnsinnigen Wünsche aufgeben und endlich an das Licht der Sonne treten.«*
> *– Ein Kurs in Wundern*

Das Lower Self und die eigene Opferhaltung können völlig aufgegeben werden, wenn wir uns im ersten Schritt darüber bewusst werden, dass wir uns an einem bestimmten Punkt in unserem Leben dafür entschieden haben, nicht mehr an uns selbst und die eigene unendliche Schöpferkraft zu glauben. Wenn wir im Hier und Jetzt bewusst wahrnehmen, dass wir nicht unsere eigene Wahrheit leben, sondern der Illusion gefolgt sind, dass es uns an etwas mangeln würde, können wir dieses mentale und emotionale Gefängnis verlassen. Alles, was wir dafür tun müssen, ist, in dem Moment des Erkennens mit so viel Energie wie irgend möglich neu zu wählen, wer wir sein wollen. Es ist deine bisher gewählte Identität, dein von dir selbst erschaffenes Selbstbild, das dich in Ketten gehalten hat.

Sprenge deine mentalen und emotionalen Ketten

Die wichtigste Frage, die du dir jemals selbst stellen wirst, ist: »Wer möchte ich sein in dieser Welt?«

Du schenkst automatisch nur Gedanken deine Aufmerksamkeit, die mit der Überzeugung deines Selbstbildes übereinstimmen und die für dich wahr sind. Wie selbstzerstörerisch und gnadenlos ein Selbstbild sein kann, zeigen die traurigen Biografien von Menschen wie Marilyn Monroe, Whitney Houston, Michael Jackson oder Robin Williams. Sie waren nach äußeren Maßstäben mit einem unfassbaren Talent gesegnet und begeisterten Millionen von Menschen mit ihrer Musik und ihren Filmen. Sie selbst jedoch waren todunglücklich und schafften es nicht, ihre Selbstzweifel und ihr negatives Selbstbild zu ändern, obwohl die ganze Welt sie liebte – nur sie sich selbst nicht. Ihr eigenes negatives Selbstbild war so stark, dass all die Liebe und der Erfolg nichts daran ändern konnten, wie sie sich selbst sahen. Der Schlüssel für ein liebendes Selbstbild, das im Einklang mit sich selbst ist, kann nicht im Außen gefunden werden. Der Schlüssel liegt in jedem von uns verborgen. Glück, Erfolg, Freude und Begeisterung sind der natürliche Effekt, wenn man den Schlüssel einmal gefunden und die Türen zu der unendlichen Weite des eigenen Bewusstseins geöffnet hat.

Es gibt keinen Grund, in der Zeit, in der wir auf diesem wunderschönen Planeten sind, klein zu spielen und unser Lower Self den Verlauf unseres Lebens bestimmen lassen. Es gibt in Wirklichkeit keinen Grund, die eigene Einzigartigkeit zu verstecken und das eigene Licht zu dimmen. Alle Gründe, die sich unser Verstand zurechtgelegt hat, warum wir nicht mehr vertrauen oder nicht mehr an unsere eigene Großartigkeit glauben, sind Versuche des Egos, dich in deiner Komfortzone zu halten. Dein Ego versucht, dir zu sagen, dass du nicht gut oder nicht liebenswert genug bist, damit du genau da bleibst, wo du bist, weil es meint, dass dort das eigene Leben sicherer sei. Jede Inspiration von deinem Higher Self, wieder in dein ganzes Licht zu treten, wird vom Ego niedergemacht, weil es Angst hast.

Von den 50 000 bis 70 000 Gedanken, die wir durchschnittlich am Tag denken, sollte jeder einzelne ein »Halleluja! Ich liebe mein Leben!«-Gedanke sein, der voller positiver Energie ins Universum geschickt wird – als Ausdruck unserer Freude, hier sein und uns in diesem Leben hier zum Ausdruck bringen zu dürfen. Stelle dir vor, du würdest nur eine Woche lang täglich mit einem »Halleluja! Ich liebe mein Leben!« aus dem Bett springen: Meinst du, du würdest dich dadurch anders fühlen? Eine andere Energie haben? Andere Entscheidungen treffen? Wahrscheinlich schon. Deine Energie ist deine Währung für die Zukunft. Alles, was du mit deiner Energie aussendest, kommt auf derselben Energiefrequenz zu dir zurück. Je bewusster du mit deiner Energie umgehst, desto mehr positive Energie wirst du in dein Leben ziehen.

Die meisten unserer Gedanken sind genau dieselben Gedanken wie gestern und vorgestern auch. Wir sind Gewohnheitstiere, auch beim Denken und beim Fühlen. Wir gewöhnen uns eine bestimmte Art zu denken an, ebenso wie wir uns eine bestimmte Art zu fühlen angewöhnen. Weil wir mit den immer selben Gedanken unsere Realität erschaffen, haben die meisten Menschen auch immer und immer wieder genau dieselben Ergebnisse in ihrem Leben. Der einzige Weg in ein erfüllteres Leben führt über die Veränderung der Gedanken und des Selbstbilds – als deine Schablone für Gedanken und Gefühle.

Wenn du bereit bist, ein anderes Leben zu erschaffen, ein Leben, das erfüllt ist von Liebe, Vertrauen, Gesundheit, Erfolg und Freude, musst du dein Selbstbild ändern und dich daran erinnern, wer du in Wirklichkeit bist. Und dich trauen, aus deiner Komfortzone herauszutreten und heller zu leuchten, als du jemals zuvor geleuchtet hast. Alles in diesem Universum basiert auf der Schwingung von Energie, auch dein Selbstbild. Dein Lower Self schwingt auf einer niedrigeren Frequenz als dein Higher Self. Begibst du dich auf die Schwingung von deinem Higher Self, transformierst du deine Gedanken von Mangel- und Überlebensdenken in das Bewusstsein von Liebe, Fülle und Erschaffen.

Die zwei Wölfe in uns: Ego (Lower Self) vs. Higher Self

Eine meiner Lieblingsgeschichten ist eine alte Indianergeschichte von zwei Wölfen, die in jedem von uns wohnen. Die Geschichte handelt von einem alten Cherokee-Indianer, der mit seinem Enkel abends am Lagerfeuer saß.
Sein Enkel war voller Fragen über das Leben, und so wollte er von seinem weisen Großvater wissen: »Wieso sind manche Menschen glücklich und andere so unglücklich?«
Sein Großvater sah ihn nachdenklich an und sagte dann: »In je-

dem von uns leben ein weißer und ein schwarzer Wolf. Der weiße Wolf verkörpert alles, was gut ist. Er steht für Gerechtigkeit, Güte, Mitgefühl, Freude, Friede, Liebe, Hoffnung, Vertrauen, Wahrheit und all das Licht in uns. Der schwarze Wolf hingegen verkörpert alles, was schlecht in uns ist. Er steht für das Negative in uns – wie Wut, Angst, Misstrauen, Hass, Zorn, Neid, Trauer, Gier, Arroganz, Selbstmitleid, Schuld, Groll, Minderwertigkeit und vieles mehr. Zwischen diesen beiden Wölfen findet ein ständiger Kampf statt. Dieser Kampf zwischen den beiden findet auch in dir und in jedem anderen Menschen statt, denn in uns allen wohnen diese beiden Wölfe.«

Der Enkel dachte kurz darüber nach, was sein Großvater ihm gesagt hatte, und fragte ihn dann neugierig: »Und welcher der beiden Wölfe gewinnt?«

Der alte Cherokee lächelte seinen Enkel liebevoll an und antwortete: »Der, den du fütterst. Aber sei dir bewusst: Wenn du nur den weißen Wolf fütterst, wird der schwarze Wolf irgendwann auf dich warten, wenn du einen schwachen Moment hast. Er wird die Aufmerksamkeit einfordern, die er haben möchte. Je weniger Aufmerksamkeit er von dir bekommt, desto stärker wird er den weißen Wolf bekämpfen. Achte darauf, dass du auch ihm Aufmerksamkeit schenkst, damit beide Wölfe glücklich sind und ihr alle gewinnt. Das ist die große Herausforderung für jeden Menschen, das innere Gleichgewicht herzustellen. Wenn du beide Wölfe in Frieden in dir trägst, wirst du alles haben, um ein glückliches Leben zu führen.«

Diese zwei Wölfe wohnen in uns und stehen sich als Ego und Higher Self gegenüber. Während unser Ego aus der Illusion von Mangel und Trennung kommt, ist unser Higher Self unser eigentlicher natürlicher Zustand in Vertrauen, Liebe und Mitgefühl. Zu ihm zurückzukehren ist unsere Lebensaufgabe.

Ego vs. Higher Self

1. Drama vs. Gelassenheit

Das Ego ist konstant auf Drama-TV gepolt, sieht überall Gefahr und zweifelt alles an.	Das Higher Self ist voller Vertrauen und Gelassenheit in deinen Weg. Es weiß, dass Fehler dazugehören und dich wachsen lassen.
Typische Ego-Gedanken »Was, wenn das schiefgeht?« »Das ist mir jetzt zu viel Veränderung.« »Ich könnte blöd dastehen.«	**Typische Higher-Self-Gedanken** »Yeah! Das macht Spaß!« »Lass es uns einfach ausprobieren.« »Ich möchte etwas erleben!«

2. Bewertung vs. Mitgefühl

Das Ego bewertet dich ununterbrochen und vergleicht ständig, wobei du natürlich nie wirklich gut genug bist.	Das Higher Self kann in deinem Schmerz und deinen Verletzungen die Möglichkeit für Heilung erkennen und ist voller Mitgefühl für dich und alle anderen Menschen. Es sieht sowohl das Licht in dir als auch das Licht in allen Menschen.
Typische Ego-Gedanken »Ich bin nicht liebenswert oder gut genug.« »Ich bin zu klein, zu groß, zu dick, zu dünn, zu dumm ...« »Die anderen sind erfolgreicher, schöner, klüger und können alles besser als ich.«	**Typische Higher-Self-Gedanken** »Mein eigener Schmerz erlaubt mir, den Schmerz in allen anderen zu sehen und mitfühlend zu sein.« »Ich bin Licht und unbegrenztes Bewusstsein. Wenn ich leuchte, gebe ich dadurch auch allen anderen dieselbe Möglichkeit.«

3. Angst vs. Liebe

Das Ego wird von der Angst genährt. Es ist in ständigem Misstrauen der Welt, den Menschen und sich selbst gegenüber.

Die Quelle des Higher Self ist die Energie der bedingungslosen Liebe. Das Higher Self ist mit dieser Quelle in tiefem Vertrauen verbunden und erkennt seinen wahren Ursprung.

Typische Ego-Gedanken
»Die Welt ist ein gefährlicher Ort.«
»Vertrauen ist gut, Kontrolle ist besser.«
»In meiner Komfortzone bin ich sicher.«

Typische Higher-Self-Gedanken
»Ich bin geliebt und beschützt.«
»Ich bin voller Vertrauen.«
»Das Leben ist immer für mich.«

4. Trennung vs. Einssein

Dadurch, dass sich unser Ego mit dem Körper, den Gedanken und unseren Gefühlen identifiziert, erfährt es sich als getrennt von allem anderen. Aus der Illusion dieser Trennung kann es sich nie als erfüllt erfahren.

Das Higher Self ist grenzenloses und reines Bewusstsein. Es weiß, dass es Teil des Universums ist und das Universum Teil von ihm ist, ebenso wie alles in diesem Universum miteinander verbunden ist.

Typische Ego-Gedanken
»Ich bin irgendwie anders.«
»Ich fühle mich begrenzt.«
»Auch wenn ich mit anderen Menschen zusammen bin, fühle ich mich einsam.«

Typische Higher-Self-Gedanken
»Ich bin ein Teil von dir, und du bist ein Teil von mir.«
»Jeder negative Gedanke gegen dich ist auch ein negativer Gedanke gegen mich selbst.«
»Ich bin grenzenlos.«

5. Schuld vs. Vergebung

Das Ego sucht immer einen Schuldigen und sieht sich selbst gern als Opfer der Umstände. Es fühlt sich schnell ungerecht behandelt und sieht darin die Rechtfertigung, selbst keine Verantwortung für die eigenen Ergebnisse übernehmen zu müssen.

Typische Ego-Gedanken
»Weil XY dieses oder jenes gemacht hat, kann ich heute nicht glücklich sein.«
»Du bist schuld, dass ...«
»Ich fühle mich so machtlos.«

Das Higher Self versteht, dass alle Ergebnisse im eigenen Leben eine Konsequenz der eigenen Gedanken, Gefühle und Entscheidungen sind und dass Vergebung der Schlüssel ist, um selbst befreit in der Gegenwart zu leben und sich selbst als Schöpfer des eigenen Lebens zu erfahren.

Typische Higher-Self-Gedanken
»Ich vergebe mir. Ich vergebe dir.«
»Ich habe keinen Einfluss darauf, was im Außen passiert, aber darauf, wie ich reagiere.«
»Frieden beginnt bei mir.«

6. Haben vs. Geben

Durch das ständige Mangeldenken des Egos hat es das Bedürfnis, noch mehr haben zu müssen, und definiert das eigene Glück vor allen Dingen über äußeren Erfolg, Anerkennung und materiellen Besitz.

Typische Ego-Gedanken
»Ich brauche noch mehr Erfolg/Geld/Liebe ...«
»Egal, was ich mache, es reicht nie.«
»Ich will alles für mich.«

Das Higher Self ist erfüllt von Liebe und Dankbarkeit. Es erkennt die Fülle, die das Leben und das Universum für alle Menschen bereithalten. Es sieht die eigenen Ressourcen und möchte gern alles teilen und weitergeben.

Typische Higher-Self-Gedanken
»Ich bin erfüllt.«
»Ich bin dankbar.«
»Ich habe genug und möchte gern anderen Menschen oder dem Planeten etwas zurückgeben.«

7. Passivität vs. Erschaffen

Das Ego glaubt nicht, etwas beitragen zu können oder einen maßgeblichen Einfluss auf den Verlauf des eigenen Lebens zu haben. Es reagiert eher auf alles, was von außen kommt, als selbst etwas proaktiv zu gestaltet.

Typische Ego-Gedanken
»Warum passiert das immer mir?«
»Wen interessiert es schon, was ich mache?«
»Ich habe keinen Einfluss darauf, wie mein Leben verläuft.«

Das Higher Self ist hier, um sich selbst zu erfahren und sich selbst zum Ausdruck zu bringen. Es ist voller Schöpferkraft und gestaltet inspiriert das eigene Leben. Es erschafft in Kokreation mit dem Universum ein Leben im höchsten Sinne von allen.

Typische Higher-Self-Gedanken
»Ich liebe mein Leben.«
»Ich bin voller Kreativität und Ideen.«
»Ich erschaffe mein Traumleben und verwirkliche meine Visionen.«

8. Überleben vs. Wachstum

Das Ego betrachtet das Leben als einen Kampf und ist dadurch in einem ständigen Fight-, Flight- oder Freeze-Modus gefangen. Durch den Stress, der von den negativen Gedanken ausgelöst wird, ist das Ego meistens erschöpft und energielos.

Typische Ego-Gedanken
»Das Leben ist anstrengend.«
»Ich fühle mich erschöpft und gestresst.«
»Ich muss mich schützen.«

Das Higher Self erkennt in jeder Erfahrung die Chance für sein spirituelles Wachstum und sieht das Leben als Schule, um zu lernen und zu wachsen. Es weiß, dass es stark genug ist, um jede Herausforderung, die ihm das Leben schenkt, zu meistern.

Typische Higher-Self-Gedanken
»Was kann ich aus dieser Erfahrung lernen?«
»Wer möchte ich in meinem Leben sein?«
»Ich bin geleitet von Liebe.«

9. Kontrolle vs. Glaube

Um sich sicher zu fühlen, muss das Ego alles kontrollieren und kann schwer loslassen. Es misstraut sich selbst, dem Leben und anderen Menschen, weswegen es nur schwer tiefe Beziehungen aufbauen kann und leicht verunsichert ist.	Das Higher Self glaubt an sich selbst und dass es einen höheren Sinn gibt, warum es auf der Welt ist. Es spürt die Verbindung zu etwas Größerem und erkennt in jedem Menschen die Möglichkeit, sich selbst zu erkennen.
Typische Ego-Gedanken »Ich könnte wieder verletzt werden.« »Die Sache hat bestimmt einen Haken.« »Ich kann nicht vertrauen.«	**Typische Higher-Self-Gedanken** »Ich glaube an das Universum/Gott/die Liebe.« »Durch dich kann ich mich selbst erkennen.« »Ich vertraue mir und dem Leben.«

10. Mangel vs. Überfluss

Durch die Überzeugung des Egos, getrennt von der Welt zu sein und auch als Mensch nicht zu reichen oder nicht gut genug zu sein, erfährt es sich sein Leben lang im Mangel. Da es versucht, diesen Mangel vergeblich durch äußere Dinge auszugleichen, verstärkt sich die innere Frustration nur, was wiederum das Gefühl des Mangels am Leben erhält.	Das Higher Self ist mit der unendlichen Fülle und dem Überfluss im Universum verbunden. Es schwingt auf der Frequenz von Fülle und zieht durch die tiefe Dankbarkeit stetig noch mehr Fülle in das eigene Leben. Es erkennt, dass alles Austausch von Energie ist, und achtet darauf, die eigene Schwingung im Einklang mit Liebe und Dankbarkeit zu halten.
Typische Ego-Gedanken »Ich fühle mich unerfüllt.« »Das Leben ist ungerecht.« »Ich werde nie glücklich sein.«	**Typische Higher-Self-Gedanken** »Das Universum ist der pure Ausdruck von Fülle.« »Es ist genug für alle da.«

Den ersten großen Schritt, um dich mit deinem Higher Self zu verbinden, hast du bereits getan, als du zu diesem Buch gegriffen hast und damit unbewusst zum Universum gesagt hast: »Ich bin bereit für Veränderung. Ich bin bereit, glücklich zu werden, auch wenn der Preis dafür ist, niemandem mehr die Schuld für mein bisheriges Unglücklichsein geben zu können. Ich sage ab jetzt sofort wieder komplett und voller Begeisterung Ja zum Leben. Ich bin bereit. Higher Self on, Baby!«

Ich danke dir von Herzen, dass du diesen Schritt gegangen bist, denn die Welt ist gerade in einem Zustand, wo wir mehr Lichtbringer brauchen als jemals zuvor, um sie gemeinsam wieder zu einem Ort des Friedens für alle Menschen zu machen.

Die wichtigste Grundlage, um im Hier und Jetzt in Verbindung mit deinem Higher Self zu sein, hast du bereits gelegt, als du bereit gewesen bist, im ersten Teil des Buches deine Vergangenheit loszulassen, deine Geschichte neu zu schreiben und dir selbst sowie allen anderen in deinem Leben zu vergeben. Vielleicht kannst du sogar schon aus tiefstem Herzen sagen: »Ich bin dankbar für alle Erfahrungen, denn sie haben mich zu dem Menschen gemacht, der ich heute bin. Ich bin bereit, allen Groll loszulassen, wieder Ja zum Leben zu sagen und meinen Blick nach vorn zu richten.« Mit diesen Worten öffnest du dir das Tor zum inneren Frieden in der Gegenwart und heilst damit auch ein Stück die gesamte Welt.

Um die Verbindung zu deinem Higher Self zu vertiefen und es im Alltag zu deinem neuen Selbstbild werden zu lassen, gibt es vier Ebenen, auf denen du im Hier und Jetzt dein Bewusstsein anheben kannst.

In jedem Augenblick kannst du auf diesen Ebenen neu wählen, wer du sein möchtest – auf der Ebene:

1. deiner Gedanken,
2. deiner Gefühle,
3. deiner Entscheidungen oder
4. deiner Handlungen.

MÖGEST DU GLÜCKLICH SEIN

» Die wichtigste Frage, die du stellen kannst, ist: Wer möchte ich sein in dieser Welt?

» Du hast in jedem Moment die Möglichkeit, neu zu wählen, wer du sein möchtest, und dich mit deinem Higher Self zu verbinden.

» Wenn du immer wieder dieselben Gedanken denkst, bekommst du immer wieder dieselben Ergebnisse.

» Es gewinnt der Wolf, den du mehr fütterst.

» Du bist kein Opfer der äußeren Welt. Du bist der Schöpfer deines Lebens.

» Das Leben ist immer für dich.

 Nimm dir Zeit für dich und notiere deine Erkenntnisse in einem Notizheft.

Das Universum ist eine riesige Kopiermaschine unserer Gedanken. Wollen wir, dass sich eine Sache ändert, müssen wir aufhören, die dazugehörigen Gedanken auf den Kopierer zu legen.

– Neale Donald Walsch (Gespräche mit Gott)

Verändere deine Gedanken, und es verändert sich dein Leben

Erinnerst du dich noch an die automatische Spotlight-Funktion (das retikuläre Aktivierungssystem) in deinem Gehirn? Unsere eigene Wahrnehmung ist der Filter für unser Leben. Wahrnehmung bedeutet, dass wir etwas Bestimmtes für »wahr« nehmen. Dass wir etwas glauben, unabhängig davon, ob es wirklich stimmt oder nicht. Unsere Wahrnehmung wird geprägt durch unsere Erfahrungen und durch unsere Schlussfolgerungen aus diesen Erfahrungen, kurz unsere eigene Bewertung.

> *»Du siehst die Welt nicht, wie sie ist,*
> *du siehst die Welt, wie du bist.«*

Wir sehen entsprechend nie das, was ist, sondern immer nur das, was wir durch unseren selbst geprägten Filter wahrnehmen und bewerten. Je stärker diese Erfahrungen emotional aufgeladen gewesen sind, desto mehr beeinflussen sie unsere Wahrnehmung. Insbesondere in unseren ersten Lebensjahren lernen wir durch unser Umfeld bestimmte »Wahrheiten«. Wir lernen zum Beispiel, was Liebe bedeutet, je nachdem, wie wir Liebe erleben und welche Erfahrung wir mit Liebe machen. Wenn sich deine Erfahrung als Kind so darstellte, dass du immer nur dann Liebe erfahren hast, wenn du sehr gute Leistungen erbracht hast, wirst du für dich wahrscheinlich schlussfolgern, dass Leistung mit Liebe gleichzusetzen ist und du für Liebe gute Leistungen erbringen musst. Liebe ist plötzlich etwas, das sich außerhalb von uns zeigt und für das wir etwas tun müssen. Ab dem Moment, wo eine Schlussfolgerung zur eigenen Wahrheit wird, stellen wir sie nicht mehr infrage. Sie ist zu einer inneren Überzeugung geworden und zu einem inneren Antreiber – das wichtigste menschliche Bedürfnis ist nun einmal Liebe und Zuwendung. Wenn Liebe nun plötzlich nicht mehr bedingungslos ist, fühlen wir uns getrennt von der Quelle der unendlichen Liebe und versuchen für den Rest unseres Lebens, das Gefühl von Mangel an Liebe über Leistung vergeblich aufzufüllen. Dabei stellen wir fest, dass unsere Bemühungen wie ein Fass ohne Boden sind. Egal, wie viel wir leisten, das Gefühl von erfüllter Liebe stellt sich einfach nicht ein. Solange wir nicht die eigene Bewertung von der Quelle der Liebe in uns verändern und erkennen, dass die Liebe nie weg war – und wir sie deswegen auch nicht suchen müssen oder etwas für sie tun müssen –, wird das Gefühl des Mangels nie aufhören. Es ist die eigene Bewertung unserer Erfahrung, mit der wir uns selbst Schmerz zugefügt und uns von der unendlichen Energie der Liebe getrennt haben. Die Liebe ist immer da, wir haben sie nur nicht mehr wahrgenommen.

Wir entwickeln aber nicht nur Überzeugungen in Bezug auf die Liebe. Je älter wir werden und je mehr Erfahrungen wir machen, desto mehr innere Überzeugungen entwickeln wir. Entweder, indem wir sie von außen übernehmen, oder, weil wir sie selbst über unsere Gedanken erschaffen. Es gibt nichts, worüber du keine Bewertung hast, die deine inneren Überzeugungen prägt. Du bewertest Frauen, Männer, Kinder, Arbeiten, Sex, Glauben, Gesundheit, Erfolg, Spiritualität, die Welt und so weiter. So lernen wir zum Beispiel als Kinder von unserer Umgebung und unserem sozialen Umfeld, welche Bedeutung, welchen Wert Geld hat. Abhängig von den Überzeugungen unseres Umfelds lernen wir, ob es leicht oder schwierig ist, Geld zu verdienen und zu behalten – oder ob Geld etwas Gutes oder etwas

Schlechtes ist. Wenn die Eltern und die eigene Umgebung eine sehr positive Einstellung zu Geld haben und du beobachtest, dass immer genug da ist und Geld ein Austausch von Energie ist, wirst du mit großer Wahrscheinlichkeit auch wenig Probleme damit haben, später Geld zu verdienen. Ist Geld allerdings ständig ein Stressthema in deiner Kindheit gewesen oder sogar der Grund für Trennung oder Scheidung, kann es sein, dass du eine negative Bewertung zum Thema »Geld« entwickelst. Obwohl du vielleicht gern viel Geld verdienen möchtest, ist es dennoch so, dass du, egal, was du tust, nie genug hast oder es immer wieder direkt verschwindet. Warum? Weil dein Unterbewusstsein davon überzeugt ist, dass Geld »stressig ist« und zur Trennung führen kann. Aus diesem Grund werden deine inneren Überzeugungen immer gegen deinen Wunsch wirken, viel Geld zu besitzen. Da dein Unterbewusstsein 95 Prozent und dein Bewusstsein lediglich fünf Prozent deiner Handlungen bestimmen, hat dein Wunsch keine Chance, solange du dir nicht deiner unterbewusst wirkenden Überzeugungen bewusst wirst und sie veränderst.

»Auf die Dauer der Zeit nimmt die Seele die Farbe der Gedanken an.« – Mark Aurel

Stelle dir folgendes Bild vor: Du sitzt in einem kleinen Segelboot auf dem Meer und möchtest damit gern zu einer Schatzinsel voller Gold segeln. Du weißt theoretisch auch, wie du dort hinkommst, allerdings segelt das Boot einfach nicht in die richtige Richtung. Immer wieder setzt du das Segel und versuchst, in Richtung der Insel zu segeln, aber du kommst dort einfach nicht an. Plötzlich stellst du fest, dass an deinem Segelboot ein Seil befestigt ist, das tief ins Wasser reicht. Du bist neugierig, wohin das Seil führt, und tauchst an dem Seil hinunter. Viele Hundert Meter unter dem Wasser siehst du, dass das Seil an einem riesigen U-Boot befestigt ist. Völlig entrüstet kletterst du in das U-Boot, stellst dich vor den Kapitän und fragst ihn: »Warum ziehst du mein Segelboot die ganze Zeit in die falsche Richtung? Ich versuche seit Jahren, zu der Schatzinsel zu fahren, und frage mich die ganze Zeit, warum ich nicht ankomme!« Der Kapitän schaut dich völlig verdutzt an und sagt: »Das verstehe ich jetzt nicht. Ich folge hier doch nur den Koordinaten, die du mir selbst gegeben hast. Du hast gesagt: ›Egal, was ich da oben auf meinem Segelboot will, folge immer diesen Koordinaten!‹«

Dein Unterbewusstsein ist das U-Boot, das dafür sorgt, dass du mit deinem Segelboot, deinem Bewusstsein, nur in die Richtung segelst, die mit den eingegebenen Koordinaten übereinstimmt. Die Koordinaten hat dein Kapitän übernommen, weil du ihm unbewusst entweder über einen langen Zeitraum deines Lebens dieselben Gedanken gesendet hast oder weil du ein so einschneidendes und emotional aufgeladenes Erlebnis hattest, dass deine bisherigen Koordinaten sofort überschrieben wurden. Angenommen, du hast als Kind erlebt, wie sich deine Eltern ständig wegen Geld gestritten und letztlich sogar getrennt haben ... Weil die Erfahrung der Trennung für dich so schmerzhaft war, hat dein Kapitän mit sehr hoher Intensität die Koordinaten bekommen: »Geld ist schlecht. Geld führt zu Konflikten. Geld zerstört mein Zuhause.« Weil das nun die neuen »Geld«-Koordinaten für dein U-Boot sind, gibt es nur zwei Richtungen, in die dein Segelboot fahren wird:

1. Du wirst die Schatzinsel nie erreichen. Das bedeutet: Du wirst nie viel Geld besitzen.

2. Du wirst die Schatzinsel erreichen, aber den Schatz schnell wieder verlieren. Das bedeutet: Du wirst vielleicht kurz viel Geld besitzen, aber um dich vor erneutem Schmerz zu schützen, wird dein Unterbewusstsein dafür sorgen, dass du es schnell wieder loswirst.

Deine Seele zieht das an, was sie am meisten liebt, oder das, wovor sie am meisten Angst hat. Was von beidem angezogen wird, entscheidet die Intensität der Emotion, mit der der Gedanke verbunden ist.

Damit dein Kapitän dazu bereit ist, neue Koordinaten einzugeben, musst du ihm Gedanken senden, die eine höhere Energie und emotionale Intensität haben als das alte Mangeldenken. Durch die aktive Beeinflussung deines Unterbewusstseins (Autosuggestion) kannst du so deine alten Überzeugungen durch neue, kraftvolle Überzeugungen ersetzen.

Wie wir mit uns selbst sprechen, bestimmt die Qualität unseres Lebens. Anhand der Worte, die du zu dir selbst sagst, kannst du ablesen, wie du über dich selbst denkst. Je nachdem, was wir uns immer wieder sagen, wird recht behalten: dass wir etwas nicht können oder dass wir etwas können. Da jeder Gedanke wie eine direkte Suggestion an unser Unterbewusstsein funktioniert, haben unsere Worte einen hypnotischen Effekt auf uns selbst, und wir laufen irgendwann wie hypnotisiert durch unser selbst erschaffenes limitierendes Selbst durch die Welt. Der befreiendste Schritt, den wir machen können, ist, die negative Selbsthypnose zu durchbrechen und einen neuen kraftvollen und liebevollen Selbstdialog zu entwickeln.

Wie du dich von deinem Mangeldenken befreien kannst

Dich aus dem alten Mangeldenken des Egos zu befreien und mit deinem Higher Self zu verbinden bedeutet, dass du Schritt für Schritt zu deiner wahren Essenz zurückkehrst. Es ist der Ruf deiner Seele, der dich daran erinnert zu erkennen, wer du in Wirklichkeit bist – und der dir dabei hilft, dich wieder mit dem universellen Bewusstsein zu verbinden, das alles erschaffen hat. Deine Seele ist Teil dieses grenzenlosen Bewusstseins, die in diesem Leben einen menschlichen Körper gewählt hat, um sich dadurch selbst erfahren und zum Ausdruck bringen zu können. Durch die Bindung der Seele an den Körper glaubt dein Ego, nun getrennt von dem universellen Bewusstsein zu sein, weil es sich plötzlich über die körperlichen Sinne als getrennt wahrnimmt. Die Illusion dieser Trennung zu erkennen und aufzulösen ist das spirituelle Erwachen, das die Befreiung aus dem Mangeldenken ermöglicht.

Auch wenn wir natürlich alle unsere eigene individuelle Geschichte haben, läuft der spirituelle Befreiungsprozess immer in diesen vier Stufen ab:

Stufe 1: Lower Self – Bewusstsein von Trennung
Stufe 2: Bewusstwerdung der Illusion
Stufe 3: Bewusstwerdung der Wahrheit
Stufe 4: Higher Self – Bewusstsein von Einssein

Die vier Stufen des spirituellen Erwachens leiten dich zu deinem Higher-Self-Bewusstsein. Jede Stufe hat ihre Berechtigung und ist wichtig für die menschliche Erfahrung, die die Seele zu machen gewählt hat.

Stufe 1: Lower Self – Bewusstsein von Trennung

> *»Das sorgenvolle Denken neigt dazu, von dem einzig wirklichen Ziel abzuschweifen – nämlich den Atman zu realisieren, sich mit der Göttlichkeit, dem wahren inneren Selbst, zu vereinigen.«* – Die Bhagavad Gita

Die erste Stufe ist die Stufe des Ego- und Mangelbewusstseins. Auf dieser Stufe sind wir uns nicht darüber im Klaren, dass wir in Wirklichkeit Teil eines universellen Bewusstseins sind, und identifizieren uns vollkommen mit dem Ego, dem Körper, den Gedanken und den eigenen Gefühlen. Wir sind im Ego-Bewusstsein blind für unsere wahre Größe und stellen die über unsere Sinne wahrgenommene Realität nicht infrage. Durch das Nicht-Wissen(-Wollen) unserer eigentlichen göttlichen Essenz erfahren wir uns als getrennt von der Welt und empfinden ein starkes Mangelbewusstsein. Wir fühlen uns dem Leben ausgeliefert, sehen uns als Opfer der äußeren Umstände und bewegen uns auf der Bewusstseinsskala zwischen Angst, Wut, Scham, Apathie, Kummer und Schuld hin und her. Im Ego-Bewusstsein sehen wir uns selbst als begrenzt und suchen im Außen danach, die innere Leere durch ständigen Konsum, übermäßiges Essen, viel Arbeit oder Drogen zu füllen. Durch die niedrige Schwingung der eigenen Gedanken und Gefühle ziehen wir auf derselben Frequenz Ereignisse in unser Leben, die das Gefühl der Trennung und der inneren Leere weiter verstärken. Der eigene Fokus ist im Ego-Bewusstsein auf all das gerichtet, was nicht da ist, und nicht auf das, was bereits da ist. Da wir uns auf dieser Stufe unserer schöpferischen

Kraft nicht bewusst sind, erschaffen wir unsere Realität zum größten Teil unbewusst und passiv. Durch das negative Denken nutzen wir unsere Vorstellungskraft unbewusst, um ein Leben zu erschaffen, das wir eigentlich gar nicht möchten.

Um von der ersten Stufe den Schritt auf die zweite Stufe zu wagen, brauchen wir die innere Bereitschaft, die eigenen Überzeugungen zu hinterfragen und uns selbst nicht länger als Opfer der äußeren Umstände zu sehen. Da das Ego-Bewusstsein nur existieren kann, solange es die Trennung aufrechterhält, versucht es, uns mit allen Mitteln davon abzuhalten, die Illusion der Trennung zu durchschauen. Deswegen entsteht die Bereitschaft, die eigene Realität zu hinterfragen, leider meist erst dann, wenn wir, bedingt durch das Ego-Bewusstsein, einen Schmerz erfahren haben, der größer ist als die Angst davor, unsere Komfortzone zu verlassen.

Stufe 2: Bewusstwerdung der Illusion

> »Du kannst entweder recht haben oder glücklich sein,
> beides geht nicht.« – Marshall B. Rosenberg

Auf der zweiten Stufe werden wir uns der Illusion der Trennung erstmals bewusst. Wir erkennen, wie viel Schmerz es uns zugefügt hat, im Ego-Bewusstsein zu sein, und beginnen, uns für eine neue Selbstwahrnehmung zu öffnen in der Hoffnung, dort das Gefühl von Mangel aufzulösen. Durch diese Öffnung entsteht die Möglichkeit, die eigenen Gedanken und Gefühle aus einer neuen Perspektive heraus zu betrachten und distanziert zu beobachten. Wir fragen uns: »Wenn ich nicht mein Ego, meine Gedanken, meine Gefühle und mein Körper bin, wer bin ich dann?«

Durch das Beobachten der eigenen Gedanken und Gefühle

stellen wir plötzlich fest, dass wir einen Kommentator zwischen unseren Ohren haben, der ununterbrochen gnadenlos bewertet, was in uns und um uns herum passiert. Falls du jetzt gerade denkst, so einen Kommentator hab ich nicht: Genau der, der das in deinem Kopf gerade sagt, den meine ich. Den Sender, für den der Kommentator im Ego-Bewusstsein arbeitet, nenne ich liebevoll »Bullshit FM 98,8« – dein Sender für schlechte Gefühle und negative Gedanken. Auf Bullshit FM 98,8 geht es nur darum, was alles noch nicht gut genug ist, was alles schiefgehen kann – und dass die Welt ein ungerechter und gemeiner Ort ist. Während wir im Ego-Bewusstsein nicht hinterfragt haben, was der Kommentator erzählt, beginnen wir auf der zweiten Stufe, uns über den inneren Monolog auf Bullshit FM 98,8 bewusst zu werden.

Wenn wir uns mit unserem Higher Self verbinden wollen, müssen wir alles loslassen, was uns bisher davon abgehalten hat, wieder in tiefem Urvertrauen und in Liebe uns selbst und die Welt wahrzunehmen. Wir trennen uns von der Illusion, die die negativen Gedanken, die Ängste, die Bewertungen von uns selbst und allen anderen hervorgerufen hat. Dieser Prozess der Ent-Täuschung – also nicht mehr getäuscht zu sein – gleicht dem Schälen einer Zwiebel, wo wir uns Schicht für Schicht von den falschen Überzeugungen, von Ängsten, Scham und Abwertung frei machen. Die zweite Stufe erfordert unseren größten Mut und enorme Willensstärke, um eine Schicht nach der nächsten abzuschälen, auch wenn dabei Tränen fließen und sich unser Ego mit allen Mitteln dagegen wehren wird, dass seine mühevoll aufrechterhaltene Illusion der Trennung und der Angst plötzlich durchschaut wird. Vielleicht erinnerst du dich noch an meine Erfahrung bei Vipassana, als ich plötzlich die schlimmsten Angstvorstellungen hatte, als ich anfing, hinter meine jahrelang aufrechterhaltenen

Bullshit-Geschichten zu blicken und zu erkennen, woher mein Schmerz eigentlich kam. Das war das Ego, das mit aller Kraft versucht hat, mich davon abzuhalten, diesen alten Schmerz endlich loszuwerden.

Der effektivste Weg, um sich nach und nach von seinem Ego zu trennen und sich der unbewusst ablaufenden Prozesse bewusst zu werden, ist Meditation. Meditation hat mein Leben komplett verändert und mir dabei geholfen, mich nicht länger mit dem Kommentator auf Bullshit FM 98,8 zu identifizieren und ihm alles zu glauben, was er den ganzen Tag erzählt. Sondern ihn ohne Bewertung zu beobachten und dadurch zu lernen, dass ich den Sender durchaus umstellen und meine Aufmerksamkeit bewusst lenken kann. Durch das achtsame Beobachten meiner eigenen Gedanken wurde ich mir darüber bewusst, wie abwertend mein innerer Kommentator häufig mir selbst und auch allen anderen gegenüber war. Ich konnte erkennen, dass meine gesamten Gedanken von der Angst davor, verletzt oder verlassen zu werden, so stark gefärbt waren, dass ich die Illusion der Trennung aufrechterhalten wollte, nur um eine Rechtfertigung zu haben, keine engen Beziehungen mehr eingehen zu müssen. Denn auch wenn es vielleicht im ersten Moment kaum erklärlich ist, warum wir im Ego-Bewusstsein bleiben, können wir doch beim zweiten Hinsehen meistens sehr klar erkennen, dass es uns bis dahin einen vermeintlichen Vorteil verschafft hat und uns gedient hat, um Schmerz zu vermeiden. Ein solcher Vorteil kann sein, dass wir keine Eigenverantwortung übernehmen müssen, dass wir keine tiefen Beziehungen eingehen müssen oder dass wir meinen, dadurch freier zu sein. Sich selbst einzugestehen, was der Vorteil ist, hilft uns dabei, die Illusion der Trennung aufzulösen und unser Herz wieder zu öffnen. In diesem Moment erfahren wir das größte spirituelle Wachstum, wenn wir unser

Herz geöffnet lassen und weiterhin lieben, auch wenn es uns schwerfällt, wir am liebsten weglaufen würden und Angst haben. Wenn es uns gelingt, weiterhin zu lieben, wenn es uns am schwersten fällt, kommen wir in Kontakt mit der wahren Größe unserer Seele. In diesem Wachstum erfahren wir bedingungslose Liebe, die wir teilen können. Und wir fühlen, dass wir in Wahrheit mehr sind als unser Ego, unser Körper, unsere Gedanken und unsere Gefühle.

Auf der zweiten Stufe des spirituellen Erwachens können wir durch Meditation die Aufmerksamkeit nach innen richten und unsere auf Angst basierenden Gedanken erkennen. Wir nehmen bewusst wahr, dass wir auf der Frequenz von Bullshit FM 98,8 unterwegs sind, und sind dadurch in der Lage, endlich die Frequenz auf einen anderen Radiosender umzuschalten. Im Unterschied zur Stufe des Ego-Bewusstseins, auf der das Ego versucht, die Trennung aufrechtzuerhalten, gehen wir durch die Meditation nach innen und erkennen die Illusion der Trennung.

Higher-Self-Übung:
Meditieren lernen in sieben Schritten

1. Fange mit einer kurzen Sequenz an

Aus meiner Erfahrung bringt es am meisten, mit kurzen Zeiteinheiten anzufangen, das heißt, zwei bis drei Minuten am Tag morgens oder abends zu meditieren. Die gefühlten ersten 30 Male, in denen ich meditieren wollte, waren relativ frustrierend. Ich habe es vielleicht fünf Sekunden geschafft, nicht sofort dem erstbesten Gedanken hinterherzudenken und mit meiner Aufmerksamkeit beim Abendessen oder irgendwo anders zu sein. Sich anfangs nur drei Minuten zu fokussieren lässt dich eher dranbleiben, weil du schneller ein Erfolgserlebnis hast. Nach einer Woche kannst du dann einfach zwei Minuten hinzufügen. Stelle dir am besten einen Wecker.

2. Fokussiere dich auf deinen Atem

Meditieren hilft dir dabei, Abstand zu deinen Gedanken zu gewinnen. Um das zu tun, ist es der erste Schritt zu lernen, deine Aufmerksamkeit bewusst zu steuern. Setze dich für die Meditation an einem ruhigen Ort bequem hin, und schließe deine Augen. Bringe deine gesamte Aufmerksamkeit auf deine Nasenspitze, und konzentriere dich in den ersten Wochen einfach nur auf deinen Atem und wie die Luft bei jedem Ein- und Ausatmen deine Nase berührt. Wenn du dir bewusst wirst, dass deine Aufmerksamkeit gerade beim Abendessen, einer E-Mail oder dem nächsten Urlaubsziel ist, nimm das wahr, und bringe deine Aufmerksamkeit bewusst zurück zu deinem Atem.

Mir hat es am Anfang sehr geholfen, ein Mantra während der Meditation zu benutzen. Das Wort Mantra stammt aus dem Sanskrit und setzt sich aus den beiden Silben man (Geist) und tra (befreien) zusammen. Ein Mantra ist eine spirituelle Schwingung, die uns dabei hilft, den Geist von seinen Gedanken zu lösen.

Um dich von den negativen und limitierenden Gedanken zu befreien, kannst du beispielsweise das Mantra »Lass los« nutzen. Wiederhole für dich bei jedem Einatmen in Gedanken »Lass« und beim Ausatmen »los«.

3. Mache es dir zur Routine

Unsere Tage sind meistens voll mit Terminen und E-Mails, die beantwortet werden wollen. Da kann es gut passieren, dass du das Meditieren einfach auf den nächsten Tag verschiebst.

Damit genau das nicht passiert, sollte Meditieren am besten das Allererste sein, was du direkt nach dem Aufstehen machst. Lasse deine Meditationspraxis am Morgen zu deiner Priorität werden. Meditation ist wie das Zähneputzen deiner Gedanken.

Ich meditiere morgens direkt nach dem Aufwachen im Bett. Noch bevor ich die Augen aufmache, setze ich mich bequem hin und beginne zu meditieren. Das ist mittlerweile ein fester Bestandteil meiner Morgenroutine.

4. Du kannst nichts falsch machen

Weil Meditieren so wirkungsvoll ist, denken viele Menschen, dass es auch wahnsinnig kompliziert ist und man eine Menge falsch machen kann. Hier kann ich dich beruhigen. In der Einfachheit liegt die Kraft. Die Kunst des Meditierens liegt tatsächlich darin, dich einzig und allein auf den gleichmäßigen Rhythmus des Atems zu konzentrieren und deine Aufmerksamkeit jedes Mal wieder zurück zu deinem Atem zu bringen, sobald du wahrnimmst, dass du gerade gedanklich woanders warst. Du kannst also nichts falsch machen. Es ist völlig normal, dass es dir am Anfang schwerfällt und du schon nach ein paar Sekunden dem ersten Gedanken gefolgt bist. Wenn du das merkst, dann bringe den Fokus einfach wieder zurück in den gegenwärtigen Moment, und fokussiere dich auf deinen Atem. Anfangs kann Meditieren dir merkwürdig und fremd vorkommen. Sei einfach neugierig, wen du in dir kennenlernst, wenn du ganz bei dir bist.

5. Entwickle ein Bewusstsein für dich

Wenn du ein Gefühl für das Meditieren gewonnen hast, kannst du zu Beginn jeder Meditation einen kurzen Check-in machen. Nimm deinen Körper ganz bewusst wahr. Wie fühlst du dich?

Bist du gestresst? Oder genervt? Wie fühlt sich dein Körper an? Wo bist du angespannt? Nimm dich und deinen Körper ganz bewusst wahr, ohne den Zustand zu bewerten.

6. Sei liebevoll dir gegenüber

Deine Gedanken werden wandern, und du wirst mit ihnen wandern. Das ist ganz normal. Gehe liebevoll mit dir um, wenn du merkst, dass du den Fokus zu deinem Atem verloren hast, und kehre einfach wieder zurück, ohne zu bewerten.

7. Werde der Beobachter deiner Gedanken

Ein Ziel des Meditierens ist es, zu realisieren, dass du nicht deine Gedanken »bist«, sondern vielmehr die Energie, durch die die Gedanken fließen können. Du bist das endlose Bewusstsein, das die Gedanken beobachten und sich damit auch von ihnen distanzieren kann. Eine einfache Übung, während du meditierst, ist folgende: Stelle dir vor, dass jeder Gedanke eine Wolke ist, die am Himmel vorbeizieht. Du bist der endlose Himmel, an dem die Wolken vorbeiwandern, und du kannst ganz entspannt die unterschiedlichen Formen der Wolken beobachten.

»Es ist nicht das, was um dich herum passiert, was deine Gesundheit, deine Finanzen, deine Beziehungen oder deinen Erfolg bestimmt. Sondern ausschließlich das, was in dir passiert. Higher Self on, Baby!«

Stufe 3: Bewusstwerdung der Wahrheit

Das größte Geschenk, das wir durch die Meditation erhalten, ist die Erkenntnis, dass wir in Wirklichkeit weder Bullshit FM 98,8 noch irgendeine andere Frequenz sind. Auf der dritten Stufe werden wir uns unserer wahren Essenz und der

Göttlichkeit in uns bewusst. Wir öffnen uns der Verbindung zu der universellen Energie und spüren, dass wir in Wahrheit die Energie sind, die das Radio zum Laufen bringt, auf dem Bullshit FM 98,8 läuft. Wenn du dir deine Gedanken wie Glühbirnen vorstellst, bist du nicht die Glühbirne, du bist die Elektrizität, die die Glühbirnen zum Leuchten bringt. Dein reines Bewusstsein ist nicht die Frequenz, sie ist die Quelle der Schwingung. Durch das neue Bewusstsein über unsere wahre Essenz, das Licht in uns und die universelle Energie verändert sich unser Selbstbild – von der Illusion, nicht genug zu sein, hin zu der göttlichen Präsenz, die in uns allen wohnt. Die Dualität wird in dem Moment aufgelöst, wenn wir uns unserer wahren Schöpferkraft bewusst werden und spüren, dass wir alle miteinander verbunden sind. Während auf der ersten Stufe der innere Selbstdialog abwertend und teilweise vielleicht sogar selbstzerstörerisch war, verwandelt sich die Sprache auf der dritten Stufe in eine liebevolle und empowernde Selbstannahme. Wir öffnen den Raum für die Heilung alter Wunden, die dazu geführt haben, dass wir der Illusion der Trennung gefolgt sind. Und wir lassen durch die Heilung Raum für eine neue Energie und das Gefühl der Verbundenheit und Nähe entstehen. Wir verlassen den Drama-Modus des Egos und beginnen, eine neue Realität zu erschaffen. Als würden wir einen Garten neu bepflanzen, rupfen wir alles Unkraut heraus und säen ganz bewusst die Blumensamen in die Erde, die im nächsten Frühling Früchte tragen sollen.

Higher-Self-Übung:
Verändere dein inneres Mantra

Auf der Stufe der Bewusstwerdung lernen wir, in einer neuen Sprache mit uns zu sprechen. Wir ent-lernen die Sprache des Egos und der inneren Selbstsabotage und lernen, die Sprache des Higher Self zu sprechen. Sie ist voller Freude, Liebe, Weisheit und Selbstannahme.

Die Übung hilft dir dabei, die neue liebevolle Sprache in dein Leben zu integrieren und deinem inneren Kommentator beizubringen, respektvoll mit dir umzugehen. Du kannst mit der Übung dein bisheriges inneres Mantra von Selbstzweifel hin zu Selbstliebe verändern. Für die Übung stellst du dich vor einen Spiegel, blickst dir in die Augen und sprichst die folgenden vier Sätze:

1. »(Dein Name), ich bin stolz auf dich, dass ...«
   → Finde drei unterschiedliche Dinge pro Tag, auf die du stolz bist.
2. »(Dein Name), ich vergebe dir, dass ...«
   → Vergib dir jeden Tag eine Sache, wo du Schuld empfindest.
3. »(Dein Name), ich verspreche dir, dass ...«
   → Gib dir selbst ein kraftvolles Versprechen, das dich dabei unterstützt, mit deinem Higher Self verbunden zu bleiben.
4. »Ich liebe dich.«
   → Sieh dich selbst aus Augen voller Liebe und Mitgefühl an.

Ich empfehle dir, die Übung sechs Monate lang täglich zu machen.

Stufe 4: Higher Self – Bewusstsein von Einssein

Auf der vierten Stufe tauchen wir vollkommen in unser wahres grenzenloses Bewusstsein ein und verbinden uns mit der göttlichen Kraft in uns. Wir sind nicht einen Tag länger bereit, gegen uns selbst oder die Welt zu kämpfen, und wollen unser Higher Self komplett zum Ausdruck bringen. Es ist der Zustand der Freude und Dankbarkeit, in dem wir voller Leichtigkeit unser Leben erschaffen wollen und wir keine Frage mehr über unseren Wert haben. Vielmehr leuchten wir auf dieser Stufe so hell, dass wir ein Licht für die Menschen um uns herum werden. Wir erlauben auf dieser Stufe der Seele, sich komplett zu entfalten und sich zum Ausdruck zu bringen, genauso wie wir beginnen, unsere Energie für andere einzusetzen, und einen Unterschied auf dieser Welt machen wollen.

Durch die hohe eigene Energie und die Veränderung der eigenen Gedanken und des eigenen Selbstbilds verändern wir im Laufe der Zeit sogar die Struktur unseres Gehirns und lösen dadurch alte blockierende Gedankenmuster auf neurologischer Ebene auf.

Je häufiger du einen bestimmten Gedanken denkst, desto mehr Neuronen werden mit dieser Information in deinem Gehirn miteinander verknüpft. Diese Neuronenverbindungen feuern sofort ein bestimmtes elektronisches Signal los, sobald ein mit dem Gedanken in Verbindung stehender äußerer Reiz dein Gehirn erreicht. Du kannst dir diese Neuronenverbindungen im Gehirn ein bisschen wie Tausende Autobahnen vorstellen, die alle durcheinanderlaufen. Die Straßen, auf denen die Informationen am schnellsten weitergegeben werden, sind die, die am besten ausgebaut und miteinander verknüpft sind – während die Informationen auf den nicht so gut instand gehaltenen Autobahnen immer im Stau stecken bleiben oder die Autobahn ins Nirgendwo führt. Die guten Neuigkeiten sind, dass dein Gehirn die wunderbare Fähigkeit der Neuroplastizität hat. Das bedeutet, dass wir die Neuronenverbindungen verändern können, indem wir die Art und Weise zu denken verändern.

> *»Wenn ich die Welt als einen Ort der Freiheit sehe,*
> *dann wird mir klar, dass sie Gottes Gesetze spiegelt und*
> *nicht die Regeln, die ich erfunden habe, damit sie ihnen*
> *gehorche. Ich verstehe dann, dass Frieden in ihr wohnt,*
> *nicht Krieg. Und ich nehme dann wahr, dass der Frieden*
> *ebenso in den Herzen aller wohnt, die diesen Ort*
> *mit mir teilen.« – Ein Kurs in Wundern*

In unserem Higher Self erkennen wir unsere Superkraft (dass wir die Welt durch unsere eigene Wahrnehmung erschaffen) und die Fähigkeit, neu wählen zu können, falls wir automatisch in alte Muster und den Drama-Modus zurückfallen. Wir erkennen, dass wir immer die Wahl zwischen Frieden und Drama haben, und sehen, dass jeder Moment die Chance für Heilung beinhaltet.

Higher-Self-Übung:
Die Wunderpause

> *»Zwischen Reiz und Reaktion liegt ein Raum. In diesem*
> *Raum liegt unsere Macht zur Wahl unserer Reaktion.*
> *In unserer Reaktion liegen unsere Entwicklung und*
> *unsere Freiheit.« – Viktor Frankl*

Um den Automatismus des Egos zu durchbrechen und in schwierigen Situationen nicht sofort in Abwertung und Streit hineinzurutschen, habe ich diese wundervolle Higher-Self-Übung entwickelt, die du jederzeit im Alltag anwenden kannst: die Wunderpause.

Stelle dir vor, du bist auf einer Party und siehst, wie sich dein Freund mit seiner Ex-Freundin unterhält. Sie lachen und scheinen sich prima zu verstehen. So schnell, wie das Gefühl von Eifersucht aufkommt, kannst du gar nicht gucken. Du spürst nur, wie das Gefühl von Eifersucht die Kontrolle in dir übernimmt und du nicht mehr klar denken kannst. Woher aber rührt dieses Gefühl? Denn im Grunde passiert gerade eigentlich nichts Schlimmes, außer dass sich zwei Menschen miteinander unterhalten. Das Gefühl kommt von deiner Bewertung, die du dem Moment gibst. Vielleicht ist es ein Gedanke wie: »Oh Gott, was, wenn er sie eigentlich doch noch liebt und gerade feststellt, dass sie viel witziger ist als ich?« oder »Sie haben schon so viel erlebt, was sie miteinander verbindet, und ich kann da nicht mithalten«.

Es ist also nicht die Situation an sich, die dir ein schlechtes Gefühl macht, es ist die eigene Bewertung der Situation, die den Schmerz auslöst. Indem du die Wunderpause anwendest, kannst du die Eifersucht in ein Gefühl von tiefer Verbindung mit deinem Freund und sogar mit seiner Ex-Freundin transformieren. Lasse dich nicht davon entmutigen, wenn die Wunderpause nicht sofort funktioniert. Worum es bei der Wunderpause vor allen Dingen geht, ist, deine Reaktion nicht automatisch von deinen Bewertungen abhängig zu machen. Je häufiger du die Wunderpause anwendest, desto mehr wirst du feststellen, dass es dir leichter gelingt, dich nicht mehr automatisch von Dramagedanken mitreißen zu lassen.

Die Wunderpause funktioniert ganz einfach und kann jede Situation in Liebe transformieren:

1. Nimm bewusst wahr, wie du dich fühlst, ohne die Emotion zu bewerten. Atme tief ein und aus.
2. Frage dich: »Was würde die Liebe jetzt tun?«
3. Erkenne, wie du durch deine Gedanken und Gefühle deine eigene Realität erschaffst. Welche Realität möchtest du erleben?
4. Wie würde sich die Situation verändern, wenn du anstatt Angst Liebe wählen würdest? Wähle neu, und wähle Liebe!

Nutze die Wunderpause, wann immer du merkst, dass du die Verbindung zu deinem Higher Self verloren hast und das Ego die Kontrolle zu übernehmen versucht. Ein Wunder ist die Veränderung der eigenen Energie von Angst hin zu Liebe.

Meditation:
Ich sehe mich selbst mit liebevollen Augen

Finde für die Meditation einen ruhigen Ort, an dem du für die nächsten Minuten ungestört bist. Setze dich bequem hin, und schließe deine Augen. Atme für drei Atemzüge tief in den Bauch, durch die Nase ein und durch den Mund wieder aus. Erlaube deinem Atem, seinen ganz natürlichen Rhythmus wiederzufinden, und bringe deine gesamte Aufmerksamkeit zu deiner Nasenspitze. Beobachte, wie bei jedem Einatmen und jedem Ausatmen ein leichter Luftstrom deine Nasenspitze berührt. Vielleicht kannst du auch wahrnehmen, dass die Luft beim Ausatmen etwas wärmer als beim Einatmen ist.

Nach 10 bis 15 Atemzügen bringe deine Aufmerksamkeit in dein Herz. Atem tief in dein Herz ein und aus, und spüre die Energie deines Herzens. Spüre die Liebe und das Mitgefühl in deinem Herzen, und lasse die Wärme, die von der Liebe ausgeht, in deinen gesamten Körper strömen. Bleibe mit deinem Herzen verbunden, und stelle dir vor, wie du dich nun von außen selbst betrachtest. Sieh dich selbst von außen im Meditationssitz sitzen und meditieren, so, als würdest du nicht mehr selbst in deinem Körper sein.

Stelle dir vor, wie du dich selbst mit den Augen eines Menschen, der dich über alles liebt, ansiehst. Stelle dir vor, wie du dich mit Augen voller Liebe und Mitgefühl siehst, so, als wärst du das größte Wunder, das du jemals gesehen hast. Stelle dir vor, du würdest dich das erste Mal wirklich ansehen, ohne jeglichen Vorwurf oder jede Abwertung. Wen siehst du, wenn du dich mit Augen voller Liebe und Mitgefühl ansiehst? Was kannst du spüren, wenn du dich betrachtest? Stelle dir vor, wie du dir selbst eine liebevolle Umarmung gibst und dich festhältst. Lasse über die Umarmung ein wunderschönes weißgoldenes Licht aus Liebe und Mitgefühl zu deinem Herzen fließen und von deinem Herzen weiter in deinen ganzen Körper, bis jede einzelne Zelle von diesem wunderschönen Licht erleuchtet wird. Stelle dir vor, wie dieses Licht alle Zweifel und alle negativen Emotionen, die in deinem Körper gespeichert sind, heilt und deinen Körper stärkt.

Bleibe für mindestens 20 Atemzüge mit dem Licht verbunden, und lasse das Licht mit jedem Einatmen noch stärker werden, während du dir vorstellst, wie du mit jedem Ausatmen alle Negativität loslässt.

Dann bringe deine Sinne langsam wieder zurück in deinen gesamten Körper, atme tief ein und aus. Wenn du so weit bist, öffne deine Augen.

MÖGEST DU GLÜCKLICH SEIN

» Du bist nicht deine Gedanken und auch nicht deine Gefühle. Du bist das endlose Bewusstsein, in dem deine Gedanken und Gefühle entstehen.

» Dein Ego wird immer versuchen, die Illusion der Trennung aufrechtzuerhalten.

» Die Sprache des Higher Self ist voller Liebe, Mitgefühl, Freude und Selbstannahme.

» Das beste Tool, um sich der eigenen Gedanken bewusst zu werden, ist Meditation.

» Nutze die Wunderpause, um dich mit der Energie deines Higher Self zu verbinden.

○ MANTRA: »ONG NAMO GURU DEV NAMO.«
Dieses wundervolle Mantra bedeutet: »Ich verbinde mich mit der kosmischen Energie und dem erhabenen Weg, der mich vom Dunkel zum Licht führt.« Nutze dieses Mantra, um dich immer wieder mit deiner wahren Essenz zu verbinden und um Licht anstatt Dunkelheit zu wählen.

 Nimm dir Zeit für dich und notiere deine Erkenntnisse in einem Notizheft.

You never walk
alone.
The force that guides
the stars, guides
you too.

– Shrii Shrii Anandamurti

No more drama, Baby!
Wie du deine Gefühle von Angst in Liebe verändern kannst

Vor vielen Jahrhunderten lebte eine Königin, die über ein riesiges Königreich herrschte. Weil sie aber bereits alles besaß, was sie sich wünschen konnte, und trotzdem nicht immer glücklich war, sehnte sie sich nach einem ganz besonderen Geschenk, das in der Lage war, ihr zu jeder Zeit ihr inneres Gleichgewicht zurückgeben zu können.

So rief sie die weiseste alte Frau an ihrem Hof zu sich und sagte: »Ich weiß nicht, warum, aber obwohl ich alles in der Welt besitze, was ich mir wünschen könnte, bin ich dennoch nicht immer zufrieden. Ich wünsche mir ein Geschenk, das die Kraft hat, mir in jedem Moment tiefen inneren Frieden und inneres Gleichgewicht zu schenken.«

Die weise alte Frau dachte für viele Tage über die Aufgabe nach, die ihr die Königin gegeben hatte. Dann ging sie zum Goldschmied und ließ einen ganz schlichten goldenen Ring für die Königin schmieden. Als sie ihn der Königin überreichte, verstand diese erst nicht, wie ihr der Ring dabei helfen sollte, inneren Frieden zu finden.

Da sagte die alte weise Frau zu ihr: »Schau auf die Inschrift des Rings.«

Die Königin beugte ihren Kopf und las die eingravierten Worte vor: »Auch das wird vorübergehen.«

Gefühle sind Energie, die sich durch unseren Körper bewegt. Gefühle entstehen, fließen durch uns hindurch und verändern ihre Form wieder. Kein Gefühl bleibt für immer, es sei denn, wir halten daran fest. Erst wenn wir an ihnen anhaften oder versuchen, sie loszuwerden, weil wir sie als unangenehm empfinden, stoppen wir den natürlichen Fluss der Energie und können ihre Botschaft nicht erhalten. Unsere Gefühle sind unser innerer Kompass, der uns anzeigt, ob wir im Einklang mit unserem Higher Self sind oder ob wir uns gerade auf dem Holzweg befinden. Sie sind wie die Farbe, in der wir unser Leben sehen. Sie sind entweder hell oder dunkel und geben uns Informationen darüber, wie wir uns selbst und unsere Umgebung gerade empfinden. Gleichzeitig bestimmen unsere Gefühle die Energiefrequenz, die wir ins Universum senden und auf der wir wiederum empfangen. Mit unseren Gedanken schicken wir die feinstoffliche Information raus, und mit unseren Emotionen ziehen wir die manifestierte Energie wieder zurück in unser Leben. Du kannst deine Emotionen und die daraus entstehende Energie wie deine Währung im Universum sehen – je höher deine Energie und die Frequenz deiner Emotionen sind, desto mehr bekommst du vom Universum zurück.

In der vierten Woche während meiner Auszeit in Kapstadt bekam ich eine E-Mail von einer Freundin mit dem Betreff: »Laura, das solltest du dir anschauen« und einem Link zu dem Profil von einem Coach, den ich persönlich kannte. Ein Mann, der eins zu eins alle meine Inhalte und Konzepte für seine Arbeit übernommen hatte. Er hatte beinahe alle Texte von meiner Website fast wörtlich kopiert sowie das Konzept für meinen Onlinekurs und die kompletten Inhalte aus meinem Podcast für seinen eigenen verwendet. Während ich über seine Seite scrollte und in den Podcast hineinhörte, konnte ich es erst gar nicht glauben und spürte, wie in mir die Wut hochstieg. Ich fühlte mich betrogen und empfand es als unglaublich verletzend, dass er mit keinem Wort erwähnte, dass die Ideen nicht von ihm stammten und er mit mir nicht darüber gesprochen hatte. Wütend und enttäuscht ging ich zum Strand und schaute aufs Meer. Mir kam in dem Moment der Gedanke, wie wir manchmal am schönsten Ort der Welt sein können, aber unsere Gedanken und Gefühle so negativ sind, dass wir plötzlich nichts mehr von all der Schönheit um uns herum wahrnehmen. Die äußere Welt ist immer eine Reflexion unserer inneren Welt. Ich setzte mich in den Sand und überlegte, was ich am besten tun könnte, um so schnell wie möglich aus diesem negativen Gefühl wieder herauszukommen. Während ich den Wellen zusah, wie sie sich ganz gleichmäßig am Strand brachen, kam mir der Gedanke: Was, wenn mir das Universum gerade etwas sagen möchte? Was, wenn es versucht, mir deutlich zu machen: »Laura, es ist Zeit für dich, weiterzugehen und etwas Neues zu entwickeln. Richte deine Energie darauf, was du erschaffen möchtest, und nicht auf Dinge, die du nicht möchtest.« Ich ließ diesen Gedanken für einen Moment in meinem Herzen ankommen, und es fühlte sich richtig so an. Ich spürte, wie sich mein Körper entspannte, wie sich der Druck in meinem Brustkorb auflöste und ich plötzlich wieder die Schönheit des Moments am Meer ganz bewusst wahrnehmen konnte. Ich atmete tief ein und aus und beschloss, in den nächsten Tagen ganz bewusst meine Energie darauf auszurichten, etwas Neues zu erschaffen, was noch mehr Menschen helfen würde als alles, was ich bis jetzt entwickelt hatte.

Zwei Tage später ging ich zu einem Abendgottesdienst in einer Gospelkirche im Zentrum von Kapstadt. Ich war seit bestimmt zehn Jahren nicht mehr in der Kirche gewesen, und wie du dir vorstellen kannst, ist der Gottesdienst in Südafrika etwas anders als in Deutschland. Alle tanzen, singen, feiern und beten gemeinsam. Der ganze Raum war erfüllt von Liebe, Dankbarkeit, Lebensfreude, und alle unterstützten sich gegenseitig bei den unterschiedlichen Herausforderungen, vor denen sie gerade im Leben standen. Als ich danach im Auto auf dem Weg nach Hause saß, dachte ich darüber nach, wie toll es wäre, wenn es einen solchen Gottesdienst auch in Deutschland geben würde und es dabei einfach darum gehen könnte, das Leben zu feiern, ohne dass es an eine Religion oder einen bestimmten Gott gebunden wäre. Ich stellte mir vor, wie so eine Kirche wohl aussehen würde und was für eine wunderschöne Bewegung daraus entstehen könnte. Ich dachte mir, was wäre, wenn ich das einfach machen würde? Und um so viele Menschen wie möglich damit zu erreichen, könnte ich es einfach online machen! Das war der Moment, in dem der »Spiritual Sunday« entstand, und bereits am nächsten Sonntagmorgen gab ich mein neues Onlineseminar, wo sich schon in der ersten Woche über 3000 Teilnehmer anmeldeten. Seitdem findet der »Spiritual Sunday« jeden Sonntag online statt.

Deine Aufmerksamkeit ist das Wertvollste, was du besitzt

Anstatt uns vom Drama mitreißen zu lassen und uns unserem gekränkten Ego hinzugeben, können wir jede noch so schwierige Situation nutzen, um uns mit unserem Higher Self zu verbinden und etwas Neues entstehen zu lassen. Das Universum hatte mir mit dieser Situation die Tür geöffnet, um etwas über mich zu lernen und Neues zu entwickeln, was noch mehr Menschen helfen würde. Der Spiritual Sunday war die Idee, die die Welt erblicken wollte, und ich bin nur dorthin gekommen, weil ich bereit war, mein Ego zur Seite zu nehmen und eine Chance in dem vermeintlichen Rückschlag zu erkennen. Heute bin ich dem Coach dankbar, denn ohne ihn würde der Spiritual Sunday wahrscheinlich nicht existieren.

Dort, wo wir unsere Aufmerksamkeit hinrichten, dorthin fließt unsere Energie. Da unsere Energie das Wertvollste ist, was wir besitzen, ist es unsere wichtigste Aufgabe, zu lernen, die eigene Aufmerksamkeit bewusst zu lenken. Jedes Mal, wenn wir uns an eine Erfahrung aus der Vergangenheit erinnern, ist unsere Aufmerksamkeit in der Vergangenheit – und damit auch unsere Energie. Wenn du dich zum Beispiel seit Jahren darüber aufregst, dass dein Chef dich damals entlassen hat, schickst du deine wertvollste Ressource in die Vergangenheit zu einem Menschen, der nichts mehr mit deiner Gegenwart zu tun hat. Du bist auf einer niedrigen Schwingung und verlierst die Energie, um eine neue Realität zu manifestieren. Ebenso lenken wir unsere Energie in die Zukunft, wenn wir über ein mögliches zukünftiges Ereignis nachdenken und unsere Aufmerksamkeit genau dort haben. Wenn wir lernen, unsere Aufmerksamkeit in der Gegenwart zu halten, steht uns unsere gesamte Energie zur Verfügung. Je häufiger du dich an ein bestimmtes trauriges oder beschämendes Ereignis aus der Vergangenheit erinnerst, desto mehr Energie bindest du in der Vergangenheit und veränderst deine eigene Schwingung in der Gegenwart. Wenn du dir ständig Sorgen über etwas machst, was in der Zukunft passieren könnte, bindest du deine Energie in der Zukunft, und deine Gefühle verändern sich negativ in der Gegenwart. Du kannst an deinen Gefühlen ebenso wie an deinen Ergebnissen und Erfahrungen ablesen, welche Gedanken dem zuvorgegangen sind und worauf du deine Aufmerksamkeit fokussiert hast. Unsere Gefühle sind abhängig von dem, was wir wahrnehmen und denken. Wir denken, was wir fühlen, und fühlen, was wir denken. Es gibt keinen Moment, in dem unsere Gedanken unseren Körper nicht beeinflussen und umgekehrt. Wir fühlen uns also nicht zufällig so, wie wir uns fühlen, sondern unsere Gefühle sind das Ergebnis unserer Gedanken und davon, wohin wir unsere Aufmerksamkeit richten.

Genauso, wie unser Gehirn von den Gedanken geformt wird, die wir wiederholt denken, ist auch unser Körper von Gefühlen konditioniert, die wir immer wieder fühlen. Wir alle entwickeln so im Laufe unseres Lebens bestimmte Gefühle, die unsere emotionale Komfortzone bilden und in die wir immer wieder zurückfallen. Ich erinnere mich zum Beispiel gut daran, dass ich es eine lange Zeit meines Lebens fast unerträglich fand, wenn jemand etwas in meiner Wohnung umstellte oder nicht wieder dorthin zurücklegte, wo ich es normalerweise liegen hatte. Das konnte so etwas Profanes wie ein Buch oder eine Tasse sein, wo ich innerhalb von Sekunden ein so starkes Gefühl von Kontrollverlust hatte und es geradezu zwanghaft wieder dorthin legen musste, wo es in meinen Augen hingehörte. Während ich das jetzt schreibe, muss ich selbst darüber lachen, aber ich kann mich heute noch an dieses unangenehme Gefühl erinnern, das mich in solchen Momenten wie fremdbestimmt handeln ließ. Heute kann ich sehen, dass mein übertriebener Kontrollwahn in Wirklichkeit nur das Symptom meiner Angst vor Veränderung war. Dieser Kontrollwahn war so tief in meinem Körper gespeichert und löste sich erst auf, als ich die wahre Ursache hinter dem Gefühl auflöste und heilte. Unsere negativen Gefühle sind in Wirklichkeit ein Geschenk unseres Körpers an unsere Seele, das uns mal mehr, mal weniger intensiv daran erinnert, dass wir nicht im Einklang mit unserer wahren Essenz sind und gerade die Chance bekommen, einen alten Schmerz aufzulösen.

In jedem Moment liegt die Chance für Heilung

»Wo eine Blume wieder blühen kann, da wachsen eines
Tages tausend Blumen.« – Phil Bosmans

Jeder Moment, in dem wir uns angegriffen, verletzt, verlassen oder ungesehen fühlen oder in dem wir aus unserem Ego heraus handeln, bietet uns die Chance für Heilung – und um uns mit unserer wahren Essenz zu verbinden. Jedes negative Gefühl, egal ob Eifersucht, Wut, Traurigkeit, Missgunst, Angst oder Scham, ist die Einladung unseres Körpers, genauer hinzusehen, welcher alter Schmerz geheilt werden möchte. Oder auch genauer hinzusehen, ob wir gerade gegen unser Höchstes Selbst handeln. Es sind unsere Wunden und noch ungeheilten Verletzungen, durch die das Licht unser Herz erreichen kann. Wenn wir in unserem Licht leben wollen, müssen wir auch bereit sein, unsere Schatten zu akzeptieren. Erst durch den Schatten können wir uns überhaupt als Licht wahrnehmen, und häufig sind es die dunkelsten Momente unseres Lebens, die in uns auch das größte Licht hervorbringen können. In unserer eigenen Verletzlichkeit liegt eine unglaubliche Schönheit, und sie hilft uns dabei, authentisch mit unseren Bedürfnissen und Erfahrungen umzugehen. In der Heilung der Verletzungen und unserer Bereitschaft, uns mit unserer wahren Essenz zu vereinen, liegt unser spirituelles Wachstum verborgen. Jedes Mal, wenn es dir gelingt, dein Herz zu öffnen, auch wenn es schwer ist, und zu lieben, auch wenn du Angst hast, verstärkst du die Verbindung zu deinem Higher Self und zu der wahren Größe deiner Seele.

Das Symptom zeigt uns den Weg, wenn wir bereit sind, genauer hinzusehen und das Drama rausnehmen. In dem Moment, wenn wir mit der negativen Emotion mitgehen und uns in ihr verlieren, werden wir blind für die Botschaft, die das Gefühl für uns hat. Wir haben durch die Wunderpause immer die Wahl, ob wir Drama oder Harmonie erschaffen wollen. Vielleicht kannst du nicht immer etwas gegen den ersten giftigen Pfeil tun, der auf dich geschossen wird, wenn du von außen emotional angegriffen und verletzt wirst, aber den zweiten giftigen Pfeil schickst du selbst ab, wenn du in das Drama mit einsteigst. Ich hatte vor Jahren beschlossen, dass ich eines Tages ein Buch über all die Dinge schreiben wollte, die mir dabei geholfen hatten, in meine ganze Kraft zu kommen und die Beziehung zu mir selbst zu heilen. Was bis dahin in meinem Kopf nach einer super Idee klang, wurde zu meiner ganz persönlichen emotionalen Achterbahn, als all die Zweifel und Ängste hochkamen und ich tatsächlich anfing, das Buch zu schreiben. Die ersten Wochen, während ich am Layout arbeitete, fühlte ich mich wie gelähmt vor Angst. Mein Bullshit FM 98,8 war auf volle Lautstärke eingestellt, und ich dachte täglich Gedanken wie: »Du hast keine Ahnung, wie man ein Buch schreibt!« – »Du hattest immer eine Fünf in Rechtschreibung in der Schule.« – »Was, wenn es keinem hilft, was du schreibst?« – »Was glaubst du eigentlich, wer du bist, ein Buch schreiben zu wollen?« Mein Moderator auf Bullshit FM 98,8 war sehr kreativ, was das Säen von Selbstzweifeln anging. Ich erinnerte mich, wie ich in der Schule regelmäßig wegen der Rechtschreibung in meinen Deutscharbeiten eine Fünf bekommen hatte und wie mein damaliger Lehrer zu meinen Eltern in der Sprechstunde gesagt hatte: »Das ist eine Betonfünf, und da wird sich auch nichts mehr daran ändern.« Das Buch holte all die Ängste wieder hoch, nicht zu genügen und nicht gut genug zu sein. Ich hatte jetzt zwei Möglichkeiten: Ich konnte der Angst nachgeben und meinem Moderator auf Bullshit FM 98,8 recht geben – oder der

Angst in die Augen schauen und die auf Angst basierenden Gedanken heilen, die meine Zweifel auslösten. Ich entschied mich für Zweiteres und nutzte den Prozess des Schreibens, um mich mit jedem Wort mehr von den Zweifeln zu befreien.

Häufig warten wir in unserem Leben auf den Moment, in dem wir uns bereit fühlen, etwas zu tun, wovon wir schon lange träumen. Vielleicht ist es der Traum, ein eigenes Business zu gründen, ein Buch zu schreiben, die eigene Musik zu veröffentlichen und ein Konzert zu spielen oder den Job zu kündigen und sich selbstständig zu machen. Das Geheimnis ist, dass wir uns nie bereit fühlen werden. Nicht die Angst ist in Wirklichkeit unser Feind, sondern darauf zu warten, keine Angst mehr zu haben. Unser Körper und unser Gehirn sind nicht dafür gemacht, uns aus der Komfortzone herauszubewegen. Sie wollen, dass wir sicher sind und das tun, was wir immer tun. Jedes Mal, wenn wir uns also überlegen, etwas Neues zu tun, was uns aus unserer Komfortzone herauskatapultiert, geht die in jedem Menschen eingebaute Komfortzonen-Automatik an, die dir das Gefühl gibt: Du bist noch nicht so weit. Es gibt kein Gefühl von »Ich bin bereit«, wenn du etwas tun willst, was du noch nie zuvor getan hast. Die guten Gefühle kommen immer erst nachher, und schlechte Gefühle sind meistens ein eindeutiges Zeichen, dass wir nicht in unserem Higher Self sind.

Es ist jetzt genau fünf Monate her, seitdem ich die ersten Zeilen dieses Buches geschrieben habe, und mit jeder Seite, die ich schreibe, fühle ich mich ein kleines bisschen mehr bereit und genieße es sogar zu schreiben. Das hätte ich mir bei den ersten Seiten nicht mal träumen lassen.

Wundertechnik: Emotional Freedom Techniques

»Wir brauchen uns nicht weiter vor Auseinandersetzungen, Konflikten und Problemen mit uns selbst und anderen zu fürchten, denn sogar Sterne knallen manchmal aufeinander, und es entstehen neue Welten. Heute weiß ich, das ist das Leben!« – Charlie Chaplin

Innere Konflikte schleifen uns wie einen Diamanten. Sie dienen uns, um über uns selbst hinauszuwachsen und uns nicht von der Angst und den Zweifeln leiten zu lassen. Das Buch ist nicht nur mein Geschenk an dich, um deine Ängste und Selbstzweifel zu heilen, es war auch ein Geschenk an mich selbst. Ich habe durch das Buch die Chance bekommen, meinen eigenen Ängsten davor, nicht gut genug zu sein oder Ablehnung von außen zu erfahren, ins Auge zu sehen. Ich lernte, dass es keinen Sinn macht, darauf zu warten, bis sich endlich gute Gefühle einstellten, sondern dass ich mir selbst stattdessen gute Gefühle machen konnte, indem ich einfach zu schreiben anfing und mich in die Energie meines Higher Self versetzte. Es ist für mich jedes Mal wieder unglaublich zu sehen, wie viel unserer Energie wir an negative Gefühle binden und was Stress sowie negative Gedanken für einen enormen Effekt auf unsere Entscheidungen, unser Verhalten und unsere Gesundheit haben. Mein Leben hat sich komplett verändert, nachdem ich gelernt hatte, negative Gefühle schon vor dem Entstehen aufzulösen und meine Emotionen auf eine höhere Energie zu verändern. Wenn wir die Energie freisetzen, die wir normalerweise in Stress und Angst in unseren Zellen gebunden haben, steht uns plötzlich ein ganz neuer Körper voller Power und Selbstvertrauen zur Verfügung. Unsere Aufmerksamkeit und unser Fokus drehen sich nicht mehr darum, ob wir gut genug sind, so wie wir sind, oder um alle möglichen Drama-Szenarien in unserer Vorstellung. Wir haben plötzlich ganz neue Kapazitäten zur Verfügung, um uns Gedanken darüber zu machen, was wir gern beitragen wollen und wie wir anderen Menschen dienen können. Wir verändern unseren Fokus von uns zu anderen.

Stelle dir einmal für einen kurzen Moment vor, wie viel mehr Energie dir zur Verfügung stehen würde, wenn du dir nicht ständig Sorgen machen oder dich von äußeren Umständen stressen lassen würdest.

Jede Situation in unserem Leben bietet uns die Möglichkeit, unsere Ängste zu heilen und unsere Emotionen in Liebe und Mitgefühl zu transformieren. Eine Technik, die ich seit Jahren anwende, um mich und meine Coachingklienten von akuten negativen Gefühlen und dem inneren Drama zu befreien, sind die Emotional Freedom Techniques (EFT). Ich erinnere mich an den Anruf einer ehemaligen Arbeitskollegin, mit der ich mehrere Jahre als Musikmanagerin zusammengearbeitet hatte:

»Laura, wir haben einen Notfall! Einer unserer Musiker spielt heute Abend ein großes Konzert für die Veröffentlichung seines neuen Albums, und er hat panische Angst davor, auf die Bühne zu gehen, weil sein letzter Auftritt schon so viele Jahre her ist. Kannst du kurzfristig zur Konzerthalle kommen? Wir brauchen deine Wundertechnik, wie hieß die noch mal?«

»Du meinst EFT?«

»Ja, genau das!«

Eine Stunde später saß ich mit dem Musiker zusammen, und wir klopften seine Angst, die er von der Intensität auf einer 9 einordnete, innerhalb von einer Stunde auf eine 2 herunter. Er gab an dem Abend das Konzert seines Lebens und war so entspannt, als hätte er die letzten Jahre nichts anderes getan, als Konzerte zu spielen.

Das ist nur eins von vielen Beispielen, wo EFT innerhalb von kürzester Zeit Panikattacken aufgelöst und Menschen dabei geholfen hat, Traumata zu durchbrechen. Andere konnten durch EFT über ihren Liebeskummer hinwegkommen. Das Beste an der Technik ist, dass du eigentlich niemanden brauchst, der dir dabei hilft, wenn du einmal gelernt hast, wie EFT funktioniert. Du kannst bei der Technik auch nichts falsch machen und lernst darüber hinaus noch besser, deinen Körper und deine Gefühle zu verstehen.

EFT wurde von dem Amerikaner Gary Craig entwickelt und ist eine unglaublich effektive Methode, die durch die Verbindung von Akupressur und Neurologie energetische Blockaden innerhalb von kürzester Zeit auflösen kann. Die Methode basiert auf der Annahme, dass der Grund für negative Gefühle in einer Blockade des Energieflusses des Körpers liegt. EFT hilft dabei, die Energieblockade aufzulösen, die ein bestimmter Gedanke oder Reiz von außen initiiert hat. EFT wirkt Wunder, um limitierende Glaubenssätze aufzulösen, negative Emotionen zu transformieren und einschränkende Verhaltensweisen zu verändern. Wissenschaftliche Studien belegen die Wirkungskraft von EFT mit einer Verminderung um mehr als 50 Prozent von Angst, Stress und Depression nach nur einer Stunde. Die Technik basiert auf der Annahme der Traditionellen Chinesischen Medizin, dass in unserem Körper unterschiedliche Energiebahnen (Meridiane) verlaufen, auf denen unsere Energie fließt und die durch beispielsweise traumatische Erlebnisse blockiert werden. Diese Blockaden werden durch das Klopfen bestimmter Punkte auf den Meridianen in Kombination mit bestimmten Sätzen gelöst.

Higher-Self-Übung:
Mit EFT energetische Blockaden auflösen

EFT kannst du wunderbar nutzen, um negative Gefühle, Ängste und Zweifel aufzulösen. Ich habe im Laufe der Zeit, seit ich mit EFT arbeite, drei Phasen herausgearbeitet:

Phase 1: Schenke dem Gefühl deine Aufmerksamkeit
Definiere dein Thema, das du mithilfe von EFT bearbeiten möchtest, und ordne dessen Intensität auf einer Skala von 1 bis 10 (10 ist am stärksten) ein.

Beginne mit dem Klopfen, wobei du dich auf die Beschreibung des negativen Gefühls konzentrierst (ca. drei bis fünf Runden). Es kann gut sein, dass sich hier Emotionen lösen und dir Tränen kommen oder dein Körper auf die Lösung der energetischen Blockaden reagiert.

Phase 2: Es ist okay, dass dieses Gefühl da ist
Nachdem du dein Gefühl, das du klopfst, auf der Skala neu eingeordnet hast und du eine erste Entspannung wahrnehmen konntest, klopfe dieselben Punkte weiter, aber verändere die Sätze von einer Beschreibung hin zu der Akzeptanz des Gefühls.

Phase 3: Vertrauen und Liebe verstärken
Wenn du spürst, dass sich die Blockaden öffnen und sich die Intensität des Gefühls auf deiner Skala von 8 beispielsweise auf 3 verringert hat, kannst du mit positiven und bestärkenden Sätzen beginnen und die Energie dadurch in eine neue positive Richtung lenken.

Um mit EFT zu beginnen, finde einen ruhigen Ort, an dem du für die nächsten 30 Minuten ungestört bist, und ordne die Intensität deines Problems oder Gefühls auf einer Skala von 0 bis 10 (0 = Problem ist aufgelöst/10 = Gefühl ist sehr intensiv) ein. Beschreibe mit eigenen Worten, wie sich die Angst oder dein negatives Gefühl anfühlt, und lokalisiere es in deinem Körper (z. B. »Ich kann die Angst davor, ein Buch zu schreiben, in meinem Bauch spüren, der sich ganz flau anfühlt, und ich habe das Gefühl, als würden Steine auf meiner Brust liegen. Ich bekomme kaum Luft. Auf einer Skala von 0 bis 10 würde ich die Angst auf einer 7 einstufen.«)

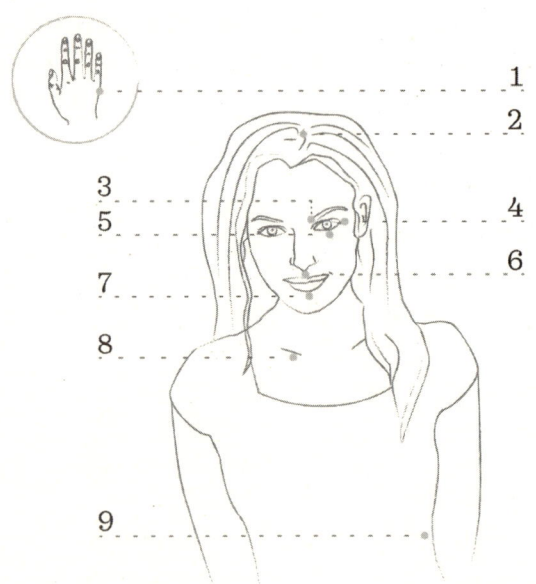

PHASE 1

Die erste Runde EFT-Klopfen beginnst du bei deinem Meridian-Punkt (Grafik Punkt 1) an der Handaußenkante, dabei spielt es keine Rolle, ob du deine rechte oder linke Hand benutzt. Klopfe jeden Punkt ungefähr so lange, wie es dauert, die Sätze zu sprechen. Nachdem du mit einem Punkt fertig bist, gehe direkt zum nächsten Punkt über.

Wiederhole, während du den Punkt mit drei Fingern leicht klopfst, den folgenden Satz:
»Auch wenn ich Angst vor _____ (setze hier deine Angst oder dein negatives Gefühl ein) habe, liebe und akzeptiere ich mich so, wie ich bin.«
(Z. B.: »Auch wenn ich Angst davor habe, mein Buch zu schreiben, liebe und akzeptiere ich mich so, wie ich bin.«)

Gehe nun weiter zu deiner Kopfkrone (Grafik Punkt 2):
»Auch wenn ich _____ (beschreibe deine Angst oder dein negatives Gefühl) habe, liebe und akzeptiere ich mich so, wie ich bin.«
(Z. B.: »Auch wenn ich einen ganz flauen Magen vor Angst habe, liebe und akzeptiere ich mich so, wie ich bin.«)

Über den Augenbrauen (Grafik Punkt 3) geht es weiter:
»Auch wenn ich _____ (beschreibe deine Angst oder dein negatives Gefühl) habe, liebe und akzeptiere ich mich so, wie ich bin.«
(Z. B.: »Auch wenn ich Angst davor habe, was andere darüber denken werden, liebe und akzeptiere ich mich so, wie ich bin.«)

Augenaußenseite/Schläfe (Grafik Punkt 4):

»Auch wenn ich _____ (beschreibe deine Angst oder dein negatives Gefühl) habe, liebe und akzeptiere ich mich so, wie ich bin.«

(Z. B.: »Auch wenn ich das Gefühl habe, kaum Luft zu bekommen und Steine auf meiner Brust zu liegen scheinen, liebe und akzeptiere ich mich so, wie ich bin.«)

Unter den Augen (Grafik Punkt 5):

»Auch wenn ich _____ (beschreibe deine Angst oder dein negatives Gefühl) habe, liebe und akzeptiere ich mich, so wie ich bin.«

(Z. B.: »Auch wenn ich große Selbstzweifel habe, ob ich überhaupt gut genug bin, um das Buch zu schreiben, liebe und akzeptiere ich mich so, wie ich bin.«)

Unter der Nase (Grafik Punkt 6):

»Auch wenn ich _____ (beschreibe deine Angst oder dein negatives Gefühl) habe, liebe und akzeptiere ich mich so, wie ich bin.«

(Z. B.: »Auch wenn ich Angst davor habe, einen Fehler zu machen, liebe und akzeptiere ich mich so, wie ich bin.«)

Unter dem Mund/Kinn (Grafik Punkt 7):

»Auch wenn ich _____ (beschreibe deine Angst oder dein negatives Gefühl) habe, liebe und akzeptiere ich mich so, wie ich bin.«

(Z. B.: »Auch wenn ich noch keine Ahnung habe, wie man überhaupt ein Buch schreibt und ob ich das überhaupt kann, liebe und akzeptiere ich mich so, wie ich bin.«)

Unter dem Schlüsselbein (Grafik Punkt 8):

»Auch wenn ich _____ (beschreibe deine Angst oder dein negatives Gefühl) habe, liebe und akzeptiere ich mich so, wie ich bin.«

(Z. B.: »Auch wenn ich gerade glaube, nicht gut genug zu sein, um ein Buch zu schreiben, liebe und akzeptiere ich mich so, wie ich bin.«)

Außenseite Rippen (Grafik Punkt 9):

»Auch wenn ich _____ (beschreibe deine Angst oder dein negatives Gefühl) habe, liebe und akzeptiere ich mich, so wie ich bin.«

(Z. B.: »Auch wenn ich Angst davor habe, den äußeren Maßstäben nicht zu genügen, liebe und akzeptiere ich mich so, wie ich bin.«)

Wenn du die erste Runde beendet hast, atme tief ein und aus. Fühle für einen Moment in dich hinein. Ordne deine Angst oder das negative Gefühl auf einer Skala von 0 bis 10 erneut ein. Wiederhole die erste Runde, bis du eine Entspannung der Emotionen wahrnehmen kannst.

PHASE 2

Die zweite Phase beginnt wieder mit dem Klopfen deiner Handaußenkante. Du veränderst deinen Satz in die liebevolle Annahme des Gefühls, so zum Beispiel: *»Eigentlich ist es okay, dass die Angst da ist. Sie will mich nur beschützen.«*
Kopfkrone: *»Ich kann die Angst aushalten und in meinem Körper wahrnehmen.«*

Über den Augenbrauen: »*Meine Angst will eigentlich nur auf mich aufpassen und mich beschützen.*«

Augenaußenseite/Schläfe: »*Vielleicht möchte meine Angst mir etwas zeigen?*«

Unter den Augen: »*Ich öffne mich dafür, die Liebe hinter meiner Angst zu erkennen.*«

Unter der Nase: »*Mein Körper hilft mir dabei, meine Ängste zu erkennen und aufzulösen.*«

Unter dem Mund/Kinn: »*Ich danke meinem Körper, dass er mir hilft, meine Ängste aufzulösen.*«

Unter dem Schlüsselbein: »*Es ist okay, dass ich die Angst spüre. Ich kann auch mit der Angst gemeinsam meine Träume leben.*«

Außenseite Rippen: »*Ich bin bereit loszulassen.*«

PHASE 3

Die dritte Phase löst die negative Emotion auf und transformiert sie in Liebe und Vertrauen. Hier benutzen wir nur positive, stärkende Affirmationen.

Du beginnst wieder mit dem Klopfen deiner Handaußenkante: »*Ich vertraue mir und liebe mich so, wie ich bin.*«

Kopfkrone: »*Ich bin beschützt und geliebt.*«

Über den Augenbrauen: »*Die Welt ist ein sicherer Ort für mich.*«

Augenaußenseite/Schläfe: »*Ich vertraue mir und meinen Fähigkeiten.*«

Unter den Augen: »*Ich bin dankbar für meinen Mut und meine innere Stärke.*«

Unter der Nase: »*Ich darf voller Leichtigkeit und Liebe durch mein Leben gehen.*«

Unter dem Mund/Kinn: »*Ich muss nichts beweisen. Ich bin gut so, wie ich bin.*«

Unter dem Schlüsselbein: *»Liebe leitet mich sicher.«*
Außenseite Rippen: *»Ich liebe und akzeptiere mich so, wie ich bin.«*

Ich habe gute Erfahrung damit gemacht, sich eine Liste aufzuschreiben mit allen negativen Glaubenssätzen oder Ängsten, die man auflösen möchte. Nutze EFT, um nach und nach die unterschiedlichen negativen Glaubenssätze und Ängste »wegzuklopfen«, die Energieblockaden aufzulösen und dein Nervensystem zu beruhigen.

Wie du die Energie in deinen Energiezentren wieder fließen lassen kannst

Dank Ayurveda, der traditionellen indischen Heilmedizin, wissen wir, dass es sieben unterschiedliche Haupt-Energiezentren, die Chakren, in unserem Körper gibt. Die Chakren sind, wie eine Säule, symmetrisch vom Ende unseres Rückgrats aufwärts in unserem Körper angeordnet und sind für die Aufnahme und Weitergabe unserer Lebensenergie verantwortlich. Jedes Chakra steht für einen bestimmten Bereich des Lebens und hat eine Farbe sowie ein Vibrationsmantra.

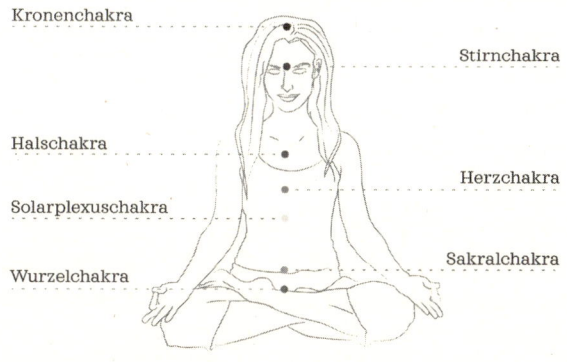

Kronenchakra

Stirnchakra

Halschakra

Herzchakra

Solarplexuschakra

Sakralchakra

Wurzelchakra

Das erste Chakra ist das sogenannte Wurzelchakra (Sanskrit: muladhara), das für unsere energetische Verbindung mit der Erde steht und die Themen Urvertrauen, Stabilität und Lebenswillen umfasst. Es bildet die Basis für alle anderen Chakras. Es liegt auf der Höhe unseres Steißbeins, wird mit der Farbe Rot verbunden, und seine Vibration ist »Laam«. Das zweite Chakra ist das Sakralchakra (Sanskrit: Svadhisthana), das für unsere Kreativität, Sinnlichkeit und Sexualität steht. Es ist das Zentrum der weiblichen Energie und für die Neuschöpfung von großer Bedeutung. Es liegt zwei Fingerbreit unterhalb des Bauchnabels. Ihm werden die Farbe Orange und die Vibration »Vaam« zugeordnet. In unserem Sakralcharka liegt unsere Schöpferkraft verborgen, noch nicht Manifestiertes zu manifestieren. Das dritte Chakra ist das Solarplexuschakra (Sanskrit: Manipura), das im Zentrum unseres Körpers auf der Höhe des Solarplexus liegt und für unsere Power steht, ins Handeln zu kommen und Ziele umzusetzen, sowie für Willenskraft und Selbstvertrauen. Es ist ein besonders energiereiches Chakra und strahlt wie eine Sonne in unseren ganzen Körper. Die Farbe des Solarplexuschakras ist Gelb, und die Vibration ist »Raam«. Das vierte Chakra ist das Herzchakra (Sanskrit: Anahata), das in der Mitte unserer Brust sitzt und für unsere Fähigkeit steht, Mitgefühl, Menschlichkeit und Liebe empfinden zu können. Es ist das Zentrum des gesamten Chakra-Systems, und die Energie, die vom Herzchakra ausgeht, beruht auf einer selbstlosen Grundlage. Die Farbe des Herzchakras ist Grün, und seine Vibration ist »Yaam«. Das fünfte Chakra ist das Halschakra (Sanskrit: Vishuddha), das für unsere individuelle Ausdruckskraft und eigene Wahrheit steht sowie für unsere Fähigkeit, unsere Gefühle und Gedanken zu kommunizieren. Es sitzt in unserem Hals und verbindet das Herzchakra mit dem Stirnchakra, wodurch es die Verbindung zwischen Denken und Fühlen schafft. Das Halschakra hat die Farbe Blau, und seine Vibration ist »Haam«. Dieses Chakra zu öffnen ist wichtig, um sich zu erlauben, sich mit dem Higher Self zu verbinden und die eigene Wahrheit zu sprechen. Das sechste Chakra ist das Stirnchakra (Sanskrit: Ajna) oder das Chakra des »Dritten Auges«. Es sitzt in der Mitte der Stirn und ist die Quelle zu unserer Selbsterkenntnis, Intuition und inneren Weisheit. Es hat die Farbe Purpur oder Lila und trägt die Vibration »Shaam«. Das siebte Chakra ist das Kronenchakra (Sanskrit: Sahasrara), das über unserem Scheitelpunkt am Kopf sitzt und unser Zugang zum Universum und der alles verbindenden kosmischen Energie ist. Die Farbe des Kronenchakras ist weißgoldenes Licht, und seine Vibration ist »Om«.

Chakra-Meditationen helfen uns dabei, die Chakras zu öffnen und die Energie in ihnen wieder frei fließen zu lassen. In der Meditation richten wir unsere Aufmerksamkeit nacheinander auf die unterschiedlichen Chakras und visualisieren ihre Farben. Ich verbinde mit den Chakras zusätzlich jeweils eine positive Affirmation, die die Öffnung des Chakras unterstützt.

Meditation: *Chakra-Meditation,*
um blockierte Energie zu lösen

Finde für die Meditation einen bequemen Sitz, schließe deine Augen, und atme tief ein und aus. Bleibe für die nächsten Atemzüge mit deinem Atem verbunden, und richte deine Aufmerksamkeit auf deine Nasenspitze. Beobachte, wie ein leichter Luftstrom bei jedem Einatmen und Ausatmen deine Nasenspitze berührt.

Dann bringe deinen Fokus zu deinem Wurzelchakra, und stelle dir vor, wie bei jedem Einatmen ein wunderschönes, heilendes rotes Licht im Bereich deines Steißbeins entsteht und sich wie eine Lichtblume ausbreitet. Lasse das Licht mit jedem Atemzug noch stärker und intensiver werden. Wiederhole für dich in Gedanken die Affirmation: »Ich vertraue.« Stelle dir vor, wie die Worte in deinem Wurzelchakra ankommen, so, als würdest du einen Stein in einen See werfen und sich Wellen ganz gleichmäßig von der Stelle ausbreiten, wo der Stein das Wasser berührt hat. Bleibe für zehn Atemzüge mit deinem Wurzelchakra verbunden, während du das rote Licht immer stärker werden lässt und die Affirmationen wiederholst.

Dann lasse deine Aufmerksamkeit zu deinem Sakralchakra, drei Fingerbreit unter deinem Bauchnabel, wandern, und stelle dir vor, wie sich hier ein wunderschönes und kraftvolles orangenes Licht ausbreitet, das mit jedem Atemzug noch heller und leuchtender wird. Verbinde mit deinem Sakralchakra die Affirmation: »Ich bin vollständig.« Stelle dir auch hier wieder vor, wie die Worte sich, Wellen gleich, in dem Bereich deines Sakralchakras ausbreiten, und bleibe für die nächsten zehn Atemzüge mit der orangen Farbe und deiner Affirmation verbunden. Wandere mit deiner Aufmerksamkeit weiter zu deinem Solarplexuschakra, und stelle dir vor, wie sich um deinen Solarplexus herum eine Lichtblume aus wunderschönem sonnengelbem Licht ausbreitet, die deine Körpermitte erstrahlen lässt. Verbinde die Affirmation »Ich bin kraftvoll« mit deinem Solarplexuschakra, und erlaube der Energie der Worte, sich mit dem sonnengelben Licht zu verbinden. Nach zehn Atemzügen in Verbindung mit deiner Aufmerksamkeit bei dem Solarplexuschakra lässt du jetzt deine Aufmerksamkeit zu deinem Herzchakra wandern. Verbinde dich mit der Energie und der Liebe in deinem Herzen. Stelle dir vor, wie sich ein kraftvolles smaragdgrünes Licht in deiner ganzen Brust ausbreitet und von deinem Herzen in deinen Körper strahlt. Verbinde für die nächsten zehn Atemzüge die Affirmation »Ich bin erfüllt von Liebe und Mitgefühl« mit dem smaragdgrünen Licht, und spüre die heilende Verbindung zu deinem Herzchakra, während du das smaragdgrüne Licht immer stärker werden lässt.

Von dort richtest du deine Aufmerksamkeit zu deinem Halschakra, das dich mit der Fähigkeit, dich selbst auszudrücken, verbindet. Stelle dir vor, wie ein klares blaues Licht um deinen Kehlkopf herum entsteht und in deinen gesamten Hals- und Rachenraum strahlt. Lasse auch dieses Licht mit jedem Atemzug noch heller und stärker erstrahlen. Wiederhole für die nächsten zehn Atemzüge die Affirmation: »Ich bringe mich vollkommen zum Ausdruck.«

Bringe nach den zehn Atemzügen deine Aufmerksamkeit zu deinem »Dritten Auge« zwischen deinen Augenbrauen, und verbinde dich mit deinem Stirnchakra. Lasse hinter deiner Stirn ein wunderschönes lilafarbenes Licht erstrahlen, das dich mit deiner inneren Weisheit und deiner Intuition verbindet. Wiederhole, während sich das lilafarbene Licht in deinem Kopf ausbreitet, die Affirmation: »Ich erkenne mein wahres Selbst.«

Bringe nach zehn Atemzügen in Verbindung mit deinem Stirnchakra deine Aufmerksamkeit zu deiner Kopfkrone und deinem Kronenchakra. Stelle dir vor, wie ein wunderschönes weißgoldenes Licht über deiner Kopfkrone entsteht und dich mit dem Kosmos verbindet. Verbinde die Affirmation »Ich bin verbunden« für die nächsten zehn Atemzüge mit dem weißgoldenen Licht, das in deinem Kronenchakra erstrahlt.

Bringe deine Fokus wieder zurück zu deinem Atem und deiner Nasenspitze, nimm noch drei tiefe Atemzüge, verbinde dich mit der Energie in deinem Körper – und wenn du so weit bist, öffne deine Augen.

Die Antwort ist bereits in uns.
Wir müssen nur lernen, sie zu hören.

»Intuition ist die Quelle wissenschaftlicher Erkenntnis.«
– Aristoteles

Kurz vor Ende meines Masterstudiums erhielt ich ein sehr lukratives Jobangebot von einem CEO, der gerade in einer kleinen Stadt im Süden von Deutschland eine Firma neu aufbaute und jemanden suchte, der ihn dabei unterstützen könnte. Ich war gerade aus den USA zurück nach Berlin gekommen, und mein Plan war eigentlich, mein Masterstudium zu Ende zu machen, um dann, so schnell wie möglich, als Coach mein eigenes Unternehmen aufzubauen. Wie so häufig werden wir auf unserem Weg vom Universum getestet, ob wir wirklich schon so weit sind und es ernst meinen mit unserem Traum. Ich kann mich noch wie gestern daran erinnern, dass mir meine Intuition ganz klar davon abriet, den Job anzunehmen, und ich meinem Weg weiter folgen sollte, aber meinem Ego gefiel der Gedanke sehr gut, noch während meines Studiums plötzlich viel Geld zu verdienen, einen Dienstwagen zu haben und eine Führungsposition zu bekleiden. Also sagte ich den Job zu, obwohl ich in dem Moment, als ich den Vertrag unterschrieben hatte, schon wusste, dass es eine der dümmsten Entscheidungen war, die ich wohl jemals getroffen hatte. Ein Jahr später saß ich heulend mit einem Nervenzusammenbruch in meinem schicken Loft, das ich damals gemietet hatte. Ich fühlte mich so leer wie noch nie zuvor in meinem Leben. Der Job hatte mich komplett ausgelaugt, und ich hatte jeden Morgen panische Angst davor, in die Firma zu fahren, weil ich mich dort wie ein Goldfisch in einem Haifischbecken fühlte und mir jeder weitere Tag im Büro Energie aussaugte.

Jede Zelle meines Körpers signalisierte mir, dass ich mich komplett verrannt hatte und diesen Job niemals hätte annehmen dürfen. Ich hatte mich verleiten lassen und entgegen meiner Intuition gehandelt, die ganz deutlich zu mir gesprochen hatte. Manchmal brauchen wir leider einen kompletten Zusammenbruch, um danach wieder klar sehen zu können, wer wir in Wirklichkeit sind und wer wir nicht sind. Ich fuhr am nächsten Tag in die Firma, reichte meine Kündigung ein, packte meine Sachen und zog zurück in meine kleine süße Einzimmerwohnung in Kreuzberg. Auch wenn ich mir wünschte, ich hätte diese Erfahrung nicht machen müssen und wäre vorher klüger gewesen, hat mir dieses Jahr »im Exil«, wie ich es seitdem liebevoll nenne, doch die Augen geöffnet und mich daran erinnert, wer ich bin und wie wichtig es ist, auf seine Intuition zu hören.

Unsere Gefühle sind unser eingebautes GPS-System, und unsere Intuition ist die Sprache, in der wir unsere Gefühle lesen können. Wenn wir unsere Gefühle richtig deuten und lesen können, dienen sie uns auf unserem Weg der Entfaltung unserer Seele. Über unsere Intuition erhalten wir die Antwort, die in unserem höchsten Sinne ist. Sie ist die Verbindung zu unserem Herzen, die uns dabei hilft, unsere wahre Bestimmung zu leben und den eigenen authentischen Weg zu finden. Als ich nach Berlin zurückkehrte, wusste ich plötzlich sehr genau, was mein Weg war, weil ich gesehen hatte, welcher es definitiv nicht war. Die Erfahrung, den komplett falschen Weg gegangen zu sein, hat mir geholfen, den richtigen Weg für mich zu erkennen und den Mut zu haben, ihn zu gehen – da der andere Weg keine Alternative mehr war.
Wir haben alle Antworten bereits in uns, und unsere Intuition hilft uns, über die Ängste und Wünsche des Egos hinwegzusehen und die Stimme unseres Herzens immer klarer zu hören.

Wie du mit der HEART-Methode
den Zugang zu deiner Intuition findest

Nachdem ich den ziemlich hohen Preis dafür gezahlt hatte, dass ich nicht auf die eindeutigen Worte meiner Intuition gehört hatte, wollte ich denselben Fehler natürlich nicht wieder machen. So entwickelte ich im Laufe der Zeit einen immer besseren Zugang zu meiner Intuition und lernte, meine Gefühle zu lesen. Wenn ich heute eine schwierige Entscheidung treffen muss oder eine Antwort brauche, nutze ich meine über die Jahre entwickelte HEART-Formel, um mich mit meiner Intuition zu verbinden.

»H« wie Herzensfrage

Der erste Schritt der HEART-Formel ist es, deinen Verstand dafür zu nutzen, um deinem Herzen eine gute Frage zu stellen. Je klarer die Frage, desto besser. Ich hätte damals zum Beispiel die Herzensfrage stellen können: »Ist es in meinem höchsten Sinne, das Jobangebot anzunehmen?« Je nachdem, was es bei dir gerade zu entscheiden gilt, formuliere die Frage klar an dein Herz. Ich habe hier auch sehr gute Erfahrungen damit gemacht, die Frage abends kurz vor dem Einschlafen auf einen Zettel zu schreiben und das Universum zu bitten, mir die richtige Antwort zu zeigen. Morgens habe ich direkt nach dem Aufwachen den Zettel genommen und die erste Antwort, die kam, aufgeschrieben, ohne sie erst mal zu bewerten. Häufig bin ich mit einer ziemlich klaren Antwort aufgewacht.

»E« wie Energie

Intuitive Einsichten können uns in den unterschiedlichsten Formen erreichen. Am häufigsten sprechen sie über unseren Körper zu uns. Wenn die Entscheidung in unserem höchsten

Interesse ist, wird sie unsere Energie erhöhen und sich gut anfühlen. Wenn sie hingegen nicht in unserem höchsten Interesse ist, wird sie uns eher Energie entziehen, und der Körper spannt sich an. Achte in dem Moment, wenn du deine Frage stellst, darauf, ob und wie sich deine Energie verändert. Der kinesiologische Muskeltest kann hier auch wunderbar angewendet werden, um zu testen, ob dein Körper positiv oder negativ auf die Entscheidung reagiert.

»A« wie Atmen

Unsere Intuition wird geschwächt, wenn wir Angst haben oder in unseren Drama-Modus abdriften. Wenn das passiert, geht automatisch unsere Fight-Flight-Freeze-Response an, in der wir unsere Intuition nicht hören können, weil wir zu sehr damit beschäftigt sind, unser Überleben zu sichern. Deswegen ist es wichtig, dein Nervensystem zu beruhigen und tief ein- und auszuatmen. Eine wundervolle Atemübung, die ich sehr gern nutze, ist die Wechselatmung, die dabei hilft, emotionale Balance zu halten. Verschließe hierfür mit deinem Daumen das rechte Nasenloch, und atme tief durch das linke Atemloch ein. Verschließe jetzt mit deinem Ringfinger das linke Atemloch und atme aus dem rechten Nasenloch tief aus und wieder tief ein. Verschließe das rechte Nasenloch wieder mit deinem Daumen, und atme aus dem linken Atemloch tief aus und wieder ein. Wechsle wieder zum rechten Nasenloch. Wiederhole diese Atemübung für mindestens fünf Minuten.

»R« wie Ruhe

Unsere Intuition spricht am lautesten zu uns, wenn wir ruhig sind. Die besten Antworten und Einsichten bekomme ich in meinen Meditationen, wenn mein Verstand ganz ruhig wird und mein Herz sich öffnet. Wie heißt es so schön: »Wenn wir beten, sprechen wir zu Gott. Wenn wir meditieren, hören wir Gott zu.« Ich habe hier auch tolle Erfahrungen damit gemacht, die Frage abends kurz vor dem Einschlafen aufzuschreiben und morgens direkt die ersten Gedanken dazu wieder aufzuschreiben. Häufig bin ich mit einer ziemlich klaren Antwort aufgewacht. Visualisiere in deinen Meditationen, wie du die Antwort bereits erhalten hast, und spüre die Dankbarkeit für die Verbindung zu der Quelle deiner Intuition. Dankbarkeit ist unser ultimativer Zustand des Empfangens. Wenn du schon jetzt die Dankbarkeit in dir fühlen kannst, dass du die Antwort erhältst, wird dir die Antwort bereits gegeben sein.

»T« wie sich trauen
Wenn unsere Intuition zu uns spricht, tut sie dies immer aus Liebe zu uns und in der Absicht, uns dabei zu unterstützen, unseren wahren authentischen Weg zu gehen. Das ist in den wenigsten Fällen der leichtere Weg, weswegen es eine Menge Mut braucht, der Antwort des Herzens zu folgen. Unsere Intuition ist das, was auf der gegenüberliegenden Seite von Sicherheit liegt, sie fordert uns immer wieder auf, über uns selbst hinauszuwachsen und den Weg zu gehen, der für uns bestimmt ist. Da unsere Seele hier ist, um sich selbst zu erfahren und in ihrem höchsten Sinne zum Ausdruck zu bringen, ist sie nicht daran interessiert, in der Komfortzone zu bleiben. Wenn du die Stimme deiner Intuition gehört und die Antwort bekommen hast, traue dich, ihr zu folgen, auch wenn es vielleicht schwierig aussieht. Aber der leichte Weg wird häufig irgendwann schwer, und der schwere Weg wird eines Tages leicht.

MÖGEST DU GLÜCKLICH SEIN

» Du kannst jederzeit aus dem Drama aussteigen und inneren Frieden wählen.

» Krisen beinhalten immer die Chance, etwas Neues entstehen zu lassen.

» Jeder Moment enthält die Möglichkeit für Heilung. Gefühle bleiben nicht länger als drei Minuten, es sei denn, wir halten daran fest.

» Unterschiedliche Methoden, wie EFT oder Chakra-Meditationen, helfen dir, emotionale Blockaden innerhalb von kürzester Zeit in deinem Körper zu lösen.

» Unser Körper will uns immer in der Komfortzone halten und versucht, uns mit Angst zu manipulieren, um die Komfortzone nicht zu verlassen. Warte nicht, bis du dich »bereit fühlst«, deinen Träumen zu folgen, denn die guten Gefühle kommen meistens erst, nachdem wir den ersten Schritt getan haben.

○ MANTRA: »ONG NAMO GURU DEV NAMO.«
Dieses wundervolle Mantra bedeutet: »Ich verbinde mich mit der kosmischen Energie und dem erhabenen Weg, der mich vom Dunkel zum Licht führt.«
Nutze dieses Mantra, um dich immer wieder mit deiner wahren Essenz zu verbinden – und um Licht statt Dunkelheit zu wählen.

 Nimm dir Zeit für dich und notiere deine Erkenntnisse in einem Notizheft.

Glück ist eine Entscheidung,
nicht eine Erfahrung.
Ihr könnt euch dazu entscheiden,
ohne das, was ihr zu brauchen
meintet, glücklich zu sein, und
ihr werdet es sein.
Das ist eines der wichtigsten
Dinge, zu deren Verständnis ihr
gelangen könnt.

– Neale Donald Walsch (Gespräche mit Gott)

Die wichtigste Entscheidung, die du heute treffen kannst

Ich saß gerade im Auto, auf dem Weg zu meinem Freund, und zappte durch die Radiosender, um eine spannende Reportage oder einen guten Song zu finden, der meine Fahrzeit durch die Berliner Rushhour ein bisschen interessanter gestalten würde. Als eine Moderatorin gerade über Hawaii sprach, und da Hawaii ganz oben auf meiner Bucket List stand, hörte ich neugierig zu. In der Sendung ging es um den Hawaiianer namens Eddie Aikau, dessen berührende und unglaublich inspirierende Geschichte mich so fesselte, dass ich noch bestimmt 20 Minuten vor dem Haus meines Freundes im Auto sitzen blieb, um das Ende der Geschichte zu hören.

Eddie Aikau ist eine Legende auf Hawaii. Er war ein »Waterman«, er verbrachte also sein ganzes Leben auf dem Wasser. Er war der mutigste Rettungsschwimmer auf der Insel, und keine noch so große Welle ließ ihn zurückschrecken. Eddie war außerdem ein legendärer Big Wave Surfer, der sich unter den gefährlichsten Bedingungen ins Wasser traute und beinahe jeden Surf-Cup auf Hawaii gewann. 1978 wurde er Teil der Schiffscrew, die mit dem historischen Kanu »Hokule'a« von Hawaii nach Tahiti segeln wollte, ohne dabei jegliche technischen Hilfsmittel zu benutzen. Am Tag der Abreise waren Tausende Menschen am Hafen, um die Crew zu verabschieden. Es gab zahlreiche Reden, wodurch sich die Abfahrt immer weiter nach hinten verschob und es bereits spät am Abend war, als am Himmel ein Sturm aufzog. Doch da so viele Menschen zum Hafen gekommen waren, um zu sehen, wie das Kanu ablegte, beschloss die Crew, trotz des Sturms loszusegeln.

Nur zwölf Meilen von Hawaii entfernt war der Sturm so stark, dass er das Kanu zum Kentern brachte und zwei der Seemänner stark verletzt wurden. Da sie keine Technik an Bord hatten, um Hilfe zu holen, schlug Eddie dem Kapitän vor, mit seinem Surfbrett zurück nach Hawaii zu paddeln, um Hilfe zu holen. Der Kapitän bat darum, bis zum nächsten Morgen zu warten. Falls bis dahin keine Hilfe gekommen sei, solle er lospaddeln. Am nächsten Morgen war keine Hilfe in Sicht, und die Verfassung der beiden verletzten Crewmitglieder hatte sich in dem kalten Wasser noch weiter verschlimmert. Eddie paddelte auf seinem Surfbrett los, und während die Crew wenige Stunden später gerettet wurde, ward Eddie nie wieder gesehen.

Seitdem gibt es auf Hawaii das Sprichwort »What would Eddie do? Eddie would go«. Die Hawaiianer verbinden damit den Spirit von Aloha und die Bereitschaft, Liebe in die Welt zu strahlen, sich für andere einzusetzen und sich dafür zu entscheiden, das Richtige zu tun, auch wenn es schwerfällt.

Die Geschichte von Eddie hat mich inspiriert, in schwierigen Situationen die richtigen Entscheidungen zu treffen und für meine Werte einzustehen, auch wenn es in dem Moment die wesentlich schwierigere Entscheidung war. »Eddie would go« steht dafür, loszugehen, auch wenn niemand sonst den Mut hat, sich selbst in den Dienst von etwas Größerem zu stellen.

Entscheide dich, das Richtige zu tun, auch wenn es schwierig ist

Wenn wir in unser Higher Self hineinwachsen wollen und immer mehr zu der Persönlichkeit werden wollen, die wir in Wirklichkeit sein können, müssen wir an einem bestimmten Punkt in unserem Leben die Entscheidung treffen, nicht mehr klein zu spielen, sondern für das einzustehen, was wir in der Welt verändern wollen. Intuitiv wissen wir immer, was das Richtige ist, nur unsere Angst und unser Verstand versuchen, uns klein zu halten und nicht über uns hinauswachsen zu lassen. Am Anfang ist es nicht leicht, diese Entscheidungen zu treffen und sich in das Ungewisse zu begeben. Alles, was wir wissen, ist, dass es der einzig richtige Weg ist. Wir bekommen jeden Morgen, wenn wir die Augen öffnen, 24 Stunden geschenkt, um uns neu entscheiden zu können, wer wir sein und wer wir nicht mehr sein wollen. Jeden Morgen haben wir die Chance, neu zu entscheiden, was wir aus unserem Leben erschaffen wollen. Wir können die Vergangenheit Vergangenheit sein lassen. Du kannst jetzt neu wählen, ganz egal, was bisher war – der einzige Moment, in dem du dein Leben verändern kannst, ist genau jetzt. Was jetzt noch zwischen dir und deinem Higher Self steht, ist, die Entscheidungen zu treffen, dein unendliches Potenzial anzuerkennen, dein altes Selbstbild loszulassen und in deine neue kraftvolle Zukunft zu treten. Der Moment dafür ist jetzt. Wir haben mit jedem Atemzug die Chance, neu zu wählen, unsere Perspektive zu verändern und über unser altes Ich hinauszuwachsen. Triff jetzt die Entscheidung, wohin du deine Aufmerksamkeit ab heute richtest und wohin du deine Energie fließen lässt, denn von dem, wohin wir unsere Energie fließen lassen, entsteht mehr.

Gary Zukav schreibt in seinem Buch: »Die Seele will frei sein«, dass jede Handlung, jeder Gedanke und jedes Gefühl von einer Absicht motiviert ist. Diese Absicht existiert als direkte Ursache eines Effekts bzw. der Wirkung: »Every action, thought and feeling is motivated by an intention, and that intention is a cause that exists as one with an effect.«

Jeder Effekt in unserem Leben folgt einer bestimmten Intention. Im ganzen Universum existiert kein Effekt ohne Ursache, das ist das universale Gesetz von Ursache und Wirkung. Jeder Handlung geht eine Intention voraus, die häufig jedoch unbewusst ist. Wenn du beispielsweise ständig von deinen Arbeitskollegen mit tonnenweise Arbeit überhäuft wirst, weil du nicht gern Nein sagst, kann die dahinterstehende unbewusste Intention sein, niemanden im Stich lassen zu wollen oder zu enttäuschen. Der Effekt der Intention kann dann der Burn-out sein. Mit jeder Intention erschaffen wir ein bestimmtes Ergebnis. Je bewusster wir uns der eigenen Intention werden, desto mehr Einfluss nehmen wir auf das Ergebnis. Eine klare Intention zu haben bedeutet, eine klare Absicht für deine Energie zu haben und sie dafür einzusetzen, genau die Ergebnisse in deinem Leben zu erschaffen, die du dir wünschst.

Seitdem ich um das universale Gesetz von Ursache und Wirkung weiß, wähle ich meine Intentionen wesentlich sorgsamer und achte darauf, dass sie im Einklang mit meiner Vision und meinen Zielen stehen. Ich setze mir jeden Morgen eine Intention für meinen Tag, die den energetischen Rahmen für den Tag bildet und mich dabei unterstützt, bewusst gute Entscheidungen zu treffen und in meinem Higher Self zu bleiben.

Eine klare Intention, verknüpft mit einer sehr positiven Emotion, ist das Rezept für bewusstes Manifestieren.

Die drei kraftvollsten Intentionen für meinen Tag sind:

Intention 1: Ich wähle Liebe
Vor zwei Wochen bin ich in die USA und von dort weiter nach Cancún in Mexiko zu einem Seminar geflogen. Mein Flug ging von Berlin über London, wo ich in mein Flugzeug nach Denver umsteigen musste, um von dort weiter nach Santa Fe zu fliegen. Mein Zeitplan war ziemlich straff, und ich hatte an jedem Flughafen nur 45 Minuten Zeit zum Umsteigen. Als ich in London auf die Anzeigetafel schaute, wurden mir acht Stunden Verspätung für meinen Flug in die USA angezeigt, was bedeutete, dass ich mitten in der Nacht in den USA ankommen und meinen Anschlussflug nach Santa Fe auf jeden Fall verpassen würde. In solchen Momenten haben wir grundsätzlich zwei Möglichkeiten: Wir können rumjammern und genervt sein, dass das Leben so frech ist und es wagt, gerade nicht genau denselben Plan für uns zu haben wie wir selbst. Oder wir können uns der Situation voller Liebe hingeben und uns fragen, was das Leben vielleicht Besseres mit uns vorhat.
Ich entschied mich für Zweiteres und hatte eine grandiose Zeit am Londoner Flughafen. Ich marschierte in den größten Buchladen, den ich finden konnte, und freute mich, endlich einen Moment Zeit zu haben, um neue Bücher zu kaufen. Mit dem Stapel suchte ich mir ein kleines Café und gönnte mir von dem 30-Pfund-Gutschein, den ich von der Fluglinie als Entschädigung bekommen hatte, Schokokuchen, mehrere frische Smoothies, Cookies und einen Tee. Ich machte es mir gemütlich. Ich genoss es, keine Termine zu haben, da ja alle dachten, ich würde im Flieger sitzen und nicht erreichbar sein. Also

machte ich mir einen Schokokuchen-Buch-Tag am Flughafen. »Ask and it is given« von Esther Hicks – ich hatte es mir am Flughafen gekauft – ist übrigens zu meinem neuen Lieblingsbuch geworden, und ich bin dem Flugzeug sehr dankbar, dass es extra für mich Verspätung hatte, damit mich das Buch finden konnte.

Liebe zu wählen bedeutet, Liebe zu deiner Frequenz zu machen und mit dieser Energie dein Leben zu gestalten. Es bedeutet in Situationen, in denen unser Ego am liebsten durch die Decke gehen will und rumjammern möchte, zu schauen, welches Geschenk die Situation beinhaltet und wie wir es für uns nutzen können, anstatt sich den Tag vermiesen zu lassen. Die Wahrheit ist, dass kein äußerer Umstand uns schlechte Laune machen kann, die schlechte Laune machen wir uns selbst, indem wir die Situation negativ bewerten und dadurch vielleicht einen der schönsten Momente unseres Lebens verpassen.

Liebe hat so viele unterschiedliche Formen, um sich auszudrücken, aber jeder wahre Ausdruck von Liebe heilt und verbindet. Die Intention, Liebe zu wählen, hilft mir jeden Tag dabei, mich daran zu erinnern, dass wir hier auf dieser Erde sind, um einander zu helfen und einander zu dienen. Liebe ist stärker als Angst, und in der Frequenz von Liebe finde ich immer eine Lösung oder einen Weg, um aus dem Konflikt oder der Herausforderung etwas neues Kraftvolles entstehen zu lassen – anstatt weglaufen zu wollen. Liebe hilft mir, in Kritik die Möglichkeit zu sehen, mich zu verbessern, anstatt mich angegriffen zu fühlen. Sie hilft mir dabei, in jedem anderen Menschen mich selbst zu erkennen und dadurch nicht recht haben zu wollen, sondern Frieden entstehen zu lassen. Sie hilft mir, mich mit meinem schöpferischen Potenzial zu verbinden und in jedem Tag das Geschenk zu sehen, mein Leben selbst gestalten zu können. Liebe zu wählen bedeutet, durch den Tag in Dankbarkeit für alles, was ist und noch kommt, zu gehen und meine Augen für die Wunder zu öffnen, die mir begegnen. Ein Wunder geschieht jedes Mal, wenn wir Liebe über Angst stellen. Wenn du Liebe wählst, wählst du immer auch Frieden.

Intention 2: Ich bin Schüler des Lebens
Das Leben tut nichts, um uns zu ärgern, sondern nur, um uns dabei zu unterstützen, unseren Seelenweg zu gehen und über unser limitierendes Ego hinauszuwachsen. Das Leben ist der beste Coach, den es gibt, weil es nur richtig gute Fragen stellt und darauf vertraut, dass wir die Antworten in uns selbst finden werden. Es stellt uns so lange dieselbe Aufgabe, bis wir sie lösen, ob uns das gefällt oder nicht. Wenn wir dem Leben in der Dankbarkeit gegenübertreten, dass alles, was passiert, für das Wachstum unserer Seele gedacht ist, fangen plötzlich sogar unsere größten Krisen an, richtig Spaß zu machen. Sich selbst als Schüler des Lebens zu betrachten gibt uns die Leichtigkeit zurück, nicht schon vorher wissen zu müssen, wie alles funktioniert.

Wir sind alle zum ersten Mal hier auf dieser Erde, und es gibt keine Bedienungsanleitung für das Leben. Ich habe schon lange keinen Fehler mehr gemacht, weil es für mich keine Fehler mehr gibt, sondern nur etwas, das nicht funktioniert hat und wir einfach noch mal probieren können. Vielleicht kennst du die Geschichte von Thomas Edison, der mehr als 1000 Versuche gebraucht hat, bis die Glühbirne endlich funktionierte. Als er gefragt wurde, wie er mit dem Scheitern umgegangen sei, antwortete er: »Wieso gescheitert? Ich habe doch über 1000 Wege herausgefunden, wie es nicht funktioniert.« Auch die

Wege, die erst einmal nicht funktionieren, werden uns letztlich zu dem Weg führen, der funktioniert.

Warum also nicht das Leben als einen magischen Ort im Universum betrachten, der uns als Garten dient, in dem wir wie Kinder herumspringen können? Frage dich bei der nächsten Herausforderung: Was kann ich hier lernen? Welches Wachstum liegt für mich in diesem Moment verborgen?

Intention 3: Ich erkenne meine wahre Essenz an

Die dritte Intention verbindet die ersten beiden Intentionen. Die eigene Essenz anzuerkennen bedeutet, zu spüren und zu wissen, dass wir alle miteinander verbunden sind. Ich bin ein Teil von dir, und du bist ein Teil von mir. Durch uns alle fließt dasselbe göttliche Bewusstsein, das uns miteinander verbindet. Wenn wir das erkennen, gibt es keine Trennung mehr. Dann existiert kein Du und Ich mehr, sondern nur noch ein Wir. Jedes schlechte Wort, das wir dann über jemand anderen verlieren, richten wir in dem Moment gegen uns selbst. Mit jedem Menschen oder Lebewesen, das wir verletzen, verletzen wir in Wahrheit uns selbst. Mit jedem Menschen, dem wir helfen, helfen wir uns selbst, und mit jedem Schritt, den wir uns selbst heilen, heilen wir auch ein Stück die Welt.

Die eigene Essenz anzuerkennen bedeutet, auch anzuerkennen, dass wir unser Leben über unsere Gedanken selbst erschaffen. Alles, was existiert, existiert, weil es vorher in Form von Bewusstsein und einem Gedanken existiert hat. Materie folgt immer dem Geist. Die Intention hilft uns dabei, mit unserer wahren inneren Größe und unserem Higher Self verbunden zu bleiben. Sie ermöglicht uns, uns selbst und andere Menschen zu empowern, ihren authentischen Weg zu gehen und ihr Geschenk in die Welt zu bringen.

MÖGEST DU GLÜCKLICH SEIN

» Tu das, was richtig ist, und nicht das, was im ersten Moment leichter erscheint.

» Wann immer du zweifelst, frage dich: »What would Eddie do? Eddie would go!«

» Um dich mit deinem Higher Self zu verbinden, musst du alle Illusionen loslassen, die dich bisher davon getrennt haben.

» Wir bekommen jeden Tag die Chance, neu zu wählen, wer wir sein wollen.

» Sei dir über deine Intentionen bewusst. Jeder Ursache folgt eine Wirkung.

○ MANTRA:»ICH WÄHLE LIEBE.«
Nutze dieses kraftvolle Mantra, um dich immer wieder im Alltag daran zu erinnern, dass du der Schöpfer deines Lebens bist. Wenn du Liebe wählst, wählst du Frieden.

 Nimm dir Zeit für dich und notiere deine Erkenntnisse in einem Notizheft.

Wer den Tag
mit einem Lachen
beginnt,
hat ihn bereits
gewonnen.

– Cicero

Wir sind, was wir jeden Tag wiederholt tun

Hinter jedem Ziel, das wir erreichen wollen, steht in Wahrheit ein Gefühl, das wir wahrzunehmen hoffen, wenn wir das Ziel dann in naher oder ferner Zukunft erreicht haben. Vom neuen Job erwarten wir uns zum Beispiel das Gefühl, anerkannt und gesehen zu werden, von einer Hochzeit erhoffen wir uns das Gefühl der Beständigkeit und Sicherheit in der Beziehung und von der Weltreise das Gefühl von Abenteuer und Aufregung. Hinter jedem Ziel, das wir uns gesetzt haben, steht ein bestimmtes Gefühl, das wir gern fühlen wollen. Je wichtiger es uns ist, dieses bestimmte Gefühl zu spüren, desto mehr werden wir in die Richtung steuern und unser Leben anhand der Ziele priorisieren, von denen wir uns erhoffen, dass sie uns das gewünschte positive Gefühl geben werden. Wir knüpfen an das Ziel die Bedingung, dass es uns ein gutes Gefühl geben soll, und sind enttäuscht, wenn es das nicht oder nur für einen kurzen Moment tut. Dadurch, dass wir mit dem Ziel ein Gefühl verknüpfen, ist das Gefühl auch in demselben Moment wieder weg, wenn das Ziel vorbei ist – und wir verschieben unser Glück immer weiter in die Zukunft.

Um das Bewusstsein auf eine neue Ebene zu heben und unsere innere Zufriedenheit nicht mehr von äußeren Zielen abhängig zu machen, brauchen wir Gewohnheiten und Routinen, die uns jeden Tag glücklich machen und unsere Energie im Hier und Jetzt anheben. Unser Leben besteht am Ende aus der Summe jedes einzelnen Tages, den wir gelebt haben. Da wir Menschen Gewohnheitstiere sind, sehen die meisten Tage sehr ähnlich aus, und im Laufe unseres Lebens schleichen sich Gewohnheiten ein, die zwar bequem sind, aber nicht zu unserem Glück beitragen. Es sind die kleinen Dinge, die wir jeden Tag wiederholt tun, die unser Leben am Endes des Tages definieren werden. Ein Tag ist wie ein kleines Leben, und so, wie wir uns verhalten, so werden wir uns fühlen.

»Würde es nicht Sinn machen, jeden einzelnen Tag so zu leben, wie wir uns unser ganzes Leben wünschen, und unser Glück genau jetzt zu leben, anstatt es immer wieder in die Zukunft zu verschieben?«

Der kleine Haken ist unser Körper, der es gar nicht mag, wenn wir plötzlich etwas anders machen als gewohnt. Bereite dich deswegen mental darauf vor, dass sich ein Hauch von »Das fühlt sich irgendwie nicht richtig an« einstellt, sobald du deine Routinen und deine Gewohnheiten änderst. Angenommen, du möchtest gern die Routine entwickeln, abends nach der Arbeit noch zum Sport zu gehen, während du dich sonst nach der Arbeit auf die Couch gelegt hast. In dem Moment, wenn du entscheidest, Sport zu deiner neuen Gewohnheit zu machen, rufen dein Körper und dein Gehirn einen kleinen Notstand in deinem System aus, weil für beide nur zwei Sachen Priorität haben: Sicherheit und Bequemlichkeit. Alles, was anders ist, ist potenziell eine Gefahr fürs Überleben, und wenn es jetzt zusätzlich auch noch anstrengend ist, werden sich dein Gehirn und dein Körper allergrößte Mühe geben, dich von deinem mutigen Plan abzubringen. Sie schicken dir Gedanken wie: »Lass uns das doch lieber morgen machen. Heute ist es schon so spät, und du hast doch viel gearbeitet. Leg dich lieber auf die Couch.« Und auf den Gedanken reagiert natürlich sofort dein Körper mit dem Gefühl von: »Stimmt, jetzt ins Fitnessstudio zu gehen fühlt sich wirklich gar nicht richtig an.«

Die Wahrheit ist, es fühlt sich ungewohnt an und nicht »nicht richtig«.

Es wird also eine Zeitspanne von ungefähr drei Wochen geben, in der dein Körper und dein Gehirn versuchen werden, dich von deinem Plan abzubringen. In dieser Zeit muss dein Wille größer sein als dein innerer Schweinehund, denn nach den drei Wochen hast du dir eine neue Gewohnheit angeeignet, und plötzlich empfinden es dein Körper und dein Gehirn als völlig okay, ins Fitnessstudio zu gehen. Der größte Fehler, den du in der Zwischenzeit machen kannst, ist, deinen Gefühlen zu folgen – weil es sich vermeintlich nicht richtig anfühlt, kommst du auch nicht ins Handeln. Dieses Gefühl von »Es fühlt sich nicht richtig an« ist in Wahrheit nur ein biochemischer Prozess, der in deinem Körper abläuft und darauf hindeutet, dass sich dein Körper und dein Gehirn gerade in einem Lernprozess befinden, der anstrengend und deshalb »unbeliebt« ist. Warte also nicht auf das Gefühl, sondern fange einfach an. Vertraue darauf, dass das gute Gefühl danach einsetzen wird.

»Denke jeden Tag beim Aufstehen: Ich bin glücklich,
dass ich heute aufgewacht bin. Ich bin am Leben. Ich
habe ein kostbares menschliches Leben, und ich werde es
nicht vergeuden. Ich werde meine ganze Energie dazu
nutzen, mich persönlich weiterzuentwickeln, mein Herz
anderen gegenüber zu öffnen. Ich werde anderen nutzen,
so gut ich nur kann.« – Dalai Lama

Für die längste Zeit meines Lebens hatte ich keine Ahnung, wie wichtig es ist, Routinen zu haben, die mich stärken, anstatt jeden Tag Dinge zu tun, die mir letztlich nur Energie entzogen. Ich hatte in meinem Handy drei unterschiedliche We-

ckertöne eingestellt, die jeden Morgen abwechselnd im Fünf-
minutentakt ungefähr eine Stunde lang klingelten, weil ich
immer wieder den Snooze-Button gedrückt habe. Ich quälte
mich irgendwann aus dem Bett, schlurfte ins Bad, war häufig
viel zu spät dran und hetzte dann völlig gestresst zur Arbeit.
Ich war mir nicht bewusst darüber, wie viel Energie ich mir
selbst raubte, weil ich keine Routinen hatte, die mich schon
am Morgen zentrierten und mich auf den Tag ausrichteten.
Dabei ist die Energie, mit der wir in den Tag starten, die Energie, in der wir meistens den gesamten Tag verbringen werden. Wir schicken mit unserem Verhalten morgens schon die
Energie in den Tag voraus. Als ich anfing, mich immer mehr
mit Menschen zu beschäftigen, die erfüllt und erfolgreich waren, stellte ich fest, dass sie alle eine Sache verband. Alle erfolgreichen Menschen, die ich bisher befragt oder mit denen
ich zusammengearbeit habe, haben eine stärkende Morgenroutine. Sie nehmen sich die ersten ein bis zwei Stunden des
Tages nur für sich, keine E-Mails, keine Anrufe, keine Termine. Alle sagten mir dasselbe: »Laura, eine Morgenroutine zu
haben hat mein Leben verändert.« Oder wie sagt man so
schön: »Morgenstund hat Gold im Mund.« Je mehr ich darüber lernte, umso mehr begann ich im Laufe der Zeit, eine eigene Morgenroutine zu entwickeln, die mir hilft, mich mit meinem Higher Self zu verbinden und eine kraftvolle und positive Energie in den Tag zu schicken. Auch wenn ich am Anfang
mit meinem inneren Schweinehund zu kämpfen hatte, der
nicht davon begeistert war, eine Stunde früher aufzustehen,
bin ich dankbar, durchgehalten und eine neue Qualität in
meinen Alltag gebracht zu haben. Mit der Morgenroutine
schenken wir uns die erste Stunde des Tages selbst, um voller
Klarheit, Fokus und Bewusstsein den Tag zu gestalten. Anstatt
irgendwie in den Tag hineinzustolpern und schon gestresst

bei der Arbeit anzukommen, ist die Morgenroutine das Zähneputzen für die Seele und sorgt dafür, dass wir den Tag voller Energie und Freude erschaffen.

Die sieben magischen Schritte zur Higher-Self-Morgenroutine

Schritt 1: Nimm dir einen Moment der Dankbarkeit!
Dankbarkeit ist eine der erfüllendsten Emotionen, die wir empfinden können, und ist der ultimative Zustand des Empfangens. Du kannst dir Dankbarkeit wie einen Einhornglitzer-Kleber zwischen deiner Gegenwart und deiner Zukunft vorstellen. Wenn du auf einer hohen Frequenz von Dankbarkeit schwingst, sendest du positive Emotionen in deine Zukunft und verbindest damit eine erfüllte Zukunft direkt mit deiner Gegenwart. Dankbarkeit bewirkt das tiefe Gefühl des Erfülltseins im Hier und Jetzt. Du schwingst dich auf eine höhere Energiefrequenz und ziehst dadurch automatisch noch mehr Fülle in dein Leben. Das, worauf du deine Aufmerksamkeit richtest, vermehrt sich. Es ist eigentlich unmöglich, Dankbarkeit zu empfinden und gleichzeitig schlecht gelaunt oder traurig zu sein.

An meinem letzten Abend bei dem Seminar in Cancún habe ich noch die untergehende Sonne genossen, aufs Meer geschaut, und mein Herz war erfüllt von tiefer Dankbarkeit, dass ich mir dieses Leben erschaffen habe. Es war einer der wertvollen Augenblicke, die ich ganz fest und bewusst in meinem Herzen einspeichere für Momente, in denen ich an mir oder meiner eigenen Schöpferkraft zweifle. Ich habe in meinem Herzen mittlerweile ein ganzes Bilderbuch von Momenten, in denen ich mich frei, klar und voller Dankbarkeit für mein Leben gefühlt habe. Wann immer ich zweifle, gehe ich in Gedanken diese Bilder durch und lasse das Gefühl der Dankbarkeit wieder in mir entstehen, um die Stimme in meinem Kopf ruhig werden zu lassen, die klein denkt und immer nur das sieht, was schiefgehen könnte. Wenn wir unsere Energie auf all das richten, was wir bereits erschaffen haben, und voller Dankbarkeit sind für alles, was war, was ist und was kommt, entsteht davon automatisch mehr. Unsere Emotionen sind wie ein Magnet im Universum, der mehr von dem anzieht, was er aussendet. Es funktioniert nicht zu sagen: »Erst wenn ich besser drauf bin, fange ich an, dankbar zu sein, wenn das oder das passiert ...« Es funktioniert genau andersherum.

Ja, ich weiß, dafür brauchst du ein bisschen Disziplin und Vertrauen, aber glaube mir, es lohnt sich. Dein Leben wartet darauf, dass es von dir erschaffen wird – in den buntesten Farben und mit den wildesten Visionen und Träumen. Es ist alles bereits in dir, was du brauchst. Vertraue dem Teil in dir, der an dich glaubt, denn er hat recht.

»Wenn du am Morgen aufstehst, sage Danke für das
Morgenlicht, für dein Leben und die Kraft, die du besitzt.
Sage Danke für deine Nahrung und die Freude, am
Leben zu sein. Wenn du keinen Grund siehst,
Danke zu sagen, liegt der Fehler bei dir.«
– Altes indianisches Sprichwort

Noch bevor du am Morgen deine Augen öffnest, nimm dir einen Moment der Dankbarkeit. Bringe deine gesamte Aufmerksamkeit in dein Herz, und atme tief in dein Herz ein und aus. Du bist am Leben. Du hast gerade einen wundervollen neuen Tag geschenkt bekommen, den du frei erschaffen kannst. Lasse vor deinem inneren Auge den perfekten Tag ablaufen, und stelle dir vor, was dir heute alles Wunderbares passieren wird. Lasse die Dankbarkeit für alles, was jetzt vor dir liegt, in dein Herz fließen. Sammle in Gedanken so viele Wunder auf, über die du dich an diesem Tag freust, bis du über das gesamte Gesicht lächelst. Bringe deine Hände vor deinem Herzen in Gebetshaltung zusammen, sage Danke, und spüre die Energie, die von diesen Worten ausgeht.

Schritt 2: Trinke ausreichend Wasser!
Damit unsere Körperzellen, die unsere Energie erzeugen, optimal arbeiten können, brauchen sie viel Wasser. Wir verlieren in der Nacht bis zu zwei Liter Wasser. Das Erste, was ich morgens nach dem Zähneputzen mache, ist, mindestens einen Liter Wasser mit frischem Zitronensaft zu trinken, um meinen Körper wieder zu hydrieren. Ich achte auch im Laufe des Tages darauf, regelmäßig Wasser zu trinken. Wasser ist für unseren Körper wie Benzin fürs Auto, ohne Wasser können wir nicht leben. Typische Anzeichen von Dehydrierung sind, dass unsere Konzentrationsfähigkeit abnimmt, die Verdauung nicht richtig funktioniert oder wir Kopfschmerzen bekommen und erschöpft sind.

Stelle dir am besten abends schon ein Glas Wasser bereit, das du morgens trinkst, wenn du in die Küche kommst.

Schritt 3: Meditiere, und verbinde dich mit dir selbst!
Der dritte Teil meiner Morgenroutine ist die Meditation. Meditieren reduziert die Stresshormone im Körper, hilft, sich besser zu konzentrieren und im Alltag achtsamer zu sein. Es erhöht die Energie sowie das eigene Bewusstsein. Ich nehme mir morgens mindestens eine halbe Stunde Zeit, um meinen Blick nach innen zu richten und mich mit der Erde, dem Universum und der allem innewohnenden Energie zu verbinden.

Meditation am Morgen

Finde für die Meditation einen bequemen Sitz, atme tief durch die Nase ein und aus. Richte deine gesamte Aufmerksamkeit auf deine Nasenspitze und beobachte, wie bei jedem Einatmen und Ausatmen ein leichter Luftstrom deine Nasenspitze berührt. Wenn ein Gedanke kommt und deine Aufmerksamkeit von deinem Atem ablenkt, werde dir des Gedankens bewusst, und bringe deine Aufmerksamkeit liebevoll zurück zu deinem Atem.

Nach 10 bis 15 Atemzügen kannst du deine Aufmerksamkeit zu deinen Füßen bringen und spüren, wie die Sohlen deiner Füße die Erde berühren. Stelle dir vor, wie deine Füße sich mit der Erde verbinden und von der Erde in deinen Körper bis zu deinem Herzen ein wunderschönes weißgoldenes Licht fließt, das dir Kraft und Energie schenkt. Bleibe in dieser Verbindung für die nächsten Atemzüge. Dann bringe deine Aufmerksamkeit zu deiner Kopfkrone, und stelle dir vor, wie aus dem Kosmos ebenfalls ein heilendes weißgoldenes Licht über deine Kopfkrone in deinen Körper fließt. Stelle dir vor, wie das Licht jede einzelne Zelle deines Körpers durchflutet, heilt und mit neuer Energie versorgt. Dann bringe deine Aufmerksamkeit zurück in dein Herz, und lasse das Licht der Erde und des Kosmos in deinem Herzen zusammenfließen. Spüre die Wärme und die heilende Kraft des Lichts. Du bist Teil von allem, und von allem ist ein Teil in dir. Atme für mehrere Atemzüge tief ein und aus. Wenn du so weit bist, bringe deine Aufmerksamkeit zurück in deinen gesamten Körper, und öffne deine Augen.

Schritt 4: Setze dir eine kraftvolle Intention für deinen Tag!
Im Anschluss an die Meditation setze ich mir eine Intention für den Tag und fokussiere meine Energie auf das, was ich gern an diesem Tag erschaffen möchte. Eine Intention ist eine klare Absichtserklärung und funktioniert wie mein innerer Kompass, um meinen Fokus nicht zu verlieren. Je bewusster ich mir über meine Intention für den Tag bin, desto leichter fällt es mir, auch mal Nein zu sagen zu Dingen, die nicht mit meiner Intention in Einklang stehen. Sie hilft mir dabei, mich im Alltag immer wieder auf das zu besinnen, was mir wichtig ist.
Meine drei liebsten und kraftvollsten Intentionen hast du bereits im vorherigen Kapitel kennengelernt:

»Ich wähle Liebe.«
»Ich bin ein Schüler des Lebens.«
»Ich erkenne meine wahre Essenz an.«

Ich würde dir, je nach Fokus für den Tag, empfehlen, eine Intention zu wählen, die gut passt und dich unterstützt. Wenn ich zum Beispiel eine Deadline habe, die ich einhalten muss, und viele anstehende Termine, wähle ich eine Intention wie:

»Meine Aufgaben gelingen mir spielerisch leicht und voller Freude.«
»Ich bin fokussiert und klar in meinen Zielen.«
»Ich erreiche meine Ziele entspannt und voller Begeisterung.«

Du kannst dir einfach jeden Morgen eine Intention aussuchen, die sich für dich gut und kraftvoll anfühlt, zum Beispiel:

»Ich gestalte meinen Tag im Higher Self.«
»Ich bin Liebe.«

»Ich bin dankbar.«

»Ich mache einen positiven Unterschied.«

»Ich ziehe Glück an.«

»Mein Leben ist ein Geschenk.«

»Ich bin erfolgreich.«

»Ich bin gesund und voller Energie.«

»Ich vergebe.«

»Ich diene anderen.«

»Ich bringe Liebe überallhin, wohin ich gehe.«

Ich empfehle, dir in den Alltag kleine Reminder einzubauen, die dich immer wieder an deine Intention erinnern. Zum Beispiel kannst du dir in deinem Smartphone einen Wecker stellen, der alle zwei Stunden eine Erinnerung schickt – oder dir deine Intention als Hintergrundbild einstellen.

Schritt 5: Schreibe deine Ziele auf, und visualisiere deine Zukunft!

Das ist einer meiner absoluten Lieblingsschritte meiner Morgenroutine. Es erinnert mich immer daran, dass wir alle Magier sind und Gedanken Realität werden lassen können. Jeden Morgen schreibe ich meine Ziele auf und visualisiere, wie sie in der Zukunft Realität sein werden. Von dieser Übung geht eine solche Magie aus, und sie macht zusätzlich noch unglaublich viel Spaß. Deiner Kreativität und Vorstellungskraft sind hier keine Grenzen gesetzt. Da ich irgendwann festgestellt habe, dass alle Ziele, die ich aufgeschrieben habe, auch genau so oder noch besser eingetroffen sind, habe ich irgendwann angefangen, mir nur noch Ziele zu setzen, die ich mir wirklich aus tiefstem Herzen wünschte und die mir in dem Moment so vollkommen unwahrscheinlich vorkamen. Aber das Universum denkt nicht in Kategorien wie groß oder klein. Es denkt in

Frequenz und Energie. Alles, was es braucht, ist die klare Intention und eine hohe Energie, die damit verbunden ist. Besorge dir für diese Übung am besten ein Tagebuch oder ein schönes Notizbuch, in das du gern hineinschreibst. Teile die Seite in drei Abschnitte auf. Der erste Abschnitt ist für deine kurzfristigen Ziele (ca. drei Monate). Der zweite Abschnitt ist für deine mittelfristigen Ziele (ca. sechs bis zwölf Monate), und der dritte Abschnitt ist für deine langfristigen Ziele (bis fünf Jahre). Schreibe für jeden Abschnitt drei Ziele auf, die dich inspirieren und die dich darin unterstützen, dein Higher Self zu leben. Wichtig ist, dass deine Ziele spezifisch und in der Gegenwart formuliert sind, z. B. »Ich habe bis zum 15.03.2018 meinen neuen Blog gestartet und bereits zehn Blogartikel veröffentlicht.« (Auf Seite 247 findest du eine genaue Anleitung für meine Manifestationsformel.) Nachdem du deine Ziele aufgeschrieben hast, schließt du die Augen und lässt deine Finger ganz leicht über die geschriebenen Worte gleiten. Bei jedem Ziel, über das du gerade deine Finger gleiten lässt, stellst du dir vor, wie es sich anfühlt, wenn dieses Ziel Realität geworden ist. Stelle dir so bildlich wie möglich vor, wie dein Leben ist, wenn du das Ziel erreicht hast. Lasse die Freude über das Ziel schon jetzt in deinen Körper fließen – und die Dankbarkeit, dass es genau so oder noch besser kommen wird. Dann öffne deine Augen wieder, und überlege dir, welche Schritte du heute schon gehen kannst, um dein Ziel zu verwirklichen.

Schritt 6: Bringe Energie in deinen Körper!
Unser Körper ist der Tempel unserer Seele und möchte gefeiert und verehrt werden, so, wie es einem Tempel zusteht. Ich habe das Ritual, morgens zu meiner Lieblingsmusik zu tanzen und das Leben schon am Morgen zu feiern. Ich habe mir eine Playlist mit meinen Lieblingsliedern zum Tanzen erstellt und

tanze morgens für 10 bis 15 Minuten durch meine gesamte Wohnung (zur Freude meiner Nachbarn). Wenn du morgens schon deinen Tag feierst und deinem Körper signalisierst, dass es ein super Tag wird, schüttet dein Körper Glückshormone aus und verstärkt deine positive Energie, die du ins Universum sendest.

Prüfe, was du deinem Körper morgens Gutes tun möchtest und wie du die Energie in deinem Körper erhöhen kannst. Vielleicht ist es eine Runde Yoga, ein Spaziergang oder ein Gang ins Fitnessstudio. Nimm dir die Zeit, dich um deinen Körper zu kümmern und ihn zu feiern.

Schritt 7: Lerne und wachse!
Der letzte Teil meiner Morgenroutine ist, mir Zeit zu nehmen, um zu lesen und etwas Neues zu lernen. Ich lese dadurch im Monat zwischen vier bis fünf Bücher und bilde mich ständig weiter. Manchmal schaue ich auch einen Onlinekurs zu einem bestimmten Thema an, zu dem ich mehr lernen möchte. Im Anschluss überlege ich mir, wie ich das, was ich gerade gelernt habe, in meinen Tag integrieren und ausprobieren kann. Wichtig ist, dass du dir am besten auch hier ein kleines Buch besorgst, in dem du alles notierst, was du gelernt hast oder was für dich besonders wichtig war. Dadurch hast du nach kurzer Zeit schon ein eigenes kleines Motivationsbuch, in das du immer schauen kannst, wenn du dich nicht inspiriert fühlst oder nach neuen Ideen suchst.

Erschaffe dir heute das Leben, das du dir für morgen wünschst

»Es ist dein Geburtsrecht, glücklich zu sein.«
– Yogi Bhajan

Meine Oma hatte in einem großen alten Kirschbaumschrank im Wohnzimmer wunderschönes bunt und golden bemaltes Geschirr stehen, das sie dort aufbewahrte und nur zu Festtagen herausholte. An allen anderen Tagen stand es im Schrank und verstaubte. Ich kann mich noch gut daran erinnern, dass ich es als kleines Kind überhaupt nicht verstehen konnte, wieso wir an den meisten Tagen von dem langweiligen Geschirr aßen, wo wir doch auch genauso gut von den bemalten Tellern essen könnten, die im Schrank standen. Mit dieser Idee fand ich bei den Erwachsenen um mich herum jedoch wenig Zuspruch, und so blieb das schöne Geschirr im Schrank. In guter alter Pippi-Langstrumpf-Manier beschloss ich damals, dass ich, wenn ich eines Tages erwachsen wäre, jeden Tag von dem schönen Geschirr essen würde und es nicht nur an Weihnachten oder Ostern rausholen würde. Ich besitze zwar bis heute nur IKEA-Geschirr, aber ich habe das Versprechen an mich selbst gehalten, nicht erst auf einen bestimmten Tag oder Anlass zu warten, um glücklich zu sein oder um das Leben zu feiern. Jeder einzelne Tag des Lebens ist ein Geschenk und darf gefeiert werden. Es gibt keinen besseren Wecker als Begeisterung für dich und dein Leben. Wenn du dich morgens schon so auf deinen Tag freust, brauchst du keine Snooze-Funktion mehr, sondern du springst voller Neugier auf alles, was du heute Neues erschaffen wirst, aus deinem Bett. Was meinst du, was für ein unglaublich spannendes und erfülltes Leben vor dir liegt, wenn du jeden Tag mit einer solchen Energie startest? Yogi Bhajan sagt, es ist unser Geburtsrecht, glücklich zu sein. Wir brauchen in Wirklichkeit keinen Grund. Das Leben selbst ist Grund genug. Durch die Wertschätzung dem Leben und den Erfahrungen gegenüber, die du auf dieser Erde machen darfst, erfüllst du dich selbst.

Um deine Energie auch im Alltag auf der Schwingung von Freude und Glück zu halten, ist es wichtig, dass du gut für dich sorgst und darauf achtest, dass auch für deine Bedürfnisse gesorgt ist. Es passiert schnell, dass wir in unserem Umfeld entweder die Mutter-Teresa-Rolle einnehmen und immer erst für alle anderen da sind oder dass wir darauf warten, dass jemand in unser Leben kommt und sich darum kümmert, dass es uns gut geht. Beides führt dazu, dass wir am Ende ausgebrannt sein werden. Entweder wir geben unsere ganze Energie nach außen weg und vergessen unsere eigenen Bedürfnisse darüber, oder wir warten vergeblich auf jemanden, der uns glücklich machen soll und uns erfüllt. Diese Rolle kann niemand für uns übernehmen, und wir können sie auch für niemanden außer uns selbst übernehmen. Je besser du deine eigenen Bedürfnisse kennst und weißt, wie du sie selbst erfüllen kannst, desto unabhängiger wirst du von Dingen, die um dich herum passieren. Im Gegenteil, du kannst proaktiv darauf reagieren.

Higher Self on im Alltag

Sei dir deiner Bedürfnisse auf körperlicher, emotionaler und mentaler Ebene bewusst, und sorge dafür, dass sie gedeckt sind, indem du zuerst dein eigenes Glas vollmachst, um dann mit anderen teilen zu können. Mache es dir zur Gewohnheit, dir selbst mit ebenso viel Liebe und Wohlwollen zu begegnen, wie du allen anderen Menschen begegnest, die du liebst. Halte im Alltag immer mal wieder inne, bringe deine ganze Aufmerksamkeit in dein Herz, atme tief in dein Herz ein und aus. Mache einen Check-in in deinem Körper, und frage, was du jetzt gerade brauchst, damit es dir gut geht. Vielleicht ist es ein Glas Wasser, vielleicht ein Spaziergang, vielleicht aber auch einfach, fokussiert die nächsten 30 Minuten an einem Projekt zu arbeiten, ohne dich ablenken zu lassen.

Entwickle jeden Tag ein noch besseres Gefühl für dich und dafür, was du in unterschiedlichen Momenten brauchst – und auch für Gewohnheiten und Routinen, die dir nicht guttun. Beobachte dich selbst in der nächsten Woche, und nimm ganz bewusst wahr, was dir Energie schenkt und was sie dir raubt. Einer meiner größten Energieräuber war das ständige Smartphone-Checken und diverse Social-Media-Kanäle. Ich beobachtete für eine Woche ganz bewusst, wie oft ich am Tag zum Smartphone griff und zum Beispiel Facebook checkte – und wie es mir danach ging. Mein Ergebnis nach der Woche war erschreckend. Nicht nur, dass ich mich meistens schlechter und irgendwie ausgelaugt fühlte, nachdem ich auf Facebook war, ich verbrachte auch jeden Tag mindestens eine Stunde meiner Zeit mit sinnlosem Herumsurfen auf Instagram, Facebook und Co. Ich schaute auf meine Ziele, die ich mir jeden Morgen aufschrieb, und fragte mich, welchen Effekt diese Gewohnheit langfristig auf die Realisierung meiner Ziele hatte. Mir wurde klar, dass ich diese Stunde jeden Tag wesentlich sinnvoller nutzen könnte, indem ich zum Beispiel einen Podcast hörte, ein Buch las und mich zu einem Thema weiterbildete, das mit meinen Zielen zu tun hatte. Du glaubst gar nicht, was das für einen unglaublichen Unterschied machte und wie viel besser es mir gleichzeitig ging. Es dauerte zwar einen Moment, bis ich es geschafft hatte, meine automatische Gewohnheit, nach dem Smartphone zu greifen, abzustellen, aber es hat sich so was von gelohnt.

Wenn du deine Ziele erreichen möchtest, musst du bereit sein, die Bedingungen zu erfüllen, die die Ziele erfordern, und dich verändern. Im Alltag danach zu handeln, was dabei hilft, deine Ziele zu verwirklichen, bedeutet, deine Ziele schon heute ins Hier und Jetzt zu holen. Insbesondere die herausfordernden Momente im Alltag, bei denen das Ego aufgeben möchte, weil es zu anstrengend wird, sind genau die Momente, die dich als Mensch wachsen lassen und dir dein wahres Potenzial vor Augen führen.

MÖGEST DU GLÜCKLICH SEIN

» Unser Leben besteht aus der Summe an Tagen. Je mehr Freude du an jedem einzelnen Tag hast, desto glücklicher wird dein ganzes Leben sein.

» Die Energie, mit der du in deinen Tag startest, definiert häufig die Energie für den Rest des Tages.

» Nimm dir jeden Morgen Zeit für dich, und etabliere eine Morgenroutine, die dich in deine Kraft bringt und dir dabei hilft, dich zu fokussieren.

» Richte deine Gewohnheiten im Alltag danach aus, dass sie im Einklang mit deinen Zielen und mit der Persönlichkeit sind, zu der du werden möchtest.

» Verschiebe dein Glück nicht in die Zukunft, sondern erschaffe dir heute eine Gegenwart, die dich erfüllt.

○ MANTRA: »ICH BIN PRÄSENT IM HIER UND JETZT.«
Nutze dieses kraftvolle Mantra, um dich immer wieder im Alltag daran zu erinnern, dass du nur im Hier und Jetzt deine ganze Kraft entfalten kannst und inneren Frieden erfährst, wenn du mit deiner Aufmerksamkeit bewusst in der Gegenwart bist.

 Nimm dir Zeit für dich und notiere deine Erkenntnisse in einem Notizheft.

Teile dein
Licht mit der
Welt

When the heart
gets into prayer,
every beat
of the heart
creates
a miracle.

– Yogi Bhajan

Dein Leben wartet darauf, von dir erschaffen zu werden

Eine der schönsten Erfahrungen auf dem Weg meiner persönlichen Weiterentwicklung war, die Energie zu spüren, die in mir freigesetzt wurde, nachdem ich begonnen hatte, mich selbst zu lieben, und aufgehört hatte, ständig an mir zu zweifeln und mir einen Kopf darüber zu machen, ob ich gut oder liebenswert genug bin. Ich hatte lange Zeit meines Lebens mit Erschöpfung zu kämpfen, war immer müde und konnte mich nur schwer länger als zehn Minuten am Stück konzentrieren. Je länger wir im »Fight-Flight-Freeze-Modus« unterwegs sind, desto mehr denken wir irgendwann, es sei normal, immer erschöpft zu sein. Wir wissen gar nicht mehr, wie es ist, wenn wir in unserer ganzen Kraft sind, und fühlen uns zusätzlich noch schlecht, weil nichts mehr gelingen will. Wieder in Kontakt mit der eigenen Energie zu kommen fühlt sich in etwa so an, als wärst du jahrelang in Schuhen herumgelaufen, die zwei Größen zu klein waren – und ziehst jetzt das erste Mal Schuhe in deiner Größe an. Du hast plötzlich Lust, loszurennen, herumzuspringen, und du fragst dich, warum du eigentlich so viele Jahre viel zu kleine Schuhe getragen hast. All die negativen Gedanken und Gefühle haben es dir unmöglich gemacht, endlich loszulaufen und dich zu trauen, dich vollkommen zum Ausdruck zu bringen.

Dich auf die Reise zu dir selbst zu machen bedeutet, dass du dir endlich Schuhe in deiner Größe anziehst und dir Schritt für Schritt deiner unendlichen Schöpferkraft bewusst wirst. Du wirst deine Ressourcen und Begabungen erkennen, die seit so vielen Jahren in dir schlummern, und du schenkst dir die Freiheit, deine Einzigartigkeit zu entdecken. Je mehr du dein negatives Selbstbild loslässt und dich mit deinem Higher Self verbindest, desto eher wirst du spüren, wie du auf einmal viel mehr Energie zur Verfügung hast. In dir wird der Wunsch wachsen, diese Energie sinnvoll zu nutzen. Und wie könntest du deine Energie sinnvoller einsetzen, als deine Zukunft nicht länger dem Zufall zu überlassen, sondern sie selbst so zu gestalten, wie du es dir in deinen schönsten Träumen vorstellst? Denn die beste Art und Weise, die eigene Zukunft vorherzusagen, ist immer noch, sie selbst zu erschaffen.

Der sehnlichste Wunsch der Seele ist es, sich selbst vollkommen zum Ausdruck bringen zu dürfen und die Liebe, die ihre Essenz ist, zu teilen. Vertraue dir, dass dein Leben bisher kein Zufall war, sondern dass alles, was deine Seele bisher zu erleben gewählt hat, dazu diente, dass du in Kontakt mit deinem inneren Kern kommst und anhand deiner Erfahrungen die kraftvolle Entscheidung triffst, dein Leben sinnvoll zu nutzen. In dir liegen die Kraft und die Weisheit, ein Leben zu erschaffen, das am Ende eine goldene Spur aus Liebe, Mitgefühl und Freude im Universum hinterlässt.

Im letzten Teil des Buches erfährst du, wie du mit meiner Manifestationsformel deine Schöpferkraft einsetzen kannst, um deine Träume zu realisieren – und wie du dein Geschenk für die Welt findest.

Mache dein Leben zu einem einzigartigen Kunstwerk

»Wenn unser Leben dem Wohlergehen aller Menschen gewidmet ist, denen wir begegnen, kann es nie seinen Sinn verlieren.« – David R. Hawkins

Schließe für einen Moment die Augen, und stelle dir bildlich vor deinem inneren Auge vor, wie deine Zukunft aussehen wird, wenn du ab heute dein Leben in dem tiefen Wissen erschaffst, dass du unendlich wertvoll und voll von grenzenlosem Potenzial bist. Dass alles bereits in dir ist. Dass jeder Samen schon in dir angelegt ist, um in tiefer Liebe zu dir selbst und zur Welt deinen Weg zu gehen. Dass du diese Samen nur zu gießen brauchst. Dass du keine Angst haben musst. Dass du ein Teil von etwas so viel Größerem bist. Dass du jeden Fehler als Geschenk erkennst. Dass deine größten Träume in Erfüllung gehen. Stelle dir nur für einen Moment dein Leben vor, wenn du aus tiefstem Herzen an dich und deine Fähigkeiten glaubst.

Das, was du gerade vor deinem inneren Auge gesehen hast, das kannst du alles erschaffen. Es gibt keine Grenze. Du darfst in einer erfüllten, liebevollen, leidenschaftlichen Beziehung leben, Kinder haben, unverschämt erfolgreich sein, mit deinen Ideen die Welt verändern und mehr Geld besitzen, als du jemals ausgeben kannst – wenn du das möchtest. Deine Erfüllung ist der schönste Ausdruck der Göttlichkeit in dir. Je erfüllter du bist und je mehr Erfolg du hast, desto mehr kannst du geben, helfen und verschenken. Reich an Liebe, Gesundheit und Geld zu sein ist nichts Schlechtes oder etwas, wofür du dich schämen solltest. Es ist dein Geburtsrecht, erfüllt, geliebt, erfolgreich und glücklich zu sein.

Höre auf, dich zurückzuhalten, aus Angst, du könntest abgelehnt oder nicht mehr gemocht werden. Es wird Menschen geben, die dich nicht mögen werden, wenn du glücklich und reich bist, und es gibt genauso Menschen, die dich nicht mögen werden, wenn du unglücklich und arm bist. Das Einzige, was zählt, ist, dass du dich magst und deinen eigenen authentischen Weg in der Absicht gehst, damit einen positiven Unterschied in der Welt zu machen.

In Thailand sollte 1957 eine große Buddha-Statue aus Lehm in ein anderes Kloster transportiert werden. Als die Mönche den Buddha mit einem Kran anhoben und verluden, entstanden große Risse im Lehm. Aus Angst, den Buddha durch den Transport kaputt zu machen, stellten sie ihn wieder ab und inspizierten ihn genau. Als sie näher an den Buddha herantraten, sahen sie, wie unter dem Lehm etwas glitzerte. Vorsichtig lösten sie an der Stelle den Lehm und entdeckten, dass der Buddha vollkommen aus Gold war. Es wird angenommen, dass das Kloster vor vielen Hundert Jahren angegriffen worden war und die Mönche den goldenen Buddha vor den Angreifern hatten verstecken wollen. Also hatten sie ihn mit Lehm beklebt, sodass sein wahrer Wert versteckt worden war. Da wahrscheinlich keiner der Mönche den Angriff selbst überlebt hatte, war auch das Wissen um den goldenen Buddha verloren gegangen. Erst Hunderte Jahre später erkannten die Menschen, dass sie die ganze Zeit an einem Buddha aus Gold und nicht aus Lehm vorbeigegangen sind.

Wir Menschen sind wie der goldene Buddha. Wir kommen strahlend auf die Welt, tanzen, singen, spielen, lachen und freuen uns einfach, da zu sein. Du hast bestimmt auch schon mal kleine Kinder beobachtet, mit welcher Güte und Liebe sie jedem Menschen begegnen, ohne sich zu verstellen oder irgendwelche Vorurteile zu haben. Sie strahlen wie der goldene Buddha. Je älter wir werden, desto mehr fangen wir an, uns anzupassen, nicht auffallen und es allen recht machen zu wollen. Mit jeder Verletzung und jeder Zurückweisung, die wir erfahren, verstecken wir unser goldenes Strahlen mehr unter Lehm, bis wir selbst eines Tages vergessen haben, dass wir eigentlich aus Gold sind. Durch den Lehm fühlen wir uns schwer und unbeweglich, bis wir uns gar nicht mehr frei in unserem Leben bewegen können. Fürchte dich nicht länger vor der Ablehnung anderer, wenn du dich wieder in deinem goldenen Strahlen zeigst. Zeige lieber den anderen, wie auch sie sich den Lehm von den Schultern klopfen können.

Du bist nicht auf diese Erde gekommen, um einfach nur zu überleben, deine Zeit frustriert abzusitzen oder um faule Kompromisse zu machen, die dir am Ende nur deine Energie rauben. Du hast nicht so viele Erfahrungen gemacht, bist so oft wieder aufgestanden und hast dich zurück ins Leben gekämpft, um dich jetzt kleinzumachen und deine Kräfte nicht zu nutzen. Jetzt ist der Moment gekommen, um deine Augen das erste Mal wirklich für die Welt zu öffnen und all die Wunder und Möglichkeiten zu erkennen, die die ganze Zeit schon vor dir lagen und von dir genutzt werden wollten. Entscheide dich jetzt dafür, dir deine Power zurückzuholen und dir genau das Leben zu erschaffen, das dich selbst vom Hocker haut. Werde zu einem hellen Licht aus Vertrauen, Zuversicht und Begeisterung für alle Menschen, die deinen Weg kreuzen. Du bist hier, um dich und deine Einzigartigkeit zum Ausdruck zu bringen und das Leben zu feiern.

»Ich mache die Welt von allem los, wofür ich sie hielt.«
– Ein Kurs in Wundern

Du kannst dir jede Zukunft erschaffen, die du dir wünschst. Alles, was du dafür brauchst, ist die Fähigkeit, deine Gedanken zu verändern und anzunehmen, was für dich möglich ist. Frage dich: »Was wäre, wenn ich mein Leben lang der hartnäckigen Illusion aufgesessen bin, dass ich irgendwie mangelhaft bin und um Liebe kämpfen muss?«

Was wäre, wenn du dich ein für alle Mal von der Illusion verabschiedest, dass es dir an irgendetwas mangelt, ob es nun Fähigkeiten, Ressourcen oder Liebe ist? Was wäre, wenn du endlich dein grenzenloses Potenzial anerkennst? Was wäre, wenn du die Welt als einen dir freundlich gesinnten und hilfsbereiten Ort sehen würdest, wo an jeder Ecke Chancen darauf warten, von dir ergriffen zu werden? Was wäre, wenn du anfangen würdest, es für möglich zu halten, dass du alles erreichen kannst, was du dir wünschst? Was wäre dann möglich?

Lasse alles los, was dich bis hierhin noch an Zweifeln begleitet hat, und triff die unerschütterliche Entscheidung, ab heute deine Großartigkeit mit der Welt zu teilen. Stelle die gesellschaftlichen Konzepte infrage, die du irgendwann einfach übernommen hast, die dich aber in deiner Entfaltung begrenzen. Nur weil alle etwas machen, heißt es nicht, dass es richtig ist. Frage dich, was du für Konzepte darüber übernommen hast, wie du als Frau oder Mann sein sollst, wie erfolgreich du sein darfst und wann es »zu viel« Erfolg ist, wie gut gelaunt und begeistert du vom Leben sein darfst und wann du »zu gut gelaunt« bist. Lasse dich nicht länger eingrenzen. Lasse deine Vorstellung von einer ungerechten und harten Welt los, und trage durch dein Licht dazu bei, die Welt zu einem gerechten und liebevollen Ort zu machen. Sorge allein durch dein Sein dafür, dass überall, wo du bist, Liebe vermehrt wird und

Frieden entsteht. Werde zu einem Werkzeug des Friedens. Wenn jeder Einzelne sein goldenes Licht leuchten lässt, wird die ganze Welt erstrahlen.

Schenke deinem Leben einen Sinn

>*»Even after all this time the sun never says to the earth:*
>*›You owe me.‹ Look what happens with a love like that.*
>*It lights the whole sky.« – Hāfiz*

Eine Frage, an der sich die Menschen seit jeher die Zähne ausbeißen, ist die nach dem Sinn des Lebens. Was ist der Sinn des Lebens? Wie kann man ihn finden? Woher weiß man, dass man ihn gefunden hat?
Ich möchte gern meine Auffassung über den Sinn des Lebens mit dir teilen. Ich glaube nicht, dass der Sinn des Lebens etwas ist, was uns plötzlich findet oder irgendwann bei uns klingelt. Ich glaube auch nicht, dass wir den Sinn des Lebens suchen müssen oder ihn definieren können. Ich glaube, dass wir uns etwas vom Universum über den Sinn des Lebens abschauen können.

Das Universum ist unendlich und dehnt sich immer weiter aus. Es ist grenzenlos, frei von Raum und Zeit. Es befindet sich in einem ständigen Wandel und Wachstum. So, wie sich die Meere auf unserer Erde im gleichmäßigen Rhythmus von Sonne und Mond bewegen, greift alles in einem perfekten System ineinander. Alles hat seinen Platz, es gibt nichts, was überflüssig ist, und die Natur gleicht sich immer wieder selbst aus. Das gesamte Universum strebt nach Harmonie, Balance und Wachstum. Es existiert nicht, um irgendetwas zu erreichen, und es wird nicht den einen Tag geben, an dem das Universum sagt:

»Okay, fertig!« Im Universum geht es nicht ums Ankommen. Es geht ums Erschaffen. Glaubst du nicht, dass in einem so unendlich intelligenten Universum, wo alles wie ein Schweizer Uhrwerk minutiös ineinandergreift, dieselben Bedingungen auch für dich gelten? Was lässt dich glauben, dass das Universum, von dem du offensichtlich ein Teil bist, andere Regeln für dich gemacht hat? Das Universum liebt dich, weil es durch dich wirkt und durch dich erschaffen kann. Der Sinn des Lebens ist, endlich zu erkennen, dass wir es selbst sind, die dem Leben Sinn schenken. Du schenkst deinem Leben den Sinn, indem du dich wieder als Teil von allem erkennst und dich vollkommen zum Ausdruck bringst. Der Sinn des Lebens ist es, dich dem Leben zu schenken, so, wie es sich dir geschenkt hat.

John F. Kennedy hat in seiner Vereidigungsrede den berühmten Satz gesagt: »Frage dich nicht, was dein Land für dich tun kann. Frage dich, was du für dein Land tun kannst.« Das Gleiche gilt für dein Leben. Frage dich nicht, was das Leben für dich tun kann, frage dich, was du für dein Leben tun kannst. Es wartet darauf, von dir gelebt zu werden.

Higher-Self-Übung: *Verliebe dich in deine Zukunft*

Finde einen ruhigen Ort, an dem du für die nächsten Minuten ungestört bist, und schließe deine Augen. Erinnere dich an die Vision, die du vorhin vor deinem inneren Auge gesehen hast, als du an deine perfekte Zukunft gedacht hast. Stelle dir vor, wie du in deine Zukunft reist und wie du dein zukünftiges Ich triffst. Alles ist genau so oder sogar noch besser, als du es dir in deiner Vision vorgestellt hast. Dein zukünftiges Ich lächelt dich voller Liebe an und zeigt dir dein Zuhause. Schaue dich in deiner Zukunft um. Siehe den Ort an, an dem du lebst, gehe durch alle Räume, und nimm alles mit deinen Sinnen so genau wie möglich wahr. Was siehst du? Was riechst du? Was hörst du? Was spürst du?

Dann finde einen gemütlichen Platz, wo du dich gemeinsam mit deinem zukünftigen Ich hinsetzen kannst. Schaue dein zukünftiges Ich in Ruhe an, und nimm ihre oder seine Energie wahr. Was ist anders an dir in der Zukunft? Wie ist deine Körperhaltung? Wie redest du? Wie bewegst du dich? Welche Energie hast du? Verbinde dich ganz bewusst mit dieser Energie und dem Vertrauen, das von deinem zukünftigen Ich ausgestrahlt wird. Lasse diese Energie und das Vertrauen in deinen ganzen Körper strömen. Du kannst dein zukünftiges Ich jetzt alles fragen, was du gern wissen möchtest. Es wird dir antworten. Du kannst es nach einem Ratschlag fragen oder was es dir empfehlen würde, damit du dir genau diese Zukunft erschaffen kannst. Wenn du deine Antworten erhalten hast, verabschiede dich mit einer liebevollen Umarmung von deinem zukünftigen Ich, und kehre zurück in die Gegenwart. Fühle noch für mindestens drei Atemzüge in deinen Körper hinein. Lasse die positive Energie aus deiner Zukunft in dein Herz fließen, und bedanke dich bei dem zukünftigen Ich, dass es diese wunderschöne Zukunft für dich erschaffen hat. Wenn du so weit bist, öffne deine Augen.

Dein zukünftiges weises Ich steht dir jederzeit zur Seite. Wann immer du einen Rat brauchst oder Hilfe, frage dein zukünftiges Ich. Da es den Weg bereits gegangen ist und voller Vertrauen für alles ist, was vor dir liegt, kann es dir dabei helfen, deine Ängste und Sorgen über die Zukunft zu heilen.

Ich würde dir empfehlen, dich morgens und abends für etwa fünf Minuten mit deinem zukünftigen Ich zu verbinden und deine Zukunft zu visualisieren. Verliebe dich mit jeder einzelnen Zelle deines Körpers in deine Zukunft, und werde dadurch zum Magneten für noch mehr positive Energie.

MÖGEST DU GLÜCKLICH SEIN

» Es gibt keine Grenze für ein erfülltes, erfolgreiches und glückliches Leben.

» Du bist nicht auf dieser Erde, um deine Zeit abzusitzen, sondern um dir genau das Leben zu erschaffen, das du dir wünschst.

» Was glaubst du, wie deine Zukunft aussehen würde, wenn du all deine Zweifel und Ängste loslassen und dich vollkommen zum Ausdruck bringen würdest?

» Das gesamte Universum strebt nach Harmonie, Balance und Wachstum. Wenn wir dasselbe tun, kommen wir dem Sinn des Lebens sehr nahe.

» Frage dich nicht, was das Leben für dich tun kann. Frage dich, was du für dein Leben tun kannst.

○ MANTRA: »ALLE ANTWORTEN SIND BEREITS IN MIR.« Nutze dieses kraftvolle Mantra, um dich daran zu erinnern, dass du dich jederzeit mit deinem zukünftigen weisen Ich verbinden kannst und dort alle Antworten findest, die du suchst.

 Nimm dir Zeit für dich und notiere deine Erkenntnisse in einem Notizheft.

In dem Augenblick, in dem man sich
endgültig einer Aufgabe verschreibt,
bewegt sich die Vorsehung auch.
Alle möglichen Dinge, die sonst
nie geschehen wären, geschehen,
um einem zu helfen. Ein ganzer Strom
von Ereignissen wird in Gang gesetzt durch
die Entscheidung, und er sorgt zu den
eigenen Gunsten für zahlreiche
unvorhergesehene Zufälle, Begegnungen und
materielle Hilfen, die sich kein Mensch
vorher je so erträumt haben könnte.
Was immer du kannst
oder dir vorstellst, dass du es kannst,
beginne es. Kühnheit trägt Genius,
Macht und Magie. Beginne jetzt.

– Johann Wolfgang von Goethe

Vertraue deiner
unendlichen Schöpferkraft

Vor zwei Jahren saß ich in meinem Büro in einer Berliner Musikmanagement-Agentur, für die ich als Künstlermanagerin arbeitete, und träumte davon, mein eigenes Coachingunternehmen zu haben. Ich malte mir aus, wie ich Seminare geben würde, Bücher veröffentlichte, um die Welt reisen würde und mir genau das Leben erschaffen hatte, das ich mir wünschte. Ich konnte alles im kleinsten Detail vor meinem inneren Auge sehen und spürte die Vorfreude in meinem Herzen auf alles, was auf mich wartete.

Die Vorfreude wurde im selben Moment jedoch von dem lauten Ping-Geräusch meines E-Mail-Programms wieder zurück auf den Boden der Tatsachen geholt. Es erinnerte mich daran, dass ich noch einen Weg zu gehen hatte. Ich blickte auf mein Postfach, das mit E-Mails überlief, die alle darauf warteten, von mir beantwortet zu werden, und ich erinnerte mich an ein Versprechen, das ich mir drei Jahre zuvor in Berkeley gegeben hatte.

Ich wollte nie wieder daran zweifeln, ob ich etwas konnte oder nicht – egal, wie groß die Selbstzweifel vielleicht auch sein mochten, ich wollte es trotzdem immer versuchen. Ich atmete tief ein und aus, schloss das E-Mail-Programm und überlegte, was ich konkret tun konnte, um ein klares Zeichen ins Universum zu senden, dass ich es ernst mit meiner Vision meinte. Da fiel mir ein Interview von Jim Carrey ein, in dem er erzählte, dass er sich selbst einen Scheck über zehn Millionen Dollar für eine Filmrolle in Hollywood ausgestellt hatte. Zu diesem Zeitpunkt arbeitete er noch in einer Bar und war völlig unbekannt in Hollywood. Aber er hatte seinen Traum im Herzen und trug den Scheck jeden Tag bei sich in der Hosentasche. Ich musste lachen und dachte mir, wenn das bei Jim Carrey funktionierte, dann sollte das bei mir auch klappen. Ich öffnete Google und gab in das Suchfeld »Blankoscheck vom Universum« ein. Offensichtlich war ich nicht die Erste mit dieser Idee, und Google spuckte mir eine bunte Auswahl an Scheckvorlagen aus. Ich wählte die Vorlage, die mir am besten gefiel, druckte sie aus und schrieb darauf: **»Buchverlags-Vertrag, 04.04.2017, Laura Malina Seiler.«**

Ich unterschrieb den Scheck schwungvoll, und auch wenn ich mir damals dachte, dass bis April 2017 noch eine verdammt lange Zeit ins Land gehen würde, kann ich nicht genau sagen, warum ich den 04.04.2017 aufschrieb. Das Datum kam intuitiv aus mir heraus und fühlte sich richtig an. Als ich abends nach Hause kam, klebte ich den Scheck auf mein Visions-Board und stellte mir vor, was es wohl für ein unglaubliches Gefühl sein müsste, wenn ich tatsächlich in zwei Jahren einen Verlagsvertrag unterschreiben würde.

Ein halbes Jahr später kündigte ich meinen Job und begann, mein eigenes Coachingunternehmen aufzubauen. Ich arbeitete härter, als ich jemals zuvor gearbeitet hatte, aber ich war auch noch nie zuvor so erfüllt und zufrieden gewesen. Ich hatte meine Berufung gefunden, und es war, als würde mir das Universum eine Tür nach der anderen öffnen. Die Angst davor, ins Unbekannte zu springen und den eigenen Träumen zu folgen, ist im Kopf meistens viel größer, als sie es in Realität ist – wenn wir es wagen. Es gibt ein Zitat von Paulo Coelho aus seinem Buch »Der Alchemist«, das mich seit vielen Jahren begleitet: »Wenn du etwas ganz fest willst, dann wird das Universum darauf hinwirken, dass du es erreichen kannst.« In dem Moment, wenn wir den festen Entschluss fassen, ins Unbekannte zu gehen und unseren Träumen zu folgen, passiert etwas Magisches im Universum, und es wird dich auf dem Weg unterstützen. Das bedeutet nicht, dass dir alles zufliegen wird. Es bedeutet, dass du jede Herausforderung auf deinem Weg meistern wirst und alles zur richtigen Zeit kommen wird. Bevor wir losgehen, scheint es, als würden alle Herausforderungen auf einmal auf einen zukommen, und wir fühlen uns erschlagen von den Steinen auf dem Weg. Aber einmal losgegangen, stellt man ganz schnell fest, dass die Steine in Wirklichkeit gar nicht so groß und schwer sind. Sie können oft ganz leicht weggeschoben werden, oder es kann sogar etwas Schönes aus ihnen gebaut werden.

Was das Buch anging, vertraute ich darauf, dass alles im richtigen Moment zusammenkommen würde, wenn ich erst mal den Mut gefunden hatte, den ersten Schritt zu gehen. Genau so kam es dann auch. Durch den großen Erfolg meines Podcasts »Happy Holy & Confident« wurden bereits nach kurzer Zeit erste Buchverlage auf mich aufmerksam, und tatsächlich flatterte am 04.04.2017 mein erster unterschriebener Vertrag in meinen Briefkasten. Mein Freudentanz, den ich an dem Tag in meiner Wohnung veranstaltete, war bombastisch, und damit waren auch meine letzten kleinen Zweifel an der Kraft, die von unseren Gedanken und unserer Vorstellungskraft ausgeht, für immer aufgelöst.

Schließe für einen Moment deine Augen, und erinnere dich an eine Sache oder ein Ereignis, wo du dir aus tiefstem Herzen gewünscht hast, dass es so oder noch besser in dein Leben eintreten möge – und es dann auch tatsächlich so kam. Erinnere dich ganz bewusst, und fühle noch mal in deinen Wunsch hinein. Wie fühlt es sich an zu wissen, dass du das erschaffen hast? Ein schönes Gefühl zu wissen, dass heute etwas in deinem Leben ist, weil du an einem bestimmten Punkt den Wunsch formuliert hast, oder?

Das Wort »manifestieren« stammt von dem lateinischen Wort »manifestare« und bedeutet übersetzt »etwas handgreiflich/sichtbar machen«. Ist es nicht magisch, dass wir einen Gedanken denken oder einen bestimmten Wunsch formulieren und dieser Wunsch sich plötzlich in der Realität in Form eines Ereignisses oder von etwas Materiellem sichtbar wird? Es ist, als hätten wir alle eine verborgene Kraft in uns, die aus einem Gedanken in unserem Kopf etwas außerhalb von uns entstehen lässt. Erinnere dich für einen Moment an all die Dinge, die du dir in einem bestimmten Moment in deinem Leben gewünscht hast und die dann plötzlich genau so eingetreten sind.

Dein Leben ist kein Zufall, es ist das Ergebnis deiner Gedanken. In der menschlichen Vorstellungskraft liegt eine unglaubliche Macht, wenn sie bewusst eingesetzt und mit starken Emotionen verknüpft wird. Deine Gedanken geben deinem Wunsch die Form und schicken die Informationen an dein Unterbewusstsein. Die Intensität deiner Gefühle, die du mit deinem Ziel verbindest, wirkt wie ein Magnet, der die Verwirklichung deines Wunsches in dein Leben zieht. Je bewusster du dir deiner eigenen Schöpferkraft wirst, desto besser kannst du sie auch für dich und deine Wünsche einsetzen.

Der höchste Ausdruck von Spiritualität ist, an dich selbst zu glauben

Eine Frage, die viele meiner Coachingklientinnen beschäftigt, wenn sie ihr eigenes Business gründen, ein neues Leben wagen oder einen Traum realisieren wollen, ist: »Wer bin ich, dass ich so erfolgreich sein darf? Warum sollte ich so ein schönes Leben verdient haben?« Dann frage ich sie meistens: »Warum solltest du ein schlechtes Leben verdient haben, und wann hast du aufgehört, an deine Zukunft zu glauben?«

In jedem von uns liegt ein unendliches schöpferisches Potenzial, das entfaltet werden möchte. Wir haben es nicht nur verdient, erfolgreich zu sein, es ist sogar unsere Bestimmung, das Potenzial, das uns geschenkt wurde, zu nutzen und zum Ausdruck zu bringen. Du hast eigentlich alles, was es braucht, bereits in dir.

In der Natur gibt es ein unglaubliches Phänomen. Rein physikalisch müsste es der Hummel eigentlich unmöglich sein zu fliegen. Ihr Gewicht ist zu schwer für die Größe ihrer Flügel. Das weiß die Hummel allerdings nicht, sie fliegt einfach trotzdem. So, wie wir über die Hummel denken, fangen wir selbst leider auch an zu glauben, wir könnten bestimmte Dinge nicht, weil jemand irgendwann einmal zu uns gesagt hat: »Dafür sind deine Flügel zu klein.« Es sind nie die Flügel, die zu klein sind. Es ist der Glaube an unsere Fähigkeiten, der zu klein ist. Die Flügel warten darauf, endlich von uns benutzt zu werden. Es ist Zeit, die Flügel auszubreiten und loszufliegen.

Dein Schicksal liegt nicht außerhalb deiner Kontrolle. Dein Schicksal wird von dir gelenkt, wenn du dir wieder erlaubst, deine eigene Schöpferkraft anzuerkennen und an dich selbst zu glauben. Du bist nicht auf dieser Erde, um dich mit Mittelmäßigkeit zufriedenzugeben. Du bist auf dieser Erde, um dort, wo du gerade bist, dein Licht zum Leuchten zu bringen und dein Leben zu einem einzigartigen Kunstwerk werden zu lassen. Es ist der höchste Ausdruck von Spiritualität, deine eigene

Größe anzuerkennen und an deine eigene Schöpferkraft zu glauben.

Higher-Self-Übung:
Nutze deine Schöpferkraft!

Als ich mir über meine eigene Schöpferkraft und die Magie des Manifestierens bewusst wurde, wollte ich unbedingt herausfinden, warum es manchmal so gut funktionierte und manchmal überhaupt nicht. Ich begann, mich selbst und meine Gedanken zu beobachten, während ich etwas in meinem Leben manifestieren wollte – und prüfte, was ich anders gemacht hatte, wenn es funktionierte. Im Laufe der Zeit habe ich meine eigene Fünf-Schritte-Manifestationsformel entwickelt. Die Formel anzuwenden macht nicht nur unglaublich viel Spaß, sie ist auch ein wunderschöner Ausdruck der Verbindung zu deinem Higher Self.

In deinem Higher Self kannst du gar nicht mehr anders, als voller Freude und Begeisterung zu erschaffen, weil du weißt, dass du Teil eines unendlich intelligenten Bewusstseins bist, was sich selbst im Erschaffungsprozess erfahren möchte.

Damit das Manifestieren funktioniert, ist es wichtig, dass du deiner eigenen Schöpferkraft vertraust und sie mit einer spielerischen Leichtigkeit und Neugierde ausprobierst, ohne etwas erzwingen oder kontrollieren zu wollen. Ein kleiner Tipp von mir ist, dass du beim Erschaffen deines Lebens ruhig großzügig mit deinen Wünschen sein darfst und dich auf die Dinge konzentrierst, die dein Herz wirklich höher schlagen lassen. Manifestieren ist ein bisschen wie Kuchenbacken. Du musst dir im ersten Schritt überlegen, was du überhaupt für einen Kuchen backen möchtest, und das Rezept raussuchen.

Im zweiten Schritt musst du in deiner Küche Platz zum Backen schaffen und alles zur Seite räumen, was im Weg steht. Im dritten Schritt liest du dir das Rezept in Ruhe durch, besorgst alle Zutaten und stellst dir währenddessen schon vor, wie unglaublich lecker der Kuchen schmecken wird, sobald er fertig ist. Im vierten Schritt bringst du alle Zutaten in deiner Schüssel zusammen, machst den Kuchenboden und den Belag – und dann schiebst du den Kuchen in den Backofen. Im fünften Schritt stellst du die Uhr ein und genießt den Duft, der sich langsam in deiner Wohnung ausbreitet, während der Kuchen im Backofen backt.

Die fünf Schritte zum Manifestieren sind:
1. Rezept raussuchen
2. Platz schaffen und Küche aufräumen
3. Vorfreude und Zutaten besorgen
4. Backen
5. Warten und vertrauen

Nimm dir für die Manifestationsformel am besten einen Stift und ein Blatt Papier zur Hand und führe die Higher-Self-Übung schriftlich aus. Eine Studie an der Harvard University aus dem Jahr 1979 bewies den eindeutigen Zusammenhang vom schriftlichen Festhalten von Zielen und dem späteren erfolgreichen Umsetzen. Ein Professor hatte damals die Studienteilnehmer in drei Gruppen aufgeteilt. Die erste Gruppe hielt ihre Ziele schriftlich fest, die zweite Gruppe kannte zwar ihre Ziele, schrieb sie aber nicht auf, und die dritte Gruppe hatte gar keine Ziele. Die Teilnehmer der Studie, die ihre Ziele während des Studiums schriftlich festhielten, hatten zehn Jahre später ein zehnmal so hohes Einkommen wie die anderen Teilnehmer der Studie. Die Studie wurde später ähnlich an einer Universität in Kalifornien wiederholt, wo die Professorin ebenso bestätigte, dass Menschen, die ihre Ziele klar formulieren und aufschreiben, wesentlich erfolgreicher sind, als die, die es nicht tun.

1. Schritt: Das Rezept raussuchen (Klarheit)

Was möchtest du manifestieren? Um zu bekommen oder zu erschaffen, was du gern möchtest, musst du dir im ersten Schritt darüber klar werden, was genau du möchtest. In anderen Worten: Du musst erst mal wissen, welchen Kuchen du gern magst, und das Rezept dafür raussuchen. Zu sagen, »Ich möchte glücklich sein« oder »Ich möchte erfolgreich sein«, ist ein bisschen zu ungenau. Das ist, als würdest du sagen: »Ich möchte irgendeinen Kuchen backen.« Wie soll dir das Universum dann dabei helfen, genau den Kuchen zu kreieren, den du am allerliebsten isst?

Woran würdest du ganz konkret merken, dass du glücklich oder erfolgreich bist? Was wäre anders in deinem Leben? Was wünschst du dir in den einzelnen Lebensbereichen?

Die Lebensbereiche sind:
» Beziehung (Wie wünschst du dir deine Partnerschaft?)
» Familie und Freundschaften (Was wünschst du dir für deine Familie und Freundschaften?)
» Gesundheit (Was wünschst du dir für deinen Körper?)
» Beruf (Was wünschst du dir beruflich?)
» Finanzen (Was ist ein finanzielles Ziel, das du gern erreichen möchtest?)
» Spiritualität/Sinn (Was wünschst du dir an spiritueller Tiefe und Sinngebung?)
» Abenteuer (Was wünschst du dir an Abenteuer und Vielseitigkeit?)
» Umgebung (Wie/wo möchtest du wohnen?)

Suche dir im ersten Schritt einen Lebensbereich heraus, und beantworte die Fragen für dich schriftlich. Nimm dir einen Zettel, und schreibe deinen Wunsch so konkret wie möglich auf: Was genau möchtest du in diesem Lebensbereich erreichen, und bis wann möchtest du es? Je konkreter du deinen Wunsch oder dein Ziel formulierst, desto genauer weißt du, was in den nächsten Schritten dafür zu tun ist. Und das Universum kann deinen Wünschen leichter entsprechen.

Nehmen wir als Beispiel den Lebensbereich »Beruf«. Vielleicht wünschst du dir schon lange, selbstständig zu arbeiten und dein eigenes Business erfolgreich aufzubauen. Schreibe deinen Wunsch in der Gegenwart auf, und formuliere ihn so genau wie möglich, z.B.: »Ich arbeite ab dem 1. Juni 2018 erfolgreich selbstständig als Grafikdesignerin und unterstütze mit meiner Arbeit meine Klienten mit einem wunderschön gestalteten Online-Auftritt. Ich verdiene monatlich 5000 Euro (oder mehr) und habe zusammen mit zwei anderen Grafikdesignern ein Büro mit viel Licht und kreativem Freiraum.«

2. Schritt: Platz schaffen und aufräumen (Ehrlichkeit)
Welcher Gedanke lässt dich noch zweifeln? Die Kunst des Manifestierens liegt darin verborgen, dass alle Zweifel darüber, ob es funktionieren wird, aus dem Weg geräumt sind und du dich in einem Zustand des Vertrauens und Empfangens befindest. Du musst Platz für deinen Traum schaffen und alles wegräumen, was noch im Weg steht. Du kannst dir deine Zweifel wie Türsteher vorstellen, die deinen Wunsch, dein Ziel oder deinen Traum einfach nicht zu dir durchlassen. Zweifel, Sorgen und Ängste halten dich in der Schwingung von Mangel. Und auf der Schwingung von Mangel können wir auch nur Mangel empfangen. Ich habe in meinen Coachings die Erfah-

rung gemacht, dass sich unsere Zweifel, Sorgen und Ängste recht schnell entkräften lassen, wenn man sie ans Licht holt und sie sich liebevoll ansieht. Ich stelle mir das immer gern so vor, dass ich mit meinen Türstehern im Kopf einen Kaffee trinken gehe und sie frage, warum sie glauben, meinen Wunsch oder mein Ziel nicht reinlassen zu dürfen. Die Antworten meiner Türsteher sind oft sehr unterhaltsam, und meistens stellen wir beide ziemlich schnell fest, dass der Türsteher da vielleicht ein klitzekleines bisschen zu übervorsichtig war. Manchmal denkt mein Türsteher zum Beispiel, dass es viel zu anstrengend wird, das Ziel zu realisieren, oder er möchte mich davor schützen, etwas zu überstürzen. Wenn du dir nicht darüber bewusst wirst, was deine Zweifel und Ängste sind, wird dein Türsteher deinen Träumen und Zielen einfach weiterhin die Tür vor der Nase zuschlagen. Deswegen ist die zweite Zutat des Manifestierens Ehrlichkeit dir selbst gegenüber.

Lade deinen Türsteher mal auf einen Kaffee ein, und frage ihn, was seine Zweifel oder Befürchtungen sind. Sei ganz ehrlich mit dir selbst, und schreibe einfach alle Zweifel auf. Wenn du dein Ziel durchliest, was lässt dich daran zweifeln, dass dein Traum oder dein Ziel Realität wird? Zum Beispiel:

» Ich müsste meine Komfortzone verlassen.« (Sicherheit)
» Ich müsste nach der Arbeit noch eine Stunde an meinem eigenen Projekt arbeiten.« (Bequemlichkeit)
» Mir fehlen noch Wissen und Erfahrung. Ich könnte scheitern.« (Sicherheit)
» Ich müsste meine Gewohnheiten ändern.« (Bequemlichkeit)

Unser Gehirn funktioniert nach der einfachen Regel: Bequemlichkeit und Sicherheit zuerst. Es kann also sein, dass dein Verstand (dein Türsteher) versuchen wird, dich von der Umsetzung deines Traums abzubringen, ganz einfach weil es ihm z. B. zu anstrengend ist oder weil du für deinen Traum ein Stück Sicherheit aufgeben müsstest. Bei dem zweiten Schritt geht es darum, ganz ehrlich zu dir selbst zu sein und so eine unterbewusste Selbstsabotage zu vermeiden. Indem du deine Ängste und Zweifel offen ansprichst und wahrnimmst, bringst du dein Bewusstsein und dein Unterbewusstsein in Einklang, und deine Zweifel verlieren automatisch an Wirkungskraft.

Nachdem du deine Zweifel aufgeschrieben hast, bedanke dich bei deinem Türsteher, dass er dich beschützen möchte und nur das Beste für dich im Sinn hat. Versichere ihm, dass du seine Bedenken verstehen kannst und nichts tun wirst, was dir selbst schadet. Ein wahres Wunder wirken auch hier die Worte: »Bitte befreie mich von meinen auf Angst basierenden Gedanken.«

3. Schritt: Vorfreude und Zutaten besorgen (Visualisierung)

Der dritte Schritt ist das kraftvolle Visualisieren deines Ziels oder deines Traums. Das Unterbewusstsein denkt in Bildern und nicht in Worten. Zu visualisieren bedeutet, mental alle Zutaten für deinen Kuchen einzukaufen und dir bildlich vorzustellen, wie du den Kuchen gebacken hast und wie lecker er sein wird. Die Visualisierung zeigt deinem Unterbewusstsein ganz genau, was es zu tun hat, und hilft dir dabei, Vertrauen in deinen Weg zu fassen. Da das Unterbewusstsein nicht wertet, sondern nur deine Wünsche ausführt, ist es umso wichtiger, genau die Bilder an dein Unterbewusstsein zu schicken, die du in der Zukunft in deinem Leben erfahren möchtest.

Schließe hierfür deine Augen, und stelle dir vor, wie du gedanklich in die Zukunft reist, in den Moment, wenn du dein Ziel erreicht hast. Alles ist genau so oder vielleicht sogar noch besser gekommen, als du es dir vorgestellt hast. Versetze dich physisch, mental und emotional in dein zukünftiges Ich. Wo bist du genau? Was kannst du wahrnehmen? Was kannst du sehen? Wie geht es dir? Wie fühlst du dich? Wie sieht dein Leben aus, wenn du deinen Traum realisiert hast? Nimm deine erfüllte Zukunft mit all deinen Sinnen wahr, und genieße den Moment. Siehe voller Stolz, was du geschafft hast. Lasse die Dankbarkeit und Freude für diese wunderschöne Zukunft, die du dir erschaffen hast, in dein Herz fließen und von dort in deinen gesamten Körper strömen.

Dann gehe in der Visualisierung deinen Weg zurück bis zu dem heutigen Moment. Wie bist du genau vorgegangen, um deinen Traum zu realisieren? Welche Entscheidungen hast du getroffen? Welches Selbstbild hat dir geholfen? Was gab es vielleicht für Hindernisse auf deinem Weg, und wie bist du damit umgegangen? Stelle dir vor, wie du den ganzen Weg vor deinem inneren Auge zurückgehst und dich dabei beobachtest, wie du dein Ziel erreicht hast.

Nachdem du wieder im Hier und Jetzt angekommen bist, öffne deine Augen, und schreibe dir auf, was du gesehen und gefühlt hast. Wiederhole die Visualisierung deines Ziels am besten jeden Morgen nach dem Aufwachen und abends kurz vor dem Einschlafen.

4. Schritt: Backen (Realisierung)

In deiner Visualisierung hast du gesehen und gespürt, wie du dein Ziel bereits erreicht hast und wie gut es sich angefühlt hat, voller Freude deine eigene Zukunft zu erschaffen. Du hast gesehen, welche Schritte du getan hast, welche Entscheidungen du getroffen hast, wie du die Hindernisse gemeistert hast und wie du gedacht und gehandelt hast. Du hast dir selbst deine eigene Anleitung geschrieben, um dein Ziel oder deinen

Traum zu verwirklichen. Der nächste Schritt ist es, diese Anleitung mit Leben zu füllen und deinen Traum auch tatsächlich zu realisieren. Du hast jetzt alle Zutaten vor dir stehen und kannst anfangen, den Kuchen tatsächlich zu backen.

Welche konkreten Schritte und Handlungen brauchst du, um deinen Wunsch oder dein Ziel Wirklichkeit werden zu lassen? Welche Routinen und Gewohnheiten kannst du in deinen Alltag integrieren, die dich deinem Traum näherbringen? Welche ganz konkreten Schritte kannst du heute schon gehen, um den ersten Schritt zu tun? Deine Gedanken und Gefühle setzen den Ton für die Schwingung, die du aussendest. Um deinen Wunsch oder dein Ziel zu manifestieren, musst du jetzt nichts mehr tun, außer dich emotional und gedanklich in die Schwingung deines Ziels oder Wunsches zu begeben und dich bereits im Hier und Jetzt so zu verhalten, als wäre dein Ziel bereits erreicht. Denn das ist es bereits. Deine einzige Aufgabe ist, dich in die Frequenz von deinem Higher Self zu begeben und dein gesamtes Selbstbild darauf einzustimmen, dass deine Zukunft genau so oder noch besser eintreten wird. Verliebe dich in deine Zukunft, und sei jetzt schon voller Dankbarkeit und Vorfreude auf alles, was dich erwartet. Liebe ist die stärkste Motivation, die es gibt, und sie wirkt wie ein Magnet für alles, was du dir wünschst.
Lasse dich von deiner Vision leiten, und triff die Entscheidung, dass du es verdient hast, dir deine Wünsche zu erfüllen. Mache es dir zur Gewohnheit, deinen Tag im Higher Self zu beginnen und voller Freude zu gestalten. Du kannst dir kleine Anker im Alltag setzen, die dich zwischendurch daran erinnern, dass dein Wunsch schon längst manifestiert ist. Ich habe zum Beispiel all meine Passwörter auf meine Wünsche, die ich gern manifestieren möchte, angepasst und werde dadurch jedes

Mal, wenn ich mich irgendwo einloggen möchte, an meinen Wunsch erinnert. Du kannst dir auch ein Visions-Board erstellen, auf dem du für alle Lebensbereiche Bilder aufklebst, die deine Wünsche darstellen. Ich habe vor fünf Jahren eine alte Holztür für mein Visions-Board auserkoren und alles draufgeklebt, was ich gern manifestieren wollte – wie zum Beispiel den Scheck mit dem Verlagsvertrag.

Das Visions-Board steht in meinem Schlafzimmer, und jedes Mal, wenn ich draufschaue, bedanke ich mich dafür, dass alles genau so oder besser in meinem Leben eintreten wird. Und ich freue mich aus tiefstem Herzen auf all die wunderschönen Momente, Menschen und Ereignisse, die in meiner Zukunft auf mich warten.

5. Schritt: Warten und vertrauen

Nachdem du alle Zutaten zusammengemischt und sie in eine Kuchenform gefüllt hast, schiebst du den Kuchen in den Backofen, stellst die Backtemperatur und die Zeit ein und vertreibst dir die Wartezeit, während du den leckeren Duft vom Kuchen in der Nase hast. Was du wahrscheinlich nicht machst, ist, alle zwei Minuten zum Backofen zu laufen, ihn aufzureißen und zu schauen, ob der Kuchen schon fertig ist, oder daran zu zweifeln, ob der Backofen auch wirklich genug Power hat, um den Kuchen zu backen – oder ob du vielleicht doch lieber einen anderen Kuchen hättest backen sollen. Genauso ist es auch mit dem Manifestieren. Der fünfte Schritt heißt vertrauen und loslassen. Du kannst in das tiefe Vertrauen gehen, dass du alles richtig gemacht hast und dass dein Wunsch genau so in dein Leben treten wird, wie du es visualisiert hast. Vertraue deiner inneren Weisheit und darauf, dass das Universum dich auf deinem Weg unterstützen wird, wenn dein Wunsch oder dein Ziel in deinem höchsten Sinne ist. Genieße schon im Hier und Jetzt den »Duft« deiner Zukunft, und lasse dein Ziel los. In dem Moment, wenn du anfängst, das Ergebnis zu kontrollieren und an deiner eigenen Schöpferkraft zu zweifeln, senkst du deine eigene Energiefrequenz.

»Diejenigen, die sich des Ausgangs gewiss sind,
können es sich erlauben zu warten und
ohne Ängstlichkeit zu warten.« – Ein Kurs in Wundern

Zu vertrauen bedeutet, schon jetzt zu wissen, dass dein Wunsch bereits erfüllt ist, auch wenn du es mit deinen Augen noch nicht sehen, sondern nur mit deinem Herzen fühlen kannst. Es bedeutet, deine Wünsche bereits für wahr und verwirklicht zu halten und eine tiefe Dankbarkeit für die Erfüllung zu spüren. Durch diese innere Haltung wirst du zu einem Magneten für alles, was du dir wünschst.

MÖGEST DU GLÜCKLICH SEIN

» Zu manifestieren bedeutet, einen Wunsch oder ein Ziel in deinem Leben sichtbar werden zu lassen.

» Werde dir ganz genau darüber klar, was du gern in deinem Leben erschaffen möchtest.

» Indem du jetzt schon dankbar für die Erfüllung deines Wunsches bist, wirst du zu einem Magneten für alles, was du dir wünschst.

» Wenn dein Bewusstsein und Unterbewusstsein im Einklang handeln, lösen sich deine Zweifel und Ängste auf.

» Vertraue darauf, dass dich das Universum auf deinem Weg unterstützen wird, wenn dein Ziel in deinem höchsten Sinne ist.

○ MANTRA: »ICH ERSCHAFFE MEIN LEBEN.«
Nutze dieses kraftvolle Mantra, um dich in jedem Moment an deine unendliche Kreativität und Schöpferkraft zu erinnern.

 Nimm dir Zeit für dich und notiere deine Erkenntnisse in einem Notizheft.

Der Sinn des Lebens

besteht darin,

sein Geschenk

zu finden.

Die Bestimmung

liegt darin,

es weiterzugeben.

– Unbekannt

Finde dein Geschenk
für die Welt

Ich interessierte mich als kleines Kind nicht sonderlich für die Schule, für Hausaufgaben, Puppen oder Plastikspielzeug. Ich wollte raus in die Natur und mit meinem kleinen, dicken Pony durch den Wald galoppieren. Ich liebte es, den Wald zu entdecken, die Tiere zu beobachten, barfuß auf Bäume zu klettern und abends völlig erschöpft ins Bett zu fallen. Dass die Welt allerdings nach anderen Regeln spielte, merkte ich, als wir in eine neue Stadt zogen und ich mich plötzlich ohne Pony und Wald in einer ganz normalen Schule wiederfand.

Ich fühlte mich in der neuen Umgebung so fremd wie ein Salzwasserfisch, den man in einem Süßwassersee ausgesetzt hatte und den alle anderen Fische plötzlich ganz komisch anschauten. Ich hatte das Gefühl, keine Luft zu bekommen, und machte schnell die Erfahrung, dass Kinder ziemlich gemein sein können, wenn ein Kind irgendwie anders ist als sie selbst. Ich entwickelte eine riesige Angst davor, in die Schule zu gehen, weil ich nicht wusste, wie ich mich gegen die gemeinen Sprüche und das Ärgern wehren sollte. In den Pausen versteckte ich mich auf den Toiletten der Schule, damit ich nicht allein auf dem Schulhof stehen würde, und nach der Schule fuhr ich, so schnell ich konnte, nach Hause und verkroch mich in meinem Bett. Ich spürte, wie mit jedem Tag meine Lebensfreude weniger wurde und ich mich mehr und mehr in mich selbst zurückzog.

Um in der Schule nicht weiter aufzufallen, wurde ich immer ruhiger und versuchte, mich anzupassen. Erst als ich mit 15 die Chance bekam, für ein Jahr nach Venezuela zu gehen, taute ich weit weg von zu Hause langsam wieder auf. Mein Herz öffnete sich durch die Herzlichkeit und Liebe, die mir von den Menschen entgegengebracht wurden, und ich begann, auch meine eigene Lebensfreude wiederzuentdecken. Wir reisten zu den schönsten Wasserfällen, tanzten abends Salsa auf der Straße, und ich verstand, dass das Gefühl von Sicherheit und Heimat etwas ist, was wir überall dort auf der Welt finden können, wo die Liebe bedingungslos ist. Als ich ein Jahr später mit neuer Energie zurück nach Deutschland kam, wechselte ich die Schule und beschloss, mir nie wieder meine Lebensfreude wegnehmen oder mir das Gefühl geben zu lassen, so, wie ich bin, irgendwie falsch zu sein.

Fast 15 Jahre später saß ich in einem Flieger nach Santa Fe (USA), um an einem Seminar der amerikanischen Speakertrainerin Gail Larson teilzunehmen. In dem Seminar ging es unter anderem darum zu lernen, als Speaker in seiner ganzen Kraft zu sein und die eigene Wahrheit authentisch in Vorträgen zu transportieren. Auch wenn ich zu dem Zeitpunkt bereits sehr erfolgreich war, als Speakerin ausgebucht war und mein Podcast »Happy Holy & Confident« mehrere Millionen Downloads hatte, fühlte ich, dass ich noch Unterstützung auf meinem Weg brauchte. Ich hatte immer Tausende Ideen, merkte aber auch, dass ich noch unsicher war, wenn es zu den Themen kam, die mir wirklich am Herzen lagen. Ich wollte in dem Seminar mehr Klarheit für mich finden.

Am zweiten Tag des Seminars sollten wir herausarbeiten, was unser Geschenk für die Welt sei. Gail erzählte uns, dass die Indianer dieses Geschenk die »Original Medicine« (die »einzigartige Medizin«) nannten. Für die Indianer war die »einzigartige Medizin« das Heilmittel, das jeder Mensch mit in sein Leben brachte, aber das bei jedem Menschen ein anderes war.

Ebenso wie es keinen Menschen zweimal gibt, ist auch die Medizin jedes Menschen einzigartig.

Die »einzigartige Medizin« bedeutet, dass wir etwas mit in unser Leben gegeben bekommen, womit wir uns selbst und auch andere heilen oder womit wir auf dieser Welt einen Beitrag leisten können. Unsere Aufgabe ist es herauszufinden, was unsere Medizin ist, und sie mit der Welt zu teilen. Die Indianer gehen davon aus, dass wir uns nicht im Gleichgewicht und verbunden mit uns selbst fühlen, solange wir unsere »einzigartige Medizin« nicht gefunden haben – und dass wir sogar krank werden können, solange wir nicht bereit sind, uns mit der »Original Medicine« zu verbinden.

Deine Medizin ist dein Geschenk für die Welt. Es ist eine Fähigkeit, eine Begabung oder ein Wissen, das nur du mit auf die Welt gebracht hast und das die Welt braucht. Dein Geschenk für die Welt kann sein, dass du ein unglaublicher Koch bist und wahnsinnige Geschmackserlebnisse kreieren kannst, oder du bist ein Zahlengenie, malst Bilder, kannst Menschen inspirieren oder ihnen neues Vertrauen schenken. Jede Medizin ist einzigartig. Dein Geschenk für die Welt muss nicht für alle Menschen auf der Welt hilfreich sein, vielleicht ist es sogar nur für die Heilung eines einzigen Menschen, vielleicht sogar nur für dich selbst bestimmt. Es spielt keine Rolle, wie vielen Menschen du dadurch helfen kannst, das Einzige, was wichtig ist, ist, dass du dein Geschenk zum Ausdruck bringst – und die Menschen, die dich brauchen, werden dich finden.

»Wir begleiten uns alle gegenseitig nach Hause.«
– Rumi

Es gibt eine wunderschöne Geschichte, die davon erzählt, welchen Unterschied wir alle füreinander machen können. Es ist die Geschichte von einem alten Mann, der nach einem schweren Sturm Seesterne, die angespült worden waren, wieder zurück ins Meer bringt. Ein kleiner Junge geht am Strand spazieren und sieht in der Ferne den alten Mann, wie er etwas vom Boden aufhebt und ins Meer wirft. Neugierig geht der kleine Junge näher, um zu sehen, was der Alte macht. Als er bei ihm ankommt, sieht er, dass es Seesterne sind, die der alte Mann zurück ins Meer wirft. Verwundert fragt der kleine Junge den alten Mann: »Warum werfen Sie die Seesterne zurück ins Wasser? Das macht doch gar keinen Unterschied. Sie werden doch eh nicht alle retten können, hier liegen bestimmt Tausende Seesterne am Strand.« Der alte Mann blickt den Jungen an, hebt einen weiteren Seestern auf, wirft ihn zurück ins Meer und sagt: »Für diesen hier hat es einen Unterschied gemacht.«

Wir alle brauchen uns gegenseitig, um zu lernen, zu wachsen, zu lieben und um die Welt zu erschaffen, in der wir gern leben möchten. Ein Mensch allein ist auf der Welt verloren, während wir alle gemeinsam die Welt zu einem schöneren Ort machen können. Dafür ist es notwendig, dass jeder Mensch versteht, dass er gebraucht wird und dass er nicht überflüssig oder ungeliebt ist. Wenn du dich mit deinem einzigartigen Geschenk verbindest, fühlst du dich erfüllt, weil du weißt, dass du etwas zu verschenken hast, was die Welt braucht. Erst im Ausdruck unserer einzigartigen Medizin erfahren wir die Verbundenheit zu allem, was ist, und wir kommen in Kontakt mit der eigenen Integrität. Sie verbindet uns mit dem universellen Auftrag, mit dem wir alle auf die Welt gekommen sind: »Wie kann ich dir helfen?«

Im Laufe unseres Lebens werden wir für uns alle gegenseitig zu dem alten Mann am Strand und wissen häufig gar nicht, welchen Unterschied wir gerade für einen anderen Menschen gemacht haben.

Wir brauchen den Busfahrer ebenso wie die Ärztin und die Mama oder den Papa ebenso wie die Unternehmerin und den Aktivisten. Mache dort, wo du bist, einen Unterschied. Wert ist nicht abhängig von dem, was du verdienst oder was du für einen Beruf hast. Anstatt dich mit anderen zu vergleichen, mache es dir zur Aufgabe, dich auf die Suche nach deinem Geschenk für die Welt zu machen und Frieden in dir zu erschaffen. Dein Geschenk für die Welt muss nicht unbedingt in einem Beruf gelebt werden. Es kann auch deine Fähigkeit sein, Menschen zum Lachen zu bringen, besonders empathisch hinhören zu können oder einen unfassbar grünen Daumen zu haben, der jeden Balkon in ein kleines Paradies verwandelt. Jedes Geschenk ist einzigartig, und durch das Vergleichen mit anderen schaffst du nur Trennung anstatt Einheit. Wir brauchen alle einander. Wir brauchen jeden Einzelnen. Erst wenn wir das verstehen und im anderen das Geschenk erkennen, das er oder sie mit auf die Welt gebracht hat, werden wir den Frieden finden, nach dem wir uns alle sehnen.

»Wer seinen eigenen Weg geht, dem wachsen Flügel.«
– Asiatisches Sprichwort

Das wertvollste Geschenk, das wir der Welt machen können, ist, uns der Welt zu schenken und durch unser strahlendes Licht ein Licht für alle Menschen um uns herum zu sein. Wenn du dir erlaubst, wieder voller Freude und Begeisterung dein Leben zu erschaffen, gibst du damit automatisch auch allen anderen die Erlaubnis, dieses Licht in sich selbst zu erkennen. Das Leben hört auf, ein Kampf zu sein, wenn wir aufhören zu kämpfen und bewusst wählen, unsere eigene Schöpferkraft anzuerkennen. Unsere Aufgabe als Menschen ist es, einen Unterschied füreinander zu machen und uns gegenseitig an unser Geschenk für die Welt zu erinnern. Ebenso wie der alte Mann für den einen Seestern einen Unterschied gemacht hat, machst du mit deinem einzigartigen Geschenk, das du in die Welt bringst, einen Unterschied für andere Menschen.

Higher-Self-Übung:
Entdecke deine einzigartige Medizin

Ich möchte gern drei Fragen mit dir teilen, die dir dabei helfen, deine einzigartige Medizin zu entdecken. Ich glaube, dass wir alle intuitiv von unserem Geschenk für die Welt wissen, aber dass der Zugang im Laufe des Lebens von Selbstzweifeln oder weil wir nicht auffallen wollen, versperrt wurde. Durch die drei Fragen kannst du den Zugang wieder öffnen. Meistens ist die erste Antwort, die dir in den Kopf kommt, die richtige. Mir hat es auch geholfen, meine Familie und Freunde zu fragen, wie sie die Fragen über mich beantworten würden.
Nimm dir für die Beantwortung der Übung Zeit, und antworte so intuitiv wie möglich darauf. Du musst die Antworten nicht sofort finden, du kannst dir auch ein ganzes Jahr oder länger Zeit nehmen, um herauszufinden, was dein Geschenk ist, und dich bewusst im Alltag von den Fragen leiten lassen.

1. Frage: Was unterscheidet dich von allen anderen?
Wann gab es Momente in deinem Leben, wo du das Gefühl hattest, irgendwie gerade anders als alle anderen zu sein? In-

teressanterweise ist es gerade unsere Andersartigkeit, die die Einzigartigkeit ausmacht. Da wir aber meistens keine positiven Erfahrungen damit machen, anders zu sein, verstecken wir, je älter wir werden, gerade diese Einzigartigkeit. Es ist eines der stärksten menschlichen Bedürfnisse, zu einer Gemeinschaft dazuzugehören, und es ist unglaublich schmerzhaft, von einer Gruppe ausgeschlossen zu werden. Aus diesem Grund beginnen wir schon sehr früh, uns anzupassen, und verlieren den Zugang zu uns selbst. Dabei ist es genau diese Einzigartigkeit, die dein Geschenk für die Welt darstellt.

Wenn du dich an deine Kindheit und deine Jugend erinnerst, was waren Dinge, die du unglaublich gern gemacht hast, die du aber irgendwann nicht mehr gemacht hast, weil du damit ganz allein dastandest?

Ich erinnere mich daran, wie ich immer schon die Fähigkeit hatte, in jedem Moment, Ort oder Menschen Schönheit zu sehen und etwas Besonderes zu entdecken. Automatisch richtete ich meine Aufmerksamkeit immer darauf, etwas Positives zu finden. Allerdings stellte ich ziemlich schnell fest, dass die meisten Menschen es genau andersherum machten und meistens über das sprachen, was schlecht war oder worüber sie sich beschweren konnten. Wann immer ich also meine Begeisterung über einen Moment, einen Ort oder Menschen zum Ausdruck brachte, bekam ich meistens einen skeptischen Blick zugeworfen, wurde belächelt und bekam mit der Zeit das Gefühl, dass es irgendwie nicht richtig ist, die meiste Zeit seines Lebens begeistert zu sein anstatt pessimistisch. Ich wurde vorsichtig mit dem, was ich sagte, und passte mich den »normalen« Gesprächen an.

Je älter ich wurde, desto mehr deckelte ich meine Begeisterung, bis ich sie selbst fast vergessen hatte. Es hat sehr lange gedauert, den Zugang zu meiner Begeisterung wiederzufinden und mir zu erlauben, sie mit der Welt zu teilen. Lustigerweise basiert heute mein ganzer Erfolg auf genau dieser Fähigkeit, Menschen dabei zu helfen, die Einzigartigkeit und Fülle in sich selbst wiederzuentdecken, und sie für ihr eigenes Leben zu begeistern.

Es kann also gut sein, dass auch dein Geschenk für die Welt etwas ist, unter dem du für einige Zeit in deinem Leben gelitten oder was du zu unterdrücken und zu verstecken versucht hast. Vielleicht ist es bei dir so, dass du sehr feinfühlig und hochsensibel bist, was dich früher unter Stress gesetzt oder verunsichert hat, weil du mehr wahrnehmen konntest als alle anderen. Heute kannst du deine Hochsensibilität nutzen, um dich besser in andere hineinzuversetzen und emphatisch zu sein. Oder vielleicht hast du eine ganz spezielle Art von Humor, die es dir ermöglicht, schwierige Themen humorvoll zu kommunizieren, sodass sie jeder leicht aufnehmen kann. Oder vielleicht hattest du den Mut, den Erwartungen deiner Eltern an dich zu trotzen und eine Ausbildung zur Floristin zu machen, anstatt zu studieren, weil du Blumen liebst und damit das Zuhause von Menschen verschönerst.

Wie du siehst, gibt es kein richtiges oder falsches Geschenk. Jedes Geschenk ist richtig, und jedes Geschenk wird gebraucht.

2. Frage: Was ist die eine Sache, die dein Herz singen lässt?
Was also ist es, ohne das du nicht leben kannst? Worauf könntest du niemals verzichten? Dein Geschenk für die Welt ist nichts, was du dir erarbeiten musst. Es ist meistens das Natürlichste der Welt für dich, während es vielleicht für die anderen ungewohnt und etwas Besonderes ist. Was lässt dein Herz singen? Was fällt dir leicht, was anderen schwerfällt? Was fehlt

dir, wenn du es nicht tun kannst? Lasse dich auf der Suche nach deinem Geschenk für die Welt nicht von deinen Lower-Self-Gedanken verunsichern. Wenn Gedanken kommen wie »Ach, das ist doch überhaupt nichts Besonderes!« oder »Das kann doch jeder ...«, kannst du dir sicher sein, dass du genau auf dem richtigen Weg bist.

Mein Herz singt, wenn ich Neues lernen kann und in meinen Büchern versinke. Das Schlimmste ist es für mich, mehrere Tage ohne Bücher zu sein und nicht die Möglichkeit zu haben, mich weiterzuentwickeln oder etwas Neues zu lernen. Ich würde es fast immer bevorzugen, ein Buch über persönliche Weiterentwicklung oder Spiritualität zu lesen, anstatt einen Film oder eine Serie im Fernsehen zu schauen. Genauso ist es für mich unerträglich, wenn ich jeden Tag dasselbe machen muss. Ich brauche Abwechslung und liebe neue Inspiration. Diese Kombination aus Neugierde, Wissensdurst und der Begeisterung für spirituelles Wachstum macht es für mich spielerisch leicht, mein Wissen weiterzugeben und damit anderen Menschen helfen zu können.

3. Frage: Was war das einschneidendste Erlebnis in deinem Leben?

Die dritte Frage ist wahrscheinlich die schwierigste Frage, um dich wieder mit deiner einzigartigen Medizin zu verbinden. Dadurch, dass du dieses Buch in deinen Händen hältst und es bis hierhin gelesen hast, weiß ich, dass du bereits erkannt hast, dass es gerade die schwierigsten und wahrscheinlich auch schmerzhaftesten Momente in deinem Leben waren, die gleichzeitig die wichtigsten Erkenntnisse für dich beinhaltet haben. Wir machen keine Erfahrung in unserem Leben durch Zufall, sondern immer in der Absicht unserer Seele, sich selbst zu erfahren und zu lernen, zur Liebe zurückzukehren, unabhängig davon, wie schmerzhaft die Erfahrung auch war.

Wenn du dich an das einschneidendste Ereignis in deinem bisherigen Leben erinnerst, was wollte deine Seele erfahren? Wie hast du die Erfahrung für dich verarbeitet? Was war deine Erfolgsstrategie, die dich die Erfahrung hat überleben lassen? Welche Transformation konntest du durch das Erlebnis machen?

Das einschneidendste Erlebnis in meinem Leben war das Auseinanderbrechen meiner Familie und die Tatsache, mich von einem auf den anderen Tag ohne meine Mutter zurechtfinden zu müssen. Hätte ich diese Erfahrung nicht gemacht, hätte ich mich wahrscheinlich niemals auf den Weg der persönlichen Weiterentwicklung und auf die Suche nach meinen spirituellen Lehrern gemacht, um bei ihnen Heilung zu finden. Durch diesen Weg habe ich nicht nur mich selbst geheilt, sondern habe heute eine tiefere und liebevollere Beziehung zu meiner Mutter, als ich sie wahrscheinlich jemals gehabt hätte, wenn sich meine Eltern nicht hätten scheiden lassen. Mich hat dieses Erlebnis gelehrt, Selbstverantwortung zu übernehmen und Vergebung zu lernen sowie ein unerschütterliches Vertrauen in meine eigene Resilienz und Stärke zu entwickeln.

Diese innere Stärke konnte ich nur dadurch entwickeln, dass ich die Erfahrung gemacht habe, dass ich mich auch in den größten Krisen auf mich selbst verlassen kann. Es sind gerade unsere Krisen, die uns an unsere »einzigartige Medizin« erinnern, weil es meistens genau unsere Medizin ist, die uns in diesem Moment gerettet und geheilt hat.

Nutze deine einzigartige Persönlichkeit, um deiner Seele zu dienen, sich vollkommen in ihrer Einzigartigkeit zum Ausdruck bringen zu können. Wenn du nichts mehr zurückhältst, kommst du in Kontakt mit deiner wahren inneren Kraft und verbindest dich direkt mit deinem Higher Self. Du veränderst dein Bewusstsein von Mangeldenken hin zu Erfülltsein und von Trennung hin zu Einheit.

MÖGEST DU GLÜCKLICH SEIN

» Jeder Mensch besitzt ein Geschenk für die Welt, das so einzigartig ist, dass es für immer verloren geht, wenn es nicht zum Ausdruck gebracht wird.

» Die Indianer nennen dieses Geschenk unsere »einzigartige Medizin«, die wir in diesem Leben mitgegeben bekommen haben, um uns selbst und andere damit zu heilen.

» Dein Geschenk für die Welt wird gebraucht sowie das Geschenk von jedem anderen Menschen auch. Wir alle brauchen einander.

» Wenn du dich mit deinem Geschenk für die Welt verbindest, findest du Erfüllung in dir und verstehst, wie wichtig es ist, dass du da bist.

» Das Geschenk für die Welt ist so einzigartig wie jeder einzelne Mensch auf der Welt. Es gibt kein Richtig oder Falsch, sondern nur deinen Wunsch, es zum Ausdruck zu bringen und damit anderen helfen zu können.

○ MANTRA: »ICH BIN EIN GESCHENK FÜR DIE WELT.« Nutze dieses kraftvolle Mantra, um dich daran zu erinnern, dass du etwas Einzigartiges in dir trägst, womit du diese Welt zu einem besseren und schöneren Ort machen kannst.

 Nimm dir Zeit für dich und notiere deine Erkenntnisse in einem Notizheft.

May it be
beautiful before me.
May it be beautiful
behind me.
May it be beautiful
above me.
May it be beautiful
below me.
May I walk in beauty.

– Spruch der Navajo-Indianer

Sei liebevoll mit dir –
egal, wohin dein Weg dich führt

Der Weg zu sich selbst ist ein heilsamer, aber manchmal auch steiniger und langer Weg. Es ist ein Weg, den niemand für dich gehen kann und der an manchen Tagen schmerzhaft oder auch frustrierend sein kann. Was zählt, ist, dass du einen Schritt nach dem anderen gehst. Vertraue, dass sich der Weg trotz aller Schwierigkeiten lohnen wird. Wir brauchen unsere Selbstliebe vor allen Dingen in den Momenten, wenn es uns nicht gut geht. Es ist nicht falsch, negative Gedanken oder Gefühle zu haben. Es ist auch nicht falsch, an manchen Tagen nicht zu wissen, wohin die Reise gehen wird, und vielleicht sogar den Weg aus den Augen verloren zu haben.

Das Einzige, was zählt, ist, dass du, egal, wo du gerade in deinem Leben stehst, liebevoll mit dir selbst bist. Beginne damit, dich selbst voller Mitgefühl und Liebe auf deinem Weg zu begleiten. Sei liebevoll mit dir auf deiner Reise, und respektiere dich dafür, dass du die Entscheidung getroffen hast herauszufinden, wer du in Wirklichkeit bist. Es gehört eine große Portion Mut dazu, das eigene Selbstbild und Weltbild zu hinterfragen. Häufig stoßen wir damit nicht nur bei uns selbst, sondern auch in unserer Umgebung auf Kritik und Unverständnis. Vertraue der Stimme in dir, die an dich glaubt und die weiß, dass du deinen Weg finden und gehen wirst. Du hast mit dem Wissen aus diesem Buch einen goldenen Samen in deinem Herzen gepflanzt. Mit jedem positiven Gedanken und jedem liebevollen Wort an dich selbst wächst dieser kleine Samen und wird zu einem starken Baum, dessen Früchte du ernten wirst und unter dessen Schatten du dich ausruhen kannst.

Wenn du einen Bambussamen pflanzt, wächst dieser bis zu drei Jahre unter der Erde, ohne dass du etwas an der Oberfläche erkennen kannst. Nach den drei Jahren sprießt der Bambus plötzlich aus dem Boden heraus und kann bis zu einen Meter am Tag wachsen.

Der Samen in deinem Herzen braucht wie der Bambus Zeit und Ruhe, um wachsen zu können. Hüte ihn gut, wie das Wertvollste, was du besitzt. Wenn du ihn täglich pflegst und mit liebevollen Gedanken und Worten gießt, wird der Tag kommen, an dem du plötzlich das Gefühl hast, spirituell, emotional und mental eine völlig neue Ebene erreicht zu haben. Folge deinen Träumen und Wünschen. Nicht, um ein bestimmtes Ziel zu erreichen, sondern weil es die menschliche Natur ist, sich zum Ausdruck zu bringen. Es geht darum, nach und nach zu deinem goldenen Kern zurückzukehren und deinen Lebensweg zu nutzen, um der Mensch zu werden, der du in Wirklichkeit sein kannst.

Es gibt kein Endziel im Leben. Alles, was es gibt, ist dieser Moment, das Jetzt. Dieser Moment ist vollkommen, er beinhaltet alles, was du brauchst, denn alles, was du brauchst, ist bereits in dir.

Meditation:
Die liebevolle Güte

Diese Meditation ist eine der ältesten buddhistischen Meditationen, die dich mit deinem Mitgefühl und der Güte in dir verbindet. Mitgefühl und Güte dir selbst und der Welt gegenüber zu zeigen, egal, was im Außen passiert, ist die wertvollste Fähigkeit deines Höchsten Selbst. Mitgefühl verurteilt nicht, sondern erlaubt, Fehler machen zu dürfen und daraus lernen zu können. Durch dein Mitgefühl darf dort wieder Verbindung entstehen, wo vorher Trennung war. Die Meditation besteht aus den vier Sätzen:

»Möge ich glücklich sein.
Möge ich mich immer sicher und geborgen fühlen.
Möge ich gesund sein.
Möge ich mit Leichtigkeit und Liebe durchs Leben gehen.«

Die Sätze sprichst du während der Meditation für dich selbst, für einen Menschen, den du liebst, und für einen Menschen, mit dem die Beziehung herausfordernd oder schwierig ist.

Finde für die Meditation einen ruhigen Ort, an dem du für die nächsten 30 Minuten ungestört bist. Setze dich bequem hin, und schließe deine Augen. Atme tief durch die Nase ein und durch den Mund wieder aus. Wiederhole diese Atmung dreimal. Erlaube deinem Atem danach, seinen ganz natürlichen Rhythmus wiederzufinden, und bringe deine Aufmerksamkeit zu deiner Nasenspitze. Beobachte für die nächsten 10 bis 15 Atemzüge, wie dein Atem ganz gleichmäßig in deinen Körper hinein- und wieder hinausfließt. Wenn Gedanken versuchen, dich von deinem Fokus abzulenken, dann werde dir der Gedanken bewusst, und bringe deine Aufmerksamkeit ganz liebevoll wieder zurück zu deinem Atem ...

Nachdem du dich über deinen Atem ganz bewusst mit dem Moment verbunden hast und gegenwärtig bist, lasse deine Aufmerksamkeit zu deinem Herzen wandern, und verbinde dich mit der Energie deines Herzens. Spüre deinen Herzschlag, und stelle dir vor, wie du durch dein Herz ein- und ausatmest und sich die Energie deines Herzens in deiner Brust ausweitet. Stelle dir diese Energie wie einen Magneten für all deine guten Eigenschaften vor. Die Energie zieht zum Beispiel all die Liebe, das Mitgefühl, die Freude, das Vertrauen, die Kraft und die Weisheit in dein Herz, wodurch sich jetzt die positive Energie deines Herzens noch weiter ausbreitet und über deinen Körper hinausstrahlt.

Sprich jetzt in Gedanken die vier Sätze der Meditation für dich. Wiederhole jeden Satz dreimal! Stelle dir vor, wie die Worte dein Herz erreichen und von dort in deinen gesamten Körper und jede Zelle weitergetragen werden:

»Möge ich glücklich sein.
Möge ich mich immer sicher und geborgen fühlen.
Möge ich gesund sein.
Möge ich mit Leichtigkeit und Liebe durchs Leben gehen.«

Atme tief ein und aus. Fühle die heilende Energie der Worte in deinem Körper. Denke jetzt an einen Menschen, den du aus tiefstem Herzen liebst. Stelle dir vor, wie dieser Mensch vor dir steht und ihr euch gegenseitig anseht.

Sprich die vier Sätze nun in jeweils drei Wiederholungen für diese Person:

»Mögest du glücklich sein.
Mögest du dich immer sicher und geborgen fühlen.
Mögest du gesund sein.
Mögest du mit Leichtigkeit und Liebe durchs Leben gehen.«

Atme tief ein und aus. Fühle die heilende Energie der Worte in eurer Verbindung. Danke dem Menschen, dass er oder sie Teil deines Lebens ist, und verabschiede dich über deine Augen von der Person. Denke jetzt an einen Menschen, zu dem die Beziehung schwierig oder herausfordernd ist. Stelle dir vor, wie dieser Mensch vor dir steht und ihr euch gegenseitig anseht. Sprich die vier Sätze nun in jeweils drei Wiederholungen für diese Person:

»Mögest du glücklich sein.
Mögest du dich immer sicher und geborgen fühlen.
Mögest du gesund sein.
Mögest du mit Leichtigkeit und Liebe durchs Leben gehen.«

Atme tief ein und aus. Fühle die heilende Energie der Worte in eurer Verbindung. Danke dem Menschen, dass er oder sie Teil deines Lebens ist und dir als Lehrer dient ... und verabschiede dich über deine Augen von der Person. Lasse sie mit einem Lächeln gehen. Zum Abschluss sprich die vier Sätze noch einmal für dich selbst:

»Möge ich glücklich sein.
Möge ich mich immer sicher und geborgen fühlen.
Möge ich gesund sein.
Möge ich mit Leichtigkeit und Liebe durchs Leben gehen.«

Bedanke dich bei dir selbst und bei dem Leben, das durch dich fließt. Nimm noch drei tiefe Atemzüge, und atme durch den Mund wieder aus. Wenn du so weit bist, öffne deine Augen, und komme zurück ins Hier und Jetzt.

MÖGEST DU GLÜCKLICH SEIN

» Sei liebevoll mit dir auf dem Weg zu dir selbst, und stehe dir mit Mitgefühl und Güte zur Seite.

» Es geht im Leben nicht darum, ein bestimmtes Ziel zu erreichen, sondern darum, der Mensch zu werden, der du gern sein möchtest, und deine Ziele zu nutzen, um dir dabei zu helfen.

» Nutze die »Liebevolle-Güte-Meditation« täglich, um den goldenen Samen in deinem Herzen wachsen zu lassen.

» Alles, was es gibt, ist der gegenwärtige Moment. Das Leben ist jetzt. Nutze den Moment, um dich mit deinem Higher Self zu verbinden und der Welt mit Liebe und Mitgefühl zu begegnen.

○ Mantra: »LOKAH SAMASTAH SUKHINO BHAVANTU.«
»Mögen alle Menschen und Lebewesen auf dieser Welt glücklich und frei sein, mögen all meine Worte, Taten und Gedanken zu diesem Glück und dieser Freiheit beitragen.«
Nutze dieses kraftvolle Mantra, um dich daran zu erinnern, dass du dazu beitragen kannst, diese Welt zu verändern und zu einem friedlichen Ort zu machen.

 Nimm dir Zeit für dich und notiere deine Erkenntnisse in einem Notizheft.

Ich danke dir aus tiefstem Herzen …

… für dein Vertrauen und dass ich dich mit meinem Buch ein Stück auf deinem Weg begleiten durfte. Ich wünsche dir, dass du dein goldenes Licht von nun an stärker als jemals zuvor erstrahlen lässt, dich mit deiner inneren Kraft und Weisheit verbindest und niemals vergisst, was für ein Geschenk du für die Welt bist.

Arbeite jeden Tag daran, dein Herz ein kleines bisschen mehr für die Wunder zu öffnen, die das Leben für dich bereithält. Nutze deine Schöpferkraft und deine innere Weisheit, um deinen eigenen authentischen Weg mit Leichtigkeit zu gehen und dein Leben zu einem bunten Kunstwerk werden zu lassen.

Wenn du dieses Buch gleich zuschlägst, lass alles los, was dich noch zurückhält, und beginne jetzt, erfüllt und glücklich zu sein. Frieden beginnt, wenn wir aufhören zu kämpfen.

Wir alle sind auf derselben Reise und können uns gegenseitig durch unser Licht leuchten. Auch wenn wir den Weg alle selbst gehen müssen, lässt es sich zusammen immer noch am schönsten spazieren.

In diesem Sinne: Mögest du glücklich sein!

Higher Self on, Baby!

Danke an alle, die mich unterstüzt haben

Dieses Buch ist auf den Schultern von Riesen geschrieben, die den Weg für mich geebnet haben. Danke an David R. Hawkins, der mir mit seinem Werk »Die Ebenen des Bewusstseins« den wissenschaftlichen Grundstein für mein Buch geliefert hat. Danke an Satya Narayan Goenka, der mir mit seinen wunderschönen Lehren von Vipassana geholfen hat, meine größten Ängste zu erkennen und loszulassen. Danke an die USA Foundation for Inner Peace und Margarethe Randow-Tesch für das metaphysische Werk »Ein Kurs in Wundern«, das mich täglich auf meinem spirituellen Weg begleitet und auch mein Buch stark beeinflusst hat. Danke an Dawson Church und Audrey Brooks für ihre Studie über EFT, die den positiven Effekt der Technik wissenschaftlich belegt. Danke an Ulrich Emil Duprée, dessen Arbeit zu Ho'oponopono mir geholfen hat, es in meinem Buch weiter mit der Welt teilen zu können. Danke an all die Menschen, die schon Tausende Jahre vor mir angefangen haben, dieses wertvolle Wissen über Heilung, persönliche Weiterentwicklung und Spiritualität zu verbreiten.

Ich danke meinen Eltern. Danke für eure bedingungslose Liebe. Ich hätte mir keine besseren Eltern wünschen können. Danke, Paul, du bist die Liebe meines Lebens und erinnerst mich jeden Tag daran, was am Ende wirklich zählt. Danke, dass du mich nicht nur an meinen guten Tagen, sondern auch an meinen schlechten Tagen liebst. Danke, Dominique, für deine Freundschaft und deinen Glauben an mich. Ich bin unendlich dankbar, dich an meiner Seite zu wissen. Durch dich durfte ich lernen, was wahre Freundschaft bedeutet. Danke an meine wunderbaren Geschwister, mit euch an meiner Seite zusammen durchs Leben zu gehen macht einfach doppelt so viel Spaß. Danke an Sarah für deine unglaubliche Unterstützung, deine Loyalität und die Liebe zu unserer Arbeit. Danke an Verena Schörner und den gesamten Komplett-Media Verlag für euren Glauben an mich und das Vertrauen in meine Arbeit. Danke an Micado für die grafische Gestaltung des Buches und an Julia Feldbaum fürs geduldige Lektorieren.

Literaturnachweis

Brooks, Audrey und Church, Dawson: The Effect of EFT (Emotional Freedom Techniques) on Psychological Symptomes in Addiction Treatment. A Pilot Study 2013

Cramer, Maria und Stephan: Das Training der Contextuellen CoachingAcademie, unter: www.coachingacademie.de

Dispenza, Dr. Joe: Ein neues Ich. Wie Sie Ihre gewohnte Persönlichkeit in vier Wochen wandeln können. Koha Verlag 2012

Duprée, Ulrich Emil: Ho'oponopono. Das hawaiianische Vergebungsritual. Schirmer Verlag 2013

Hawkins, David R.: Die Ebenen des Bewusstseins. Von der Kraft, die wir ausstrahlen. VAK Verlag 2014

Hofmann, Brunhild: Stark oder schwach? Selbst-Muskeltests als Entscheidungshilfe in allen Lebenslagen. Koha Verlag 2012

Keller, Erich: Endlich frei! Mit EFT. Emotionale und körperliche Blockaden auflösen mit Emotional Freedom Techniques EFT. Allegria Taschenbuch 2005

Reiland, Christian: EFT – Klopfakupressur für Körper, Geist und Seele. Goldmann Verlag 2011

USA Foundation for Inner Peace (Hrsg.): Ein Kurs in Wundern. Textbuch. Übungsbuch. Handbuch für Lehrer. Greuthof Verlag 2004

Walsch, Neale Donald: Gespräche mit Gott – Ein ungewöhnlicher Dialog. Band 1. Goldmann Verlag 2006

Rise Up & Shine University

Am 02.01.2018 startet die Rise Up & Shine
University – der Live Onlinekurs mit
Laura Malina Seiler.

Das 20-Tage-Onlinecoaching ist die
perfekte Ergänzung zum Buch und wird dich
dabei unterstützen, dich mit deinem Höchsten
Selbst zu verbinden und in deine ganze
schöpferische Kraft zu kommen.

Hole dir jetzt alle Infos zur Rise Up & Shine
University 2018 unter:

www.higherselfon.de

Eckhart Tolle

Jetzt!

Das Journal

Eckhart Tolle gilt als einer der bekanntesten und einfluss-reichsten spirituellen Lehrer der Gegenwart. Seine profunde Lehre gründet sich auf der Kraft der Gegenwart. Es gibt nur diesen einen Moment: »Jetzt!« Nur im Jetzt finden wir den Ein-gang in unsere innere Glückseligkeit. Mit seinen einfach ver-ständlichen Weisheiten hat er bereits unzähligen Menschen in aller Welt geholfen, Frieden und größere Erfüllung zu finden. »Jetzt!« – Das Journal beinhaltet 70 seiner einzigartigen Zitate und bietet viel Platz zum Eintragen eigener Erfahrungen und Erlebnisse im Hier und Jetzt.

KNAUR ✦
BALANCE

Megan Jayne Crabbe

Body Positivity – Liebe deinen Körper

Vergiss Diäten und begrüße dein Leben

»Body Positivity« ist ein Buch für jede Frau, die sich jemals schlecht in ihrem Körper gefühlt und sich gefragt hat, ob das Leben einfacher und cooler wäre, wenn sie nur irgendwie »besser« aussehen würde. Megan Jayne Crabbe ist eine der ersten Stimmen, die zur Selbstakzeptanz des Körpers aufruft. Sie gibt praktische Anleitungen zum Umgang mit dem Körper und analysiert den Einfluss manipulativer Werbung auf unser Selbstbild. Sie selbst hat dank Body Positivity ihre Anorexie-Probleme überwunden. Mit ihrem unnachahmlichen Charme, ihrem bissigen Humor und einer rebellischen Haltung plädiert die Autorin für eine Welt ohne Bikini-Körper-Diäten und mit einem liebevollen Blick auf sich selbst.

KNAUR

BALANCE